数字浙江建设 20 年

数字中国在浙江的萌发与实践

数字浙江溯源研究课题组　编

ZHEJIANG UNIVERSITY PRESS
浙江大学出版社
·杭州·

图书在版编目（CIP）数据

数字浙江建设 20 年：数字中国在浙江的萌发与实践 /
数字浙江溯源研究课题组编. —杭州：浙江大学出版社，
2024.1
ISBN 978-7-308-24380-3

Ⅰ.①数… Ⅱ.①数… Ⅲ.①现代化城市—城市建设
—研究—浙江 Ⅳ.①C912.81

中国国家版本馆 CIP 数据核字（2023）第 203681 号

数字浙江建设 20 年——数字中国在浙江的萌发与实践
数字浙江溯源研究课题组　编

责任编辑　蔡圆圆
文字编辑　周　靓
责任校对　汪　潇
封面设计　雷建军
出版发行　浙江大学出版社
　　　　　　（杭州市天目山路 148 号　邮政编码 310007）
　　　　　　（网址：http://www.zjupress.com）
排　　版　杭州青翊图文设计有限公司
印　　刷　浙江全能工艺美术印刷有限公司
开　　本　710mm×1000mm　1/16
印　　张　18.75
字　　数　288 千
版 印 次　2024 年 1 月第 1 版　2024 年 1 月第 1 次印刷
书　　号　ISBN 978-7-308-24380-3
定　　价　88.00 元

序

浙江是数字中国战略擘画的重要萌发地、实践地。早在 2003 年,时任浙江省委书记的习近平同志就高瞻远瞩地提出"数字浙江是全面推进我省国民经济和社会信息化、以信息化带动工业化的基础性工程"①,并将其作为"八八战略"的一项战略性任务、基础性工作、先导性政策来谋划实施,指引浙江率先开启了数字建设的探索实践。党的十八大以来,历届省委深入贯彻习近平总书记关于网络强国的重要思想和数字中国战略,坚持一张蓝图绘到底,久久为功推进数字浙江建设,不断打造新成果、开辟新境界,为浙江以"两个先行"打造"重要窗口"奠定了坚实基础。

习近平总书记的战略指引是数字浙江建设的灯塔航标。浙江坚持以坚定捍卫"两个确立"、坚决做到"两个维护"的政治高度,沿着习近平总书记绘就的"数字浙江"蓝图稳步推进。从 2003 年习近平同志全面阐述"数字浙江"构想、率先推动出台《数字浙江建设规划纲要》,到 2023 年浙江省制定实施《深化数字浙江建设整体布局规划》、强力推进数字经济创新提质"一号发展工程",从起初鸣响"数字浙江"的发令枪,到 2022 年全省数字经济核心产业增加值超 8977 亿元、占 GDP 比重达 11.6%,数字化综合发展水平连年位居全国前列。

勇立潮头的担当作为是数字浙江建设的内生动力。作为全国数字经济

---

① 习近平.政府工作报告 2003 年 1 月 16 日在浙江省第十届人民代表大会第一次会议上[J].浙江政报,2003(4):13.

的领跑者和先行者,浙江始终以"走在前列"的标准勇当"弄潮儿",充分发挥数字化的放大、叠加、倍增作用,抢抓新风口,催生新业态,打造新引擎。高水平建设全国数字产业化发展引领区、产业数字化转型示范区、数字经济体制机制创新先导区,推动"产业大脑+未来工厂"引领转型升级,培育出阿里巴巴等一批平台企业,数字经济领域上市公司达 133 家、云上企业超 45 万家,先后获批 12 个跨境电商综试区,率先实现省域全覆盖,并紧盯前沿产业,在未来网络、元宇宙、仿生机器人等九大领域形成一批研究成果,打开了浙江经济高质量发展的新空间。

变革性的数字赋能是数字浙江建设的重要支撑。浙江以数字赋能为引领,系统性重塑理念、方式、机制,全面推动政府治理能力现代化。聚焦打造"掌上治理之省",不断迭代升级"四张清单一张网"、"最多跑一次"、政府数字化转型、全域数字化改革等数字变革载体,老百姓办事实现了"智办""秒办"。以满足群众高品质生活需求和社会治理现代化为导向,加快建设"城市大脑+未来社区+未来乡村",逐步构建即时感知、科学决策、主动服务、智能监管的新型治理形态,努力朝着"数字技术让生活更美好"的目标迈进。

"一盘棋"的治理体系是数字浙江建设的安全底座。浙江充分发挥网络综合治理体系和依法治网体系的统筹作用,坚持共建共治共享理念,打好多主体协同治理、多手段综合发力的管网治网"组合拳",始终守牢意识形态阵地,营造清朗安靖的网络空间。提升数字基础设施防护水平,创新网络安全多跨协同机制,打造"浙里网络安全智控",首创首席网络安全官制度,切实履行网络安全主体责任,持续加固网络安全屏障。

历史长河奔腾不息,时代考卷常答常新。党的二十大报告对加快建设网络强国、数字中国作出了新的战略安排。中共中央、国务院印发了《数字中国建设整体布局规划》,建设数字中国是数字时代推进中国式现代化的重要引擎,是构筑国家竞争新优势的有力支撑。站在新征程新起点,浙江作为数字中国战略的重要萌发地、先行地,要以一以贯之的定力建设数字中国样板区,进一步提升数字浙江建设的整体性、系统性、协同性,促进数字经济和实体经济深度融合,以数字化驱动生产生活和治理方式变革,为奋力谱写中国式现代化浙江篇章注入强大动力。

　　数字中国的浙江探索，不仅离不开躬身实践，也需要理论支撑。正基于此，浙江省委网络安全和信息化委员会办公室（省互联网信息办公室）组织召开了由省内外党政机关、学术界、智库等代表参加的数字中国的浙江探索暨数字浙江建设20周年理论研讨会，会前在浙江省社科联和杭州电子科技大学的支持下举行了数字中国的浙江探索暨数字浙江建设20周年征文活动，本书即为研讨会部分发言内容和获奖征文。作者们从不同视角循迹溯源数字中国战略的萌发与实践，总结提炼了浙江以强化信息化数字化驱动引领现代化促发展为目标导向、以深入推进数字政府建设突出强治理为关键抓手、以建设数字社会一以贯之惠民生为宗旨使命、以筑牢屏障优化环境保安全为底线要求的一系列实践经验和理论成果。

　　本书系统地阐述了数字浙江20年的精彩蝶变，揭示了数字中国建设的理念和实践，体现了如何从省域实践上升到国家战略的演进逻辑，有助于深入贯彻习近平总书记关于网络强国的重要思想和数字中国战略，也为加快数字中国建设提供了经验启示。

目　　录

第一篇　专家视野

第二篇　学术争鸣

第一篇
专家视野

以制度建设支撑数字经济创新发展

盛世豪

（浙江省政协，浙江省社科联）

数字经济是科技创新的重要前沿，是世界经济发展的重要方向。早在 2003 年，习近平同志就把建设"数字浙江"作为一项战略性任务纳入"八八战略"，全面推进我省国民经济和社会信息化、以信息化带动工业化。浙江持续推动"八八战略"走深走实，以数字经济赋能高质量发展取得了显著成效。深入实施数字经济创新提质"一号发展工程"，就要进一步强化制度建设，切实增强数字经济创新发展的内生动力。

一、进一步深化数字经济发展范式认识

在人类社会的进步历程中，以技术为中心的生产力与以制度为支撑的生产关系的交互作用，构成了推动经济发展的基本运行机制。历史表明，经济发展不仅仅是技术意义的生产供给能力的提高，同时也包含着在一定空间范围内以相应制度为基础的各种生产要素的优化组合和合理配置，正是技术创新提升与相应制度的互促共进，才可能从整个社会层面上使突破性技术创新的广泛应用与生产关系的优化重组共同释放出巨大的经济发展内在动力。农业社会的土地制度、工业社会股份制企业的诞生，都是适应相应生产力的制度供给。这意味着任何一种经济形态，都是建立在其独有的"技

3

术经济"范式和"社会制度"范式基础上的。新的"技术经济"范式会促使经济发展形成新的发展赛道,进而推动相应的新业态、新产品、新产业竞相产生,激烈的市场竞争又驱使市场主体不断强化技术创新,进一步推动经济向前发展。

作为一种新的经济形态,数字经济是一种全新的"技术经济"范式。与传统经济形态相比,数字经济独有的基本特征和发展规律越来越明显,比如:数据成为新的核心生产要素,正在推动"技术经济"范式、生产方式和商业模式发生深刻的变革;数据要素的零成本、非消耗性、非排他性、非竞争性和外部性等对数据要素的价值、流通交易、收益分配、治理方式等提出了新的要求;平台型组织已成为数字经济的主导形式,其规模经济效应、范围经济效应和长尾效应,无论是对市场竞争方式还是市场辐射范围都带来了新的变革。数字技术的非中心化、强伸缩性、泛在性分布的特征与人力资本、资本等生产要素的强流动性相互作用,不仅催生出数字经济的各种新业态,而且还推动生产空间能够消除实体空间的物理隔阂,从"定域化"向"脱域化"转变,促进实体空间与数字空间耦合形成开放开源式的组织生态,使数字技术与生产主体之间建立起基于数字空间的系统集成的价值网络。① 显然,数字经济这种新的经济形态带来了新的生产方式、新的竞争方式,继而需要形成与之相适应的监管与治理方式,即与数字经济相适应的"社会制度"范式,才能充分释放出各生产要素参与数字经济的内在活力,推动数字技术进一步创新提升,激发出推动发展的巨大增量,进而成为推进中国式现代化的强大引擎。

二、数字经济创新发展制度建设的浙江探索

经过近 30 年的发展,我国数字经济的发展取得了令人瞩目的成就。目

① 张潇梦.数字经济时代下的生产方式变革[N].中国社会科学报,2023-09-07(4).

前数字经济总量已稳居世界第二位,形成了具有中国特色的数字经济发展道路,为全球数字经济发展做出了重要贡献。

梳理回顾中国数字经济的发展历程,大致可以分为三个阶段:一是数字技术孕育阶段。1994年4月,中国实现与互联网的全功能连接,开始融入全球数字经济发展浪潮。这一阶段的主要特点,首先是政府加快互联网基础设施建设,为数字经济发展创造条件;其次是国内互联网企业在跟随模仿国外数字经济头部企业的同时,逐渐形成了"门户+社区+电商+社交+游戏+文娱+搜索"的数字经济发展格局和2C(B2C和C2C)的发展模式。二是数字经济爆发式增长阶段。2005年12月我国上网用户突破1亿,2008年6月我国网民数量超过美国跃居世界第一位。网络用户的快速增长、网民需求的多元化和数字基础设施的快速发展,推动我国数字经济进入全面发展、爆发式增长阶段,商业模式也从模仿创新走向自主创新。三是制度建设和融合发展阶段。从2015年开始,随着对数字经济内涵和发展规律认识的不断深化,我国加快推动数字经济治理体系建设,陆续出台相关法律法规,持续夯实数字经济创新发展的制度基础。①

党的十八大以来,党中央高度重视促进数字经济发展的相关制度建设,不断完善顶层设计、战略部署,提出数据要素是数字经济发展的核心引擎,构建数据基础制度,制定数字经济治理相关制度。早在2015年8月,国务院就颁布了《促进大数据发展行动纲要》,其明确提出数据是国家基础性战略资源。党的十九届四中全会首次将数据确立为生产要素。2021年12月出台的《要素市场化配置综合改革试点总体方案》,更是为数据市场化配置制度奠定了基础。全国人大围绕网络安全、个人信息主权与保护、数据分级分类管理等领域,先后颁布了《网络安全法》《数据安全法》和《个人信息保护法》等法律。特别是2022年12月中共中央、国务院印发的《关于构建数据基础制度更好发挥数据要素作用的意见》(即"数据二十条"),为推动数字经

---

① 周烁,李涛,欧阳日辉.中国数字经济发展:经验与展望[N].光明日报,2023-09-05(11).

济创新发展提供了标志性、全局性、战略性的制度建设。从确立数据价值，到确立数据的生产要素地位，从推进数据治理制度建设到系统性构建数据基础制度体系，我国数字经济制度体系从无到有、不断完善，为数字经济创新发展提供了保障、拓展了空间、激发了可持续发展的动力。

浙江是数字经济发展的先行省，也是被"数据二十条"唯一点名的先行先试的省份。从 20 年前时任浙江省委书记习近平率先作出建设"数字浙江"的重大决策以来，浙江在构建促进数字经济创新发展的制度过程中不断主动探索，创下了多个"全国第一"，如率先出台数字经济促进条例、公共数据条例、电子商务条例等地方性法规，率先制定《浙江省推进产业数据价值化改革试点方案》，率先出台数据知识产权领域规范性文件等，为全国性的制度建设提供了值得借鉴的案例和示范。但总体上看，现有的制度建设大多止步于响应落实国家的有关文件，缺少微观层面的可操作的制度设计，特别是在探索建设能够充分激发市场主体参与数字经济创新发展微观制度基础和政府治理体系上，与加快推进数字经济创新发展、着力打造数字经济先行省的要求还有差距。

三、加快完善推动数字经济创新发展的制度体系

当前全球数字经济发展正进入一个新的发展阶段，从追求流量规模转向价值创造，从注重服务模式创新转向关键核心技术突破。充分释放各类生产要素参与数字经济活力、加快数字经济创新发展，既是深入实施数字经济创新提质"一号发展工程"的应有之举，也是以数字经济打造高质量发展新引擎、展示中国特色社会主义制度优越性、发挥中国式现代化省域示范引领的必然要求。作为我国数字经济发展的先行省，要把进一步完善数字经济创新发展的制度体系放在重要位置。

要进一步加强顶层设计。作为先行、先试省，抓紧研究制定"数据二十条"的浙江实施方案，进一步完善推进数字经济创新发展的制度体系，理清

网信、经信、科技、商务、市场监管等数字经济创新发展相关部门的职责,加快建立省级层面促进数字经济创新发展的统筹协调机制,推动"数据二十条"在浙江落地落实。

要强化制度建设。深入研究全球数字经济发展趋势及其基本特征,借鉴国内外数字经济制度建设的相关经验和主要做法,紧密联系浙江实际,结合浙江省数字经济发展实际,加快推动数据产权制度、数据流通交易制度、数据收益分配制度和数字产品消费者保护制度等方面的制度建设,为全国数字经济制度建设提供探索试验。特别是要深入贯彻"数据二十条"精神,深化探索能够充分激发市场主体挖掘开发与交易数据积极性的数据产权制度,为充分释放数字经济创新发展内在活力提供微观制度基础。

要积极探索审慎包容的监管制度。顺应数字经济发展趋势,围绕提升国际竞争力,坚持全球视野、坚持"科技向善"理念,创新监管思路和手段,着力构建多部门参与及协调配合的数字经济监管体系,进一步优化提升政府在数字经济领域的监管能力、监管水平,既要加强数字经济监管与治理,防止数字经济某些领域可能出现的平台垄断与过度金融化,实现数字经济良好健康发展,又要构建与数字技术相适应的交互共享、共治赋能、开放包容的数据治理体系,给予数字经济新业态、新模式更加宽松的发展试错空间,以进一步释放市场主体参与数字经济的价值创造力。同时还要通过产业数字化和数字产业化推动各类生产要素、各种市场主体融合渗透,形成全链条、全方位、跨时域的创新发展活动,推动数字经济新场景、新技术、新业态不断涌现。

切实提升"数字化发展自觉"

刘 亭

（浙江省人民政府咨询委员会）

一、数字浙江、数字中国和数字化发展

有幸参加"数字中国的浙江探索暨数字浙江建设 20 周年理论研讨会"，并在会上作主旨发言，我想集中谈一下对于"数字化发展"的认知问题，"数字化发展自觉"就是对人类社会数字化发展大趋势及其规律性的认知。有人总以为认知、观念、思想、理论之类，都不过是书生的"清谈"，纯属"耍嘴皮子"，是"没用的"。殊不知认知太重要了——因为认知支配人的行动，行动养成人的习惯，习惯造就人的性格，而性格最终将决定人的命运。

小到个人，大到世界，都是这个道理。我们这次理论研讨会的名称是"数字中国的浙江探索暨数字浙江建设 20 周年"。2022 年 3 月，我和陈畴镛老师携团队共同编著的《数字中国的浙江探索》，已作为"新思想在浙江的萌发与实践"系列教材之一，正式出版。"数字浙江"建设牵涉到浙江省在全国的经济领先地位，"数字中国"建设则牵涉到国家的高质量发展，不可谓不重要。但参与其中的人们如果认知不到位，缺乏自觉性，那这件事就不太好办，或者是"说过拉倒"，也很难见到实效。

（一）"数字浙江"和"八八战略"中的新型工业化

习近平同志在浙江工作期间，在 2003 年 1 月的省两会上，提出了建设"数字浙江"的重大战略任务。同年 7 月起实施的"发挥八个方面的优势，推进八个方面的举措"的"八八战略"，其中第三条就是强调要走"新型工业化道路"。新型工业化有别于传统工业化的主要特征是什么？正如 2002 年党的十六大报告中所指明的，是"以信息化带动工业化"。

（二）一张蓝图绘到底，一任接着一任干

"八八战略"推出 20 周年，现在回过头来看，最大的优势是实施的连续性和坚定性。2014 年省里提出"发展信息经济"；2016 年 G20 峰会在杭州召开，通过《二十国集团数字经济发展与合作倡议》，改称"数字经济"；2017年底省委经济工作会议明确，发展数字经济"一号工程"。杭州在"十四五"规划里明确定位为"数字经济第一城""数智杭州、宜居天堂"。2021 年"新春第一会"，时任浙江省委书记袁家军推动"数字化改革"。2023 年"新春第一会"，浙江省委书记易炼红提出实施"数字经济创新提质'一号发展工程'"。"发展"这个词在浙江 21 世纪以来的语境之下，聚焦在了数字经济的创新发展和提质（高质量）发展上。

2020 年浙江数字经济增加值超过 3 万亿元，占 GDP46.8％，各项指标居全国前列，并规划至"十四五"期末，相应占比上升至 60％左右。[1] 2021年，浙江完成数字经济增加值 3.57 万亿元，相应占比升至 48.6％。[2] 2022年，浙江数字经济增加值已达 3.9 万亿元；核心产业增加值达到 8977 亿元，

---

[1]　浙江省数字经济发展"十四五"规划［EB/OL］.（2021-06-16）［2021-06-29］.https://www.zj.gov.cn/art/2021/6/29/.

[2]　王美福.非凡十年：浙江高质量发展建设十大高地［J］.统计科学与实践，2022（10）：4-5.

占比为 11.6％①,"产业数字化"指数连续 3 年居全国第一②。

(三)"数字化发展"的重大命题

2020 年 10 月,《中共中央关于制定国民经济和社会发展第十四个五年规划和二〇三五年远景目标的建议》(以下简称《建议》)首提"加快数字化发展"并单列一条。随后十三届全国人大四次会议通过的《中华人民共和国国民经济和社会发展第十四个五年规划和 2035 年远景目标纲要》将此扩展为一篇——"加快数字化发展,建设数字中国",具体包括数字经济、数字社会、数字政府、数字生态四章。而 2023 年《数字中国建设整体布局规划》(以下简称《规划》)中的最新提法和"五位一体"的社会主义现代化建设总体布局作了相对应的表述。

在《规划》奋斗目标中,两次提及"数字化发展":"到 2035 年,数字化发展水平进入世界前列,数字中国建设取得重大成就。数字中国建设体系化布局更加科学完备,经济、政治、文化、社会、生态文明建设各领域数字化发展更加协调充分,有力支撑全面建设社会主义现代化国家。"③

何谓"数字化发展"? 数字化发展即数字信息科技引领、加持和支撑的发展。我个人更愿意使用"数智化发展"的概念,因为它较好地发挥了古汉语"单字表意"的优势,"数字信息科技"以"数"字表示,"智能化、智慧化应用"以"智"字表示,极简地将《建议》中的"数字化、智能化"两词融合在一起,完整呈现了手段和目的的高度统一。

---

① 2022 年浙江省国民经济和社会发展统计公报[EB/OL].(2023-03-16)[2023-03-17].http://tjj.zj.gov.cn/art/2023/3/16/art_1229129205_5080307.html.

② 韩鑫,窦瀚洋,窦皓."数字浙江"创新提质奋力向前[N].人民日报,2023-05-25(2).

③ 数字中国建设整体布局规划[EB/OL].(2023-02-27)[2023-03-12].https://www.gov.cn/zhengce/2023-02/27/content_5743484.htm.

二、多维度提升"数字化发展自觉"

(一)认识人类社会发展大势,提升数字化发展自觉

一部人类社会发展的极简史,就是从狩猎社会发展到农耕社会再发展到工业社会,如今已然逐步进入了信息社会。信息社会不是终结了工业社会,而是包容和提升了工业社会。近代人类社会发展的"三化归一",是"工业化+城市(镇)化+市场化=现代化";而当代人类社会发展的"三化归一",则又再加上了"数字(智)化+绿色化+人文化=现代化"。近现代人类社会的科技革命和产业变革,有所谓"四次工业革命"说,主要是指"机械化→电气化→自动化→信息化"。但到最后,无论是信息化,还是数字化、智能化,种种表述,无非归结为"数智化"了。

(二)立足百年未有之大变局,提升数字化发展自觉

在中美战略竞争甚至是对抗、俄乌战争及地缘政治冲突、世界疫情及新一轮科技革命和产业变革中,哪个变量才最具根本性意义?我的结论是首推新一轮科技革命和产业变革!因为即便是中美战略竞争,包括可能发生的"冷战"甚至是"热战",最终结果也还是取决于究竟谁能在这场数智化变革中胜出。

那么,在当下主要围绕着数字科技、生命健康、新能源、新材料所谓"四脚落地"展开的科技革命和产业变革中,又究竟是谁的渗透力最强、带动性最大、影响也最为深远?毫无疑问,首推数字信息科技在国民经济和社会发展各个领域广泛而深刻的赋能及增值应用,即数字创新驱动的数字化发展。

(三)立足党的中心任务和首要任务,提升数字化发展自觉

党的二十大提出:中心任务是现代化,首要任务是高质量发展。高质量发展怎么体现?一是更精工。精工制造,品质优良。"人脑＋经验"的粗放生产,进化到了"电脑＋算法"的精益生产。二是更环保。"三个量化"即投产前的减量化("节衣缩食、省吃俭用")＋生产中的尽量化("浑身是宝、吃干榨尽")＋产出后的增量化("变废为宝、化害为利")。三是更高效。时间等一切要素利用的最大化,物化劳动和活劳动创富的最大化。

当数据作为精准检测和监控的结果,通过标准化、智能化手段反馈从优化到设计、制造、营销的全过程时,人类的整个生产生活,自然而然都变成了数字化生存和数字化发展,也都水到渠成、瓜熟蒂落地进入了高质量发展的轨道。

(四)全面准确把握数字经济内涵,提升数字化发展自觉

结论一:新实体经济＝产业数字化的实体经济＝数字经济

数字经济就是数字信息科技和实体经济"深度融合"且已"融合到位"的"新实体经济"。数字经济由《建议》指出的两大块组成:一块是数字产业化,即本体性数字经济(数字科技直接转化的产业化);另一块是产业数字化,即应用型数字经济(实体产业间接应用的数字化)。

其中,我们必须有针对性地防止对数字经济的误读。如,数字经济就是所谓的虚拟经济,而虚拟经济则是经济发展的"祸害"。我们要坚守实体经济不动摇。

这句话的后半句没错,实体经济的确是国家发展的根基,千万动摇不得。但我们也不能因此一概而论地表面化看问题。现在需要想明白的更深层、更重要的问题是:在当下中国,我们需要的究竟是什么样的实体经济?

党的十九大报告中有这样一句阐述:"推动互联网、大数据、人工智能和

实体经济深度融合。"①如果我们按照中央"深度融合"的要求去做了,并且的确"融合到位"了,那么这时候我就要追问一句:这难道还是原来的实体经济吗?它是不是已经成功地变身为了一种"新实体经济"?

大家不要忘记了"供给侧结构性改革"的第一招是什么,那就是"三去一降一补",即去产能、去库存、去杠杆,降成本,补短板。所谓"去产能"的相关工业制造,哪个不是实体经济?但货不对板、粗制滥造,还污水横流、垃圾遍地的实体经济,我们难道还不应该果断"去除"吗?

我们在捍卫实体经济的时候,一定要清醒地意识到:我们所要加快发展的,不是那种"笼而统之"不加区分的实体经济,而是面向数字化变革,经过数字化转型,已然成功进行了"换头术"改造的"新实体经济"。说它"新",就"新"在了虽然它的"躯干"还仍然是实体经济,但由于它的"脑袋"有了数字信息科技的渗透、融合、带动和转化,结果就整个经济体来说,它已经蝶变为"新实体经济"了。

结论二:网购平台=促进实体经济产销和供需衔接及成交的数字信息平台=数字经济

有人说,数字经济无非淘宝、天猫之类的网购平台,什么"空落落地倒来倒去"。我们是做实体经济的,千万不要上他们的"贼船"。既然总是说"推进数字经济和实体经济融合",还有人因此简而化之称为"数实融合"的,那数字经济确定无疑就是实体经济的对立面。

虚拟经济和实体经济的区别和对立是否存在?当然是存在的。但这只是在理论抽象和学术分析中,才有其实际的意义。现在可以称得上虚拟经济的行当,无非金融业和信息业。但是在现实的经济和社会生活中,又有谁能够离得开这两个所谓"虚头巴脑"的行当?邓小平同志说:"金融很重要,是现代经济的核心。"②现代战争打的是什么?是情报、信息,是高速率、高精度通信,是精确制导导弹、无人机和中段反导系统。鸦片战争中清朝政府

---

① 中国共产党第十九次全国代表大会文件汇编[M].北京:人民出版社,2017.
② 邓小平.邓小平文选:第三卷[M].北京:人民出版社,1993:366.

用农耕时代大刀长矛之类的冷兵器,去抗争英国工业时代船坚炮利的热兵器,那就是一场永远抵挡不住的非对称战争。如今乌克兰依靠星链互联网支持的高精度单兵武器,照样抵挡了俄罗斯气势如虹的"钢铁洪流",不也是一场准非对称战争吗? 当代战争光靠英雄气概、牺牲精神和血肉之躯是远远不够的,还必须靠现代数字信息科技的有力加持。自海湾战争以来,世界从来打的都已经是电子战、信息战了! 可以想象今后的战争,将会是机器人等无人军事装备的大比拼!

"数字经济和实体经济融合"的本意,其实就是前面引述的党的十九大报告中的那句经典阐述,即注重推动数字信息科技在我们实体经济中的加持应用。但出于理解上的原因而衍生出的一些不确切的提法,结果会让人们不知不觉地把数字经济看作实体经济的对立面,并进一步推定为全是类似网购平台的虚拟经济。

结论三:数字经济=数字产业化+产业数字化

现在,可以进一步对数字经济做个比较全面的解读了。数字经济由两大块组成:一块是数字产业化;另一块是产业数字化。上述误读产生的原因,在于人们滑入了"只知其一,不知其二"的片面认知陷阱。

数字经济的具体构成如下:

本体性数字经济(数字科技直接转化的产业化)=信息科技研发+信息装备产品制造+信息基础设施投建运维+信息内容生产。

应用型数字经济(实体产业间接应用的数字化)=数字信息科技在人类生产生活各个领域内的"赋能和增值应用"。譬如融合应用之后的商品购销成为电子商务、加工制造成为智能制造、交通运输成为现代物流、视频教学成为网络教育、在线诊治成为远程医疗、电子货币成为科技金融、城市治理成为智慧城市,等等。

以上两者在一国一省数字经济盘子中的占比,一般来说前者占到20%～30%,后者占到70%～80%。两者相加,才是100%的数字经济整体。我们既不要把本体性数字经济简单等同于泡沫的虚拟经济,因而"一棍子打死";也不要把应用型数字经济简单等同于传统的实体经济,因而"持排斥态度"。

数字信息科技的智能应用,既是数字信息科技本身发展的最终目的,也是传统实体经济转型升级的最高境界。投身本体性数字经济的企业家,要牢记自己的初心使命,为推进产业数字化而加持赋能增值;而从事应用型数字经济的企业家,则要认清时代的发展趋势,为推进数字产业化而提供应用场景。两者相辅相成,相得益彰。

那么,我们又如何评估数字化发展的水平呢?

所谓发展的数字化,是指在国民经济和社会发展中,普遍应用数字信息科技以达成高质量发展的趋势和潮流。区域经济中数字化发展的水平,通常可以用数字经济的两个相关结构性指标("大小两张饼")来加以观察和表述。

一是在国民经济(大饼)内部,数字经济的占比。

二是在数字经济(小饼)内部,本体性数字经济(数字产业化)和应用型数字经济(产业数字化)的占比。前者占比过低,说明数字信息科技研发创新不足;后者占比过低,说明数字信息科技推广应用不足。

三、结语

提升数字化发展自觉,建设数字浙江和数字中国。

浙江市场化改革先发、数字经济先发、平台经济先发,具有较之全国更为包容的工商文化、更为宽松的创新环境、更为有为的政府服务,我们更要咬定数字化发展的青山不动摇。

浙江的数字化发展基于工业化,但又高于单一传统的工业化发展。数字化发展必须依托数字化对工业化的带动,即"新实体经济"的高质量发展。

国民经济和社会发展的数字化水平,将成为衡量高质量发展的天然尺度。

　　以经济和社会数字化的高质量发展,推进"两个先行"和整个中国式现代化的顺利达成!

参考文献

［1］刘亭.从资源小省到经济大省[J].今日浙江,2007(19):18-19.

［2］刘亭.为什么要死磕"数字经济"? [J].浙江经济,2020(10):10-11.

［3］何大安.数字经济背景下企业技术层级与规模效益变动[J].浙江社会科学,2022(11):9-19,155.

［4］刘亭.共同富裕与浙商方位[J].浙江经济,2021(7):8-11.

数字中国建设的浙江溯源与探索

陈畴镛

（杭州电子科技大学浙江省信息化发展研究院）

党的十八大以来，以习近平同志为核心的党中央高度重视网络强国、数字中国建设。2015 年 12 月，习近平主席在浙江乌镇召开的第二届世界互联网大会开幕式上的主旨演讲中，首次提出"数字中国"这一概念。① 2017 年 10 月，习近平总书记在党的十九大报告中明确提出建设网络强国、数字中国、智慧社会，"数字中国"被首次写入党和国家纲领性文件。2022 年 10 月，习近平总书记在党的二十大报告中再次明确提出加快建设网络强国、数字中国。习近平总书记就数字中国建设作出了一系列重要论述和指示批示。2023 年 2 月，中共中央、国务院印发了《数字中国建设整体布局规划》，按照夯实基础、赋能全局、强化能力、优化环境的战略路径，对数字中国建设作了全面部署。习近平总书记的重要论述和党中央文件，擘画了数字中国建设蓝图，为数字中国建设提供了方向引领和根本遵循。

习近平总书记关于网络强国的重要思想和数字中国的重要论述的形成，其中很多方面来源于数字浙江建设的生动实践。习近平同志在浙江工作期间，高瞻远瞩地作出了建设数字浙江的战略部署。党的十八大以来，习近平总书记对浙江信息化、数字化作出了一系列重要指示。浙江按照习近

---

① 习近平.在第二届世界互联网大会开幕式上的讲话[M]//习近平.论党的宣传思想工作.北京:中央文献出版社.2020.

平总书记指明的方向,持续深化建设数字浙江,用实际行动印证了习近平总书记关于网络强国的重要思想和数字中国的重要论述的真理伟力和实践价值,浙江作为数字中国建设的重要萌发地、策源地,为加快推进数字中国建设提供了先行示范。

一、习近平总书记关于数字中国重要论述的浙江溯源

浙江是全国最早作出以信息化带动工业化、加快推进国民经济和社会信息化的省份之一。习近平同志在浙江工作期间,提出了数字浙江建设的战略部署,并作为"八八战略"的重要内容加快推进。党的十八大以来,习近平总书记每次到浙江考察,都有与信息化、数字化有关的重要指示。中共中央、国务院印发的《数字中国建设整体布局规划》,贯彻了习近平总书记关于网络强国的重要思想和数字中国的重要论述,从多方面反映了浙江作为数字中国建设重要萌发地、策源地的印记。

(一)从谋划推进数字浙江到建设数字中国的系统观念一脉相承

早在 2003 年,时任浙江省委书记习近平同志就以非凡的战略视野在"八八战略"总体框架内对数字浙江的建设目标、主要任务、重点领域、组织实施进行了系统谋划和部署,引领浙江率先抓住了数字时代打造发展优势的战略机遇。2003 年 7 月,浙江省委召开十一届四次全体(扩大)会议,习近平同志在总结浙江经济社会多年发展经验的基础上,全面系统阐释了浙江发展的八个方面优势,提出了指向未来的八个方面举措(简称"八八战略"),其中包括进一步发挥浙江块状特色产业优势,加快先进制造业基地建设,走新型工业化道路,坚持以信息化带动工业化,推进数字浙江建设。按照习近平同志的指示,2003 年 9 月,浙江省出台了《数字浙江建设规划纲要(2003—2007 年)》,提出了传统产业信息化改造、电子政务建设、数字城市

建设、农村与农业信息化、优先发展信息产业、人才培育和包括信息基础设施与信息资源开发利用在内的信息化环境建设等六大主要任务。

习近平总书记高度重视数字中国建设,统筹协调涉及政治、经济、文化、社会、生态文明建设等领域信息化和网络安全重大问题,作出一系列重大决策,提出一系列重大举措。习近平总书记系统分析并准确把握安全和发展、赋能和治理、开放和自主、管理和服务的辩证关系,在党和国家事业全局中对数字中国建设的战略目标、原则要求、方法路径进行前瞻性思考、全局性谋划、战略性布局和协同性推进,也同样蕴含着系统观念指导下的原则和路径。

(二)从以信息化带动工业化到数字化引领驱动"五位一体"全局的发展导向一脉相承

2003年1月,在浙江省十届人大第一次会议上,习近平同志指出:"数字浙江是全面推进我省国民经济和社会信息化、以信息化带动工业化的基础性工程。"①在习近平同志的谋划下,《数字浙江建设规划纲要(2003—2007年)》明确数字浙江的建设核心是以信息化带动与提升浙江工业现代化,发挥信息技术在现代化建设中的推动作用,实现社会生产力的跨越式发展。

全面实施"五大百亿"工程是习近平同志在浙江工作期间所作出的重大决策,在"五大百亿"工程中,首次将信息化建设列为省级重大工程。2003—2007年,浙江省以电子政务信息系统建设和全省通信网络基础设施建设为重点,累计完成投资526亿元,有力改善了浙江的通信网络基础设施条件,提高了政务处理信息化、网络化水平。2005年4月,习近平同志在考察时指出要进一步增强加快发展信息技术、信息产业并推进信息化的紧迫感和责任感,把建设数字浙江作为一项战略性任务、基础性工作、主导性政策研

---

① 习近平.政府工作报告 2003年1月16日在浙江省第十届人民代表大会第一次会议上[J].浙江政报,2003(4):13.

究好、落实好,把信息产业特别是软件业、通信业作为浙江省结构调整和增长方式转变的一个重要突破口引导好、发展好,努力使信息产业发展和信息化建设继续走在前列。

2015 年 5 月,习近平总书记在浙江考察期间,来到以数字科技创新获得全球视频安防领域领先优势的杭州海康威视公司,察看产品展示和研发中心,对他们拥有业内领先的自主核心技术表示肯定,并指出:企业持续发展之基、市场制胜之道在于创新,各类企业都要把创新牢牢抓住,不断增加创新研发投入,加强创新平台建设,培养创新人才队伍,促进创新链、产业链、市场需求有机衔接,争当创新驱动发展先行军。①

世界互联网大会乌镇峰会,是搭建全球互联网共商共建共享的国际平台。习近平总书记一直非常重视这一全球互联网界的盛事,并多次就互联网发展大势、全球互联网治理等作出重要论述。从发来贺词,到出席开幕式并发表主旨演讲或通过视频发表重要讲话,习近平总书记对每届大会都寄予瞩望。2015 年 12 月,习近平主席出席第二届世界互联网大会开幕式并发表主旨演讲,指出"举办世界互联网大会,就是希望搭建全球互联网共享共治的一个平台,共同推动互联网健康发展"②。在主旨演讲中,习近平主席率先提出推进全球互联网治理体系变革应坚持的"四项原则"和共同构建网络空间命运共同体的"五点主张",赢得了世界绝大多数国家的赞同,"乌镇声音"成为引领互联网国际合作的友谊之声。习近平总书记在乌镇视察"互联网之光"博览会,观看国内外重点网信企业最新技术产品等成果,同企业家们亲切交流。

2016 年 9 月,习近平总书记再次来到浙江,把创新增长方式设定为二十国集团领导人杭州峰会重点议题,推动通过了《二十国集团数字经济发展与合作倡议》,为二十国集团在适应数字化转型、发展数字经济方面凝聚了

---

① 习近平在浙江调研时强调:干在实处永无止境 走在前列要谋新篇[N].人民日报,2015-05-28(1).

② 习近平.在第二届世界互联网大会开幕式上的讲话[M]//习近平.论党的宣传思想工作.北京:中央文献出版社,2020.

共识。习近平总书记在 2016 年 10 月主持召开十八届中央政治局第三十六次集体学习时首次强调，"做大做强数字经济，拓展经济发展新空间"①，明确了数字经济成为我国经济发展新空间新动能的新历程。

2020 年春天，习近平总书记又一次到浙江考察，明确指出："要抓住产业数字化、数字产业化赋予的机遇，加快 5G 网络、数据中心等新型基础设施建设，抓紧布局数字经济、生命健康、新材料等战略性新兴产业、未来产业，大力推进科技创新，着力壮大新增长点、形成发展新动能。"②对数字浙江也为数字中国建设提出了新任务新要求。

从以信息化带动工业化到发挥好数字化对经济社会发展的驱动引领作用，习近平总书记的指示，为建设数字中国特别是数字浙江提供了根本遵循。

（三）从加强互联网利用管理到推动治理体系与治理能力现代化的治理理念一脉相承

习近平总书记高度重视运用信息化手段推进政务公开、党务公开，加快推进电子政务，构建全流程一体化在线服务平台，更好解决企业和群众反映强烈的办事难、办事慢、办事繁的问题。在浙江工作期间，习近平同志十分重视加强网络基础设施建设和信息资源共享利用，在全国率先推进电子政务建设。

运用大数据、云计算、人工智能、区块链等前沿技术推动政府治理手段、模式和理念创新，建设数字政府，是推进政府治理体系和治理能力现代化的必由之路。对此，习近平总书记高度重视。浙江省充分运用信息技术推行"数字治疫"，取得了统筹推进疫情防控和经济社会发展工作的显著成效，得

---

① 习近平.加快推进网络信息技术自主创新 朝着建设网络强国目标不懈努力[N].人民日报,2016-10-10(1).

② 习近平在浙江考察时强调:统筹推进疫情防控和经济社会发展工作 奋力实现今年经济社会发展目标任务[N].人民日报,2020-04-02(1).

到了习近平总书记的充分肯定。2020 年 3 月 31 日,习近平总书记视察浙江期间,来到杭州城市大脑运营指挥中心,观看了"数字治堵""数字治城""数字治疫"等应用展示,对杭州市运用城市大脑提升交通、文旅、卫健等系统治理能力的创新成果表示肯定。习近平总书记指出:"推进国家治理体系和治理能力现代化,必须抓好城市治理体系和治理能力现代化。运用大数据、云计算、区块链、人工智能等前沿技术推动城市管理手段、管理模式、管理理念创新,从数字化到智能化再到智慧化,让城市更聪明一些、更智慧一些,是推动城市治理体系和治理能力现代化的必由之路,前景广阔。"①习近平总书记殷切希望杭州在建设城市大脑方面继续探索创新,进一步挖掘城市发展潜力,加快建设智慧城市,为全国创造更多可推广的经验。

2022 年 4 月 19 日,习近平总书记在主持召开中央全面深化改革委员会第二十五次会议时强调:"要全面贯彻网络强国战略,把数字技术广泛应用于政府管理服务,推动政府数字化、智能化运行,为推进国家治理体系和治理能力现代化提供有力支撑。""要以数字化改革助力政府职能转变,统筹推进各行业各领域政务应用系统集约建设、互联互通、协同联动。"②习近平总书记的重要讲话,为加强数字政府建设,特别是为浙江正在全面推进的数字化改革指明了方向。

(四)从畅通网络民意到把增进人民福祉作为信息化发展的出发点和落脚点的价值宗旨一脉相承

习近平同志在浙江工作时期,时刻强调要牢固树立群众利益无小事的思想,围绕人民群众最现实、最关心、最直接的利益,切实维护好人民群众的根本利益。2007 年 1 月,在完善为民办实事长效机制座谈会上,习近平同

---

① 习近平在浙江考察:时强调统筹推进疫情防控和经济社会发展工作 奋力实现今年经济社会发展目标任务[N].人民日报,2020-04-02(1).

② 习近平主持召开中央全面深化改革委员会第二十五次会议强调 加强数字政府建设 推进省以下财政体制改革[N].人民日报,2022-04-20(1).

志指出要进一步畅通民情反映渠道,并指出利用互联网探索建立一个了解民情民意的网络平台。

对于网信事业的发展,习近平总书记反复强调"必须贯彻以人民为中心的发展思想,把增进人民褔祉作为信息化发展的出发点和落脚点,让人民群众在信息化发展中有更多获得感、幸福感、安全感"①。2016年4月,习近平总书记在网络安全和信息化工作座谈会上提出"网上网下要形成同心圆"②,这意味要让互联网成为与群众交流沟通的新平台,成为了解群众、贴近群众、为群众排忧解难的新途径以及发扬人民民主、接受人民监督的新途径。从畅通网络民意到网上网下形成同心圆,表明以人民为中心,一切为了人民、一切依靠人民的发展思想和价值宗旨贯穿始终。

习近平总书记高度重视网信领域人才发展,"网络空间的竞争,归根结底是人才竞争。建设网络强国,没有一支优秀的人才队伍,没有人才创造力迸发、活力涌流,是难以成功的。念好了人才经,才能事半功倍"③。2015年5月,习近平总书记在杭州海康威视数字技术股份有限公司考察时,对簇拥在身边的年轻科研人员表示,人才是最为宝贵的资源,只要用好人才,充分发挥创新优势,我们国家的发展事业就大有希望,中华民族伟大复兴指日可待。④

2014年11月,首届世界互联网大会在浙江乌镇召开,成为我国在互联网领域具备全球影响力的一个重要标志。在2015年12月出席第二届世界互联网大会开幕式发表主旨演讲时,习近平主席指出:"去年,首届世界互联网大会在这里举办,推动了网络创客、网上医院、智慧旅游等快速发展,让这

① 习近平.在全国网络安全和信息化工作会议上的讲话[M]//习近平关于网络强国论述摘编.北京:中央文献出版社,2021:25.
② 习近平.在全国网络安全和信息化工作座谈会上的讲话[M]//习近平关于网络强国论述摘编.北京:中央文献出版社,2021:70.
③ 习近平.在网络安全和信息化工作座谈会上的讲话[M]//习近平.论党的宣传思想工作.北京:中央文献出版社.2020:208-209.
④ 习近平在浙江调研时强调:干在实处永无止境 走在前列要谋新篇[N].人民日报,2015-05-28(1).

个白墙黛瓦的千年古镇焕发出新的魅力。乌镇的网络化、智慧化,是传统和现代、人文和科技融合发展的生动写照,是中国互联网创新发展的一个缩影,也生动体现了全球互联网共享发展的理念。""我们的目标,就是要让互联网发展成果惠及十三亿多中国人民,更好造福各国人民。"①

二、数字浙江建设 20 年的显著成效

通过深入实施数字浙江决策部署,浙江信息化数字化综合水平各项指标持续走在全国前列。自 2003 年建设 5 年后,国家统计局发布的《2007 年中国信息化水平评价研究报告》显示,浙江省信息化水平评价指数位居全国第四,省、区第一。而据国家网信办组织开展的 2021 年和 2022 年数字中国发展评价工作,浙江连续两年在夯实基础、赋能全局、强化能力、优化环境以及组织保障等方面的数字化综合发展水平位居全国 31 个省(自治区、直辖市)第一。

(一)数字基础设施和数据资源体系两大基础处于全国领先水平

以"云上浙江""数据强省"为载体建设数字基础设施成效显著。浙江锚定数字基础设施标杆省目标,推进以 5G 和双千兆为代表的网络基础设施、以数据中心为代表的算力基础设施、以工业互联网等为代表的新技术基础设施建设,数字基础设施服务能力显著提升。到 2022 年底,全省已建成 5G 基站 17.1 万个,每万人拥有 5G 基站数达 26.2 个,居全国省(区)第一;全省光缆线路总长度为 406.0 万公里,排名全国第三;互联网宽带接入端口数达到 6458.7 万个;打造省级工业互联网平台 285 个。

---

① 习近平.在第二届世界互联网大会开幕式上的讲话[M]//习近平.论党的宣传思想工作.北京:中央文献出版社,2020.

浙江以打造一体化智能化公共数据平台为载体,加快推进数据资源开放共享,不断提升公共数据供给能力。省平台开发数据共享接口4465个,2022年被调用737.4亿次,公共数据共享需求满足率达到99.5%,截至2023年5月,全省共开放2.6万个数据集、112.6亿条数据。以产业数据价值化为导向,数据产品化服务化能力逐步提升,一批数商加速发展壮大。

(二)数字化成为赋能"五位一体"深度融合的强劲动能

进入新时代,浙江在全国首个省级两化深度融合国家示范区、全国首个国家信息经济示范区建设的基础上,深入实施数字经济"一号工程",大力建设国家数字经济创新发展试验区,形成了数字经济先发优势。以加快数字基础设施建设、强化数字科技创新突破为抓手,不断催生新产业、新业态、新模式,数字经济已成为浙江稳增长的"压舱石"、促发展的"加速器"。2022年,浙江省数字经济增加值为3.9万亿元,较2017年实现翻番,占国内生产总值(GDP)比重达到50.6%。其中核心产业增加值达到8977亿元,占GDP比重提升至11.6%。推动互联网由消费领域向生产领域拓展,促进数字经济和实体经济深度融合,不断提高实体经济全要素生产率,产业数字化指数连续3年位居全国第一。

数字化改革全面推动政府治理效能提升。浙江是全国最早推进电子政务建设的省份之一。党的十八大以来,浙江加快推进以"四张清单一张网"、"最多跑一次"改革和政府数字化转型等重大改革,在此基础上全面推进数字化改革,成为推进省域治理体系和治理能力现代化、奋力打造"重要窗口"的战略抓手。浙江以数字化改革助力政府职能转变,把数字技术广泛应用于政府管理服务,建立健全大数据辅助科学决策和社会治理的机制,推进政府管理和社会治理模式创新。在中共中央党校(国家行政学院)电子政务研究中心由国办电子政务办指导开展的一体化政务服务能力调查评估中,浙江连续多年保持全国领先水平,发挥了引领和示范作用。

打造自信繁荣的数字文化。浙江以理论引领、舆论引导、文化惠民、文旅融合、文明培育为主要内容的数字文化系统建设有力推动了物质文明与精神文明相协调。浙江以正能量为引领,持续拓展网上主题宣传报道新形式、新渠道、新语态,增强网络文明感染力。同时,大力发展网络文化,加强优质网络文化产品供给,引导各类平台和广大网民创作生产积极健康、向上向善的网络文化产品。浙江拥有首批国家动画产业基地、国家文化和科技融合示范基地、中国网络作家村、国家级音乐产业基地、国家级短视频基地、国家级网络视听基地等高能级平台,培育打造了中国国际动漫节、中国数字阅读大会、杭州文博会、中国电视艺术创新峰会、中国设计智造大奖等 10 余个会展项目,持续带动浙江数字文化高质量发展。

数字社会建设提高人民群众获得感、安全感、幸福感。浙江打造泛在可及、智慧便捷、公平普惠的数字化服务体系,抓住民生领域的突出矛盾,在数字化场景下打造了大量新型教育共同体、医共体、帮共体、社会治理共同体等载体,高效协同、联动解决社会问题,推动共同富裕。以数字赋能推动缩小"三大差距"和实现人的全生命周期公共服务优质共享,点燃了产业发展的"新引擎",提供了扩中提低"新方案",创造了一老一小"新生活",构建了公共服务"新范式",滋养了精神文明"新风尚",提升了除险保安"新能力",塑造了基本单元"新形态"。《中国互联网发展报告 2022》显示,浙江的数字社会发展指数高居全国第二位。

数字生态文明建设走在全国前列。浙江率先打造了国土空间基础信息平台、省域空间治理数字化平台和"五水智治"系统,充分发挥数字赋能作用,建成森林资源及农作物、林木种质资源信息平台以及"浙样生态""野生动物一件事"等相关应用场景。浙江应用大数据技术开展个人、企业、村级生态信用评估,促进了人们自觉参与到生态文明建设中。

(三)数字技术创新和数字安全屏障两大能力持续提升

大力实施创新驱动发展战略,积极打造"互联网+"科创高地,探索构建"科技大脑+未来实验室"的科研新范式,推进科技创新体系重构、制度重塑、能力提升,激活"十联动"创新要素,杭州城西科创大走廊成为数字经济创新策源地,国家实验室、六科学装置实现零的突破,数字科技创新战略力量培育成效突出。浙江大学与之江实验室联合打造的亿级神经元类脑计算机、阿里云飞天超大规模计算操作系统等成果,标志着浙江已经实现从全球数字技术的跟跑向部分并跑、领跑的跨越。

不断完善数字安全战略布局,加强网络安全保障能力建设。提升关键基础设施防护水平,创新网络安全多跨协同机制,打造"浙里网络安全智控",首创首席网络安全官制度,切实履行网络安全主体责任,出台多项网络与数据安全相关的地方性法规,同时建设"之江净网"网络空间依法治理平台,强化会战攻坚、集群打击和预警防范,持续加大网络犯罪打击力度。《中国互联网发展报告 2022》显示,浙江网络安全指数居于全国第二位。

(四)国内国际两大数字化发展环境提供强劲支撑

浙江充分发挥网络综合治理体系和依法治网体系统筹作用,坚持共建共治共享理念,健全涉网管理部门横向协同、纵向联动工作机制,形成全省"一盘棋"的网络综合治理格局,聚焦管网治网过程中的难点、痛点、堵点,不断夯实依法治网工作体系和实践能力。把法治作为基础性手段,打好多主体协同治理、多手段综合发力的管网治网"组合拳",推动以依法治网为标志性成果的网络综合治理体系建设纵深发展,营造清朗安靖的网络空间。

浙江积极参与数字领域国际合作,加快打造全球数字贸易中心,积极发展"丝路电商",共建"数字丝绸之路"取得显著成效。着力为构建网络空间命运共同体发挥作用,自 2014 年 11 月首届世界互联网大会在浙江乌镇召开以来已连续举办九届,成为我国在互联网领域具备全球影响力的一个重要标志;2023 年 4 月第四届联合国世界数据论坛在杭州召开,"拥抱数据共赢未来"引起全球关注,浙江在全球数字化浪潮中的影响力持续扩大。

三、数字中国建设的浙江实践探索与启示

浙江坚持数字浙江一张蓝图绘到底,围绕信息化引领驱动现代化,着力以数字经济引领高质量发展,加强数字政府建设推进治理能力现代化,深化数字社会建设增进人民群众福祉,强化网络安全和网络治理筑牢屏障优化环境,为数字中国建设开展了先行探索,具有示范启示作用。

(一)以强化信息化数字化驱动引领现代化促发展为目标导向

浙江省委、省政府审时度势、因势利导,把发展数字经济作为深入实施"八八战略"的关键举措、抢占未来发展制高点的战略选择,在全国各省(区、市)中率先作出大力发展信息经济的决策部署,浙江成为首个建设的国家两化融合示范区和国家信息经济示范区。2017 年 12 月,省委经济工作会议提出实施数字经济"一号工程",全面推进经济数字化转型,积极争创国家数字经济示范省。2019 年 10 月,浙江入选首批国家数字经济创新发展试验区。在此基础上,浙江省委省政府提出大力实施数字经济"一号发展工程",锚定"1358"体系(即一个数字经济高质量发展强省目标,往高攀升、向新进军、以融提效三大主攻方向,产业能级、创新模式、数字赋能、数据价值、普惠共享五大跃升以及八大攻坚行动),推动以数字经济引领现代化产业体系建设取得新的重大进展。

以数字科技与商业模式联动创新为特征的数字产业化形成高质量发展蝶变效应。浙江数字经济起步于消费互联网领域的商业模式创新,充分利用互联网技术优势、传播优势、规模优势,构建"平台+生态"新业态、新模式。近年来,浙江把握新一代信息技术进入加速发展和跨界融合的战略机遇,强化数字科技创新与商业模式创新协同推进,引致新产品、新服务、新应用不断涌现,做强做优做大数字安防、网络通信、智能计算、智能光伏、高端软件、集成电路等特色优势产业集群,催生新产业、新业态、新模式,推动数

字经济成为浙江经济高质量发展的硬核支撑。

以数实融合模式创新为特征的产业数字化实现质量变革、效率变革、动力变革。浙江把握数字化、网络化、智能化方向，从向制造业分行业推广工业机器人应用，深入实施"企业上云"行动计划、工业互联网平台建设及应用示范和智能制造工程，到打造"产业大脑＋未来工厂"新范式，加快推进规上工业企业数字化改造全覆盖、重点细分行业中小企业数字化改造全覆盖、百亿元以上产业集群工业互联网平台全覆盖，产业数字化转型的模式更加清晰，有效推动了实体企业降本增效，为浙江经济的稳中求进带来了更多确定性。

以有效市场与有为政府协同发力为特征的体制机制创新激发数字经济生态活力。浙江数字经济发展取得显著成效，既有政府规划政策的引导、推动、激励和透明高效的服务能力支撑，也有市场主体积极参与的决定性作用，二者共同构筑起优质的产业生态和营商环境。浙江在全国率先出台并实施《浙江省数字经济促进条例》《浙江省公共数据条例》等法规制度和推进产业数据价值化改革等一系列政策举措，企业对数字化转型的内在需求和内生动力、对市场信号和压力的快速灵活反应得到了有效释放，激发起市场主体在构建以数字经济为核心的现代化产业体系中的生力军作用。

（二）以深入推进数字政府建设突出强治理为关键抓手

数字浙江建设起步就包括了电子政务建设任务。党的十八大以来，浙江在全国率先上线浙江政务服务网，构建以"简政放权"为核心的政务生态系统，打造审批事项最少、办事效率最高、投资环境最优的省份。推进"最多跑一次"改革，着力推动部门间政务服务信息共享、协同联动，变"群众跑腿"为"信息跑路"，成为新时代浙江全面深化改革的一张"金名片"。在此基础上，切实推进政府数字化转型和数字化改革，成为奋力打造"重要窗口"的牵动性、创新性、突破性的关键抓手。浙江把握新时代改革系统集成、协同高效新特征，围绕省域治理现代化，运用系统观念、系统方法和数字化手段，推进党政机关全方位、系统性、重塑性改革。以数字化改革推进政府治理全方位、系统性、重塑性变革,打造整体智治、高效协同的数字政府综合应用,构建整体高效的政府运行体系、优质便捷的普惠服务体系、公平公正的执法监管体系、全域智慧的协同治理体系,强化城市运行一网统管、政务服务一网通办、公共服务一网通享,加快推进省域治理体系与治理能力现代化。

政府服务和履职效能大幅提升。近年来,浙江以业务协同、数据共享和流程再造为抓手,着力推进观念转变、职能转变、流程转变,对政府履行经济调节、市场监管、公共服务、社会治理和环境保护等五大职能的方式方法进行系统性、数字化重塑,建立健全指标体系、工作体系、政策体系、评价体系,各项工作取得实质性突破。浙江省全方位深化政府数字化转型,打造"整体智治、唯实唯先"的现代政府,依托"浙里办"和"浙政钉"两个平台,打造"掌上办事、掌上办公"之省。聚力打造群众、企业掌上办事总入口"浙里办",推动"掌上办事"由"可办"向"好办易办"转变,加快构建优质普惠的数字化公共服务体系,逐步形成"数据多跑路、群众少跑腿"的良性局面。"浙里办"实名注册用户数突破 1 亿,日均活跃用户数 300 万。全省依申请政务服务事项"一网通办"率达 85%。推动政务服务事项标准化、结构化和数字化,将省市县三级 20 多万个事项统一标准化为 3638 项依申请政务服务事项,实现"一事项一表单一流程",办公效率大大提升。

数字政府的先发优势转化为治理效能。以数字化变革推进政府职能重塑,推进"8+13"等重大项目建设,多业务协同应用建设全国领先。在全国率先建设经济运行监测分析数字化平台,创新开展"日跟踪、周调度、月画像"高频分析,着力推动"用数据说话、用数据管理、用数据决策",实现监测更灵敏、响应更快速、预警更直观、晾晒更有效、提示更精准。建成全省统一执法监管数据中心,实现监管数据的"一网共享",成为全国首个实现全省统一使用移动执法 APP 的省份。在疫情防控这场大战大考中,浙江通过"大数据分析+网格化排摸",建立重点人群动态管控库、境外来浙人员数据库,大数据研判主动发现确诊病例占总数的 96% 以上,依靠大数据率先推出"一图一码一指数",通过数字赋能有效助力疫情精密智控,在全国率先实现复工复产。

公共数据共享开放实现新突破。统筹建设省市一体化架构、分级管理、协同共享的一体化智能化公共数据平台,大数据处理分析系统具备百亿级的数据分析处理能力。省平台开发数据共享接口 5007 个,2022 年 1 月至 2023 年 6 月被调用 801.1 亿次,在政务服务、行政执法、应急管理等领域发挥重要数据支撑作用。出台实施《浙江省公共数据开放与安全管理暂行办法》,发布了《人口综合库数据规范》《信用信息库数据规范》《可信电子证照管理规范》《数字化改革公共数据分类分级指南》等一批省级标准,为政府数据治理提供制度保障。

(三)以建设数字社会一以贯之惠民生为宗旨使命

进入中国式现代化新征程,人民对美好生活向往的需求日益广泛,不仅有物质需求,还有精神需求。数字社会建设是着力补齐民生短板、提升公共服务水平,不断解决人民日益增长的美好生活需要和不平衡不充分的发展之间的矛盾的加速器。浙江着力提供用得上、用得起、用得好的信息惠民服务,努力使人民群众在共享数字化发展成果上拥有更多获得感、幸福感和安全感。

优质普惠的数字化公共服务体系促进民生改善。浙江全面推进民生领域信息化深度应用,推动"掌上办事"由"可办"向"好办易办"转变,逐步形成"数据多跑路、群众少跑腿"的良性局面,满足教育、医疗、扶贫、社会保障、养老服务等民生领域信息化需求。在就业、住房、交通出行等领域加速普及应用数字化技术,培育公共服务供给的新模式、新业态。迭代掌上办事"一个端"。聚焦个人出生到死亡、企业准入到退出两个全生命周期,整合全省各类数字化应用,持续优化"浙里办",全力推进"全主体"用户"能用""愿用""爱用"。

共建网上美好精神家园。制定出台《关于网络文明建设的实施意见》,策划推出"一步一履总关情"等系列宣传,持续 13 年举办省网络文化活动季。坚持德治与法治相结合,推进网络文明实践中心建设,大力弘扬崇德向善的网络道德风尚。全面开展"阳光跟评"行动,开设"浙江好网民"账号矩阵,实施"银发乐网"工程和青少年网络素养工程,建成覆盖全省区县的 107 家网络文化家园,开展"阳光跟帖"行动,推动网络文明理念深入人心。推动互联网企业及网络社会组织为山区 26 县经济发展助力赋能。

新型智慧城市和数字乡村建设提升城乡治理现代化水平。浙江是全国较早探索推进智慧城市建设的省份,2011 年就启动智慧城市建设试点工作,在医疗健康、城市管理、交通出行、能源管理、环境保护等民生领域先后分三批组织开展了 20 个智慧城市建设示范试点项目建设。杭州市于 2016 年 4 月启动城市大脑,以交通领域为突破口,开启了利用大数据改善城市治理的探索。城市大脑建设以满足群众高品质生活需求和实现社会治理现代化为导向,支撑跨部门多业务协同应用场景。杭州市运用城市大脑提升交通、文旅、卫健等系统治理能力的创新成果得到了习近平总书记的肯定。浙江结合"千万工程"加快数字乡村建设,印发实施《数字乡村建设实施方案》,从"数字赋能、未来乡村"到"现代先行、共富乡村",面向全省一万个乡村提供"数字乡村云平台 2.0",通过提供公益技术平台服务,针对农村的区域特点,助力乡村治理数字化、农村产业智能化、村民生活智慧化。

以数字化技术与思维加强和创新社会治理。浙江深化"互联网＋社会治理",数字赋能助力转型,大数据防疫抗疫、防汛减灾、助企惠民、城市治理、监管执法效能彰显。"基层治理四平台"实现基层大事一网联动、小事一格解决,推动社会治理模式从单向管理转向双向互动、从线下转向线上线下融合、从单纯的政府监管向更加注重社会协同治理转变,打造共建共治共享的社会治理格局,打造平安中国示范区。深入推进司法权运行数字化转型,深化数字卷宗单轨制协同办案模式,提升"云上公安智慧警务"、检察监督大数据应用能力,优化法院智能办案平台功能,推进刑事司法与行政执法、监察执法衔接。

（四）以筑牢屏障优化环境保安全为底线要求

数字浙江建设把筑牢可信可控的数字安全屏障作为关键能力，充分发挥网络综合治理体系和依法治网体系统筹作用，推进依法治网体系建设，持续擦亮"之江净网"品牌，着力整治网络生态突出问题，多角度全方位保障网络与数据安全，筑牢数字浙江安全底座。

强化网络安全、数据安全屏障能力建设。出台多项网络与数据安全相关的地方性法规，不断提升数字关键基础设施防护水平，创新网络安全多跨协同机制，打造"浙里网络安全智控"，首创首席网络安全官制度，切实履行网络安全主体责任。以网络安全为基石，推进网络安全指挥、制度、技术、运营和监管等五大体系建设。应用以建设"发现、识别、引导、预防"四大场景为目标，构建个体防治和群体预防的闭环链条，整合政府、学校、家庭、社会和企业等多方力量，"五位一体"筑牢未成年人网络安全防护网。强化数据全生命周期安全管理。建立数据分类分级保护基础制度，健全网络数据监测预警和应急处置工作体系，严格落实数据收集、存储、使用、加工、传输、提供、公开、销毁等全生命周期的安全管理要求。

省域网络执法一体化建设纵深推进。以地方性法规率先明确县级网信部门实施行政处罚的职责，开展县域网络执法体系建设试点工作。创新打造服务型网络执法模式，深化事前预防、事中规范、事后跟踪式执法。省委网信办、省公安厅、省市场监管局、省通信管理局四部门持续开展 APP 违法违规收集使用个人信息专项治理行动，加强 APP 应用安全闭环管理。组织"浙 E 执法"系列行动，纵深推进分级分类精准执法。温州积极探索网络安全、数据安全、个人信息保护等新兴领域执法。

持续加大网络犯罪打击力度。建设"之江净网"网络空间依法治理平台，强化会战攻坚、集群打击和预警防范，网络领域专项整治有效开展。省委网信办、省公安厅、省市场监管局、省广电局、省通信管理局等部门组织开展"浙里清朗""净网 2023""百日打谣""网络视听平台医药广告播出管理"

"浙里固源""浙里跃升"等专项行动,聚焦网络水军、自媒体乱象、网络谣言、虚假信息等群众反映强烈的突出问题。坚持打防治并举,开展多轮次集群战役,实体化运行浙江省反电信网络诈骗中心,组织开展"净化空壳公司""打猫"专项行动。应对互联网新技术、新应用、新业态带来的风险挑战,优化"省级统建、三级通用"浙里网络综合执法应用,打造"浙里心安""清朗网络智治"等平台,解决网络主体"底数难摸清、服务难分类、账号难掌握"等难题,提升管网治网智能化水平。

四、深化数字浙江建设,为奋力谱写中国式现代化浙江篇章提供强劲动力

在数字浙江建设 20 年之际,中共中央、国务院出台了《数字中国建设整体布局规划》,这是党应对数字时代巨变的前瞻性部署。建设数字中国是数字时代推进中国式现代化的重要引擎,对全面建设社会主义现代化国家、全面推进中华民族伟大复兴具有重大意义和深远影响。浙江作为数字中国的先行地,要坚持以一以贯之的定力建设数字中国样板区,为奋力谱写中国式现代化浙江篇章提供强劲动力。

(一)建设数字经济高质量发展强省,赋能人口规模巨大的现代化

人口规模巨大是中国的基本国情,需要以经济现代化为前提,通过高质量发展支撑应对各种风险与挑战。数字经济是实现经济发展质量变革、效率变革、动力变革的强劲动能,是畅通供给、丰富需求的关键力量,是解决发展不平衡不充分问题的有效路径。进入新征程新阶段,浙江迫切需要通过数字经济创新提质,抓住全球产业结构和布局调整过程中孕育的新机遇,开辟新领域、制胜新赛道,推动数字经济引领现代化产业体系建设取得新的重大进展,创造经济高质量发展的新增量,切实扛起经济大省勇挑大梁的责任

担当,为实现人口规模巨大的现代化贡献浙江力量。

强化数字科技新突破。数字科技创新是数字经济高质量发展的关键引擎,针对浙江数字科技创新策源能力不足、关键核心技术受制于人的短板,要着力打好数字关键核心技术攻坚战,突出攻坚重点,创新攻坚模式,加强攻坚力量,在新一代通信网络、新一代智能芯片等领域形成重大创新成果,着力推进原创性、引领性科技攻关,并加快创新成果转化应用,开拓商业化应用场景,充分发挥数字技术对经济发展的放大、叠加、倍增作用。

攀登数字产业竞争新高地。数字产业是数字经济的核心载体,针对浙江数字产业高附加值、辐射带动性强的拳头产品较少,具有全球影响力的产业集群和龙头企业不多的短板,要着力打造具有产业带动力和全球竞争力的世界一流数字企业,加快发展壮大雁阵型数字企业梯队;抢占数字产业新赛道,在做优做强数字安防、网络通信、集成电路等特色优势产业集群的同时,培育壮大人工智能等新兴产业,超前布局未来产业。

增强数实深度融合新动力。数字经济与实体经济融合是全球经济格局演变的重要趋势,是推动共给侧结构性改革、促进就业结构与就业方式变革、提高全要素生产率的根本途径。要针对中小企业数字化转型意愿不足、能力不强的问题,体系化推进"产业大脑＋未来工厂"建设,着力推进制造业数字化转型,实现"三个"全覆盖;实施服务业数字赋能工程,提高服务业产业链、供应链上下游协同效率,加快发展数字贸易,积极探索数字贸易规则标准;大力推动农业智能化升级,深化"农业产业大脑＋未来农场"发展模式,打造数字农业园区。

激活数据要素新价值。数据资源作为数字经济的关键生产要素,数据要素的价值还远远没有释放,是数字经济创新提质的巨大拓展空间。针对数据基础制度规则不完善、理念认识不充分、应用场景不丰富等障碍,要以推进产业数据价值化改革为抓手,探索推进公共数据、企业数据、个人数据分类分级确权授权使用,聚焦数据要素的"聚、融、通、用",完善数据要素市场化配置机制,大力培育数据交易市场,促进数据要素流通和交易,促进公共数据与社会数据融合开发利用,提高数据产品质量和数据服务水平。

重塑平台经济新优势。平台经济是数字经济新产业、新业态、新模式的重要载体,浙江是平台经济大省,各类网络交易平台上经营者数量超过1100 万家,占全国总量的近半数,既存在平台经济发展不规范的问题,也存在对平台经济认识不全面不充分的问题。要大力构建兼容开放、规范有序的平台经济发展生态,推动平台经济规范创新发展,在引领发展、创造就业、国际竞争中大显身手。鼓励打造"平台—场景—生态"模式,支持消费互联网平台向产业互联网转型拓展,赋能实体经济转型升级。

构建活力强、秩序好的新生态。数字经济是国际竞争和区域竞争高度激烈的领域,竞争焦点在于人才、技术、资本等要素资源能否高度集聚并发挥积极作用,关键在于能否构建起市场主体充满活力、规则秩序透明高效的发展生态。要以实施营商环境优化提升"一号改革工程"和"地瓜经济"提能升级"一号开放工程",为数字经济创新提质提供强劲动力和坚强保障。打造公平透明监管体系,实施资本投资"红绿灯"制度,探索政企信息交互共治机制,筑牢全过程安全屏障。

(二)绘制数字共富新图景推动全体人民共同富裕的现代化

高质量发展建设共同富裕示范区,是党中央和习近平总书记赋予浙江的光荣使命,是奋力推进中国式现代化浙江篇章的关键所在。数字化发展是创造更多充分发挥人民首创精神机会、构建更加公平正义的社会环境、鼓励共同奋斗创造美好生活的强大势能。

以数字化发展牵引城乡区域协调发展。加快建立城乡区域时空交流的桥梁,促进人才、技术等要素资源在城乡区域加快流动,以数字赋能助推山区 26 县发展,打造一批以数字经济为主导产业的"产业飞地"和"科创飞地",增强乡村和山区县实现共同富裕的内生动力和发展后劲。推动数字化在乡村场景的应用取得明显成效,打造新时代产村人文融合发展的致富平台、农民群众安居乐业的美好家园、农村新型社群共治共享的幸福社区。

以数字化发展推动扩大中等收入群体规模。通过加快发展数字经济新业态新模式,创造更多普通劳动者通过自身努力进入中等收入群体的机会。通过网络零售、移动出行、快递外卖等新业态吸纳就业人员,激发创业创新活力、扩大就业机会,稳步推进"扩中提低",形成以中等收入群体为主体的橄榄型社会结构,促进共同富裕行稳致远。

以数字化发展提升公共服务优质共享水平。深入推进"一件事"集成改革,进一步提升公共服务均等化、普惠化、便捷化水平。在数字化场景下打造新型教育共同体、医共体、帮共体、社会治理共同体等载体,高效协同、联动解决社会问题、推动共同富裕,率先基本实现人的全生命周期公共服务优质共享。

(三)丰富数字文明新生活,促进物质文明和精神文明相协调的现代化

迈入中国式现代化新征程,人民群众对个性化和高品质的精神文化产品与服务供给有更强的需求,同时对社会治理的知情权、参与权、表达权和监督权也有更强的行使意愿。数字文明是数字时代物质文明和精神文明相协调的重要体现,对人们的价值观念、人文精神、生活方式和社会治理方式都会产生巨大影响。

以数字文明促进人民实现精神富裕。通过理论引领、舆论引导、文化惠民、文旅融合、文明培育,进一步弘扬社会主义核心价值观,丰富高品质数字文化产品与服务供给,激发新型消费潜力,增强浙江文化凝聚力,提高文化软实力。

以数字文明推动富民与安民有机统一。以高质量发展为导向,探索构建高品质数字文化服务机制、高效能数字产业发展机制、高水平数字文化监管机制,壮大数字文化软实力。通过制度安排、价值规范等途径,推动企业和公众更加重视数字伦理、数字价值,形成共建共治共享的社会治理格局,开辟数字文明价值创造新空间。

（四）创新数字化发展与治理方式支撑人与自然和谐共生的现代化

深化数字化和绿色化协同转型，推动形成绿色低碳的生产方式和生活方式，加强生态环境数据共享和利用，推进生态环境智慧治理，是促进人与自然和谐共生的必由之路。浙江作为习近平生态文明思想重要萌发地，要在建设数字生态文明实现绿色低碳发展上继续走在前列。

用数字化手段提升生态环境协同治理能力。深入推进生态环境信息化综合平台建设，提升生态环境统揽全局能力、监测感知能力、预警预报能力、形势分析研判能力、风险防范和应急处置能力、监管执法能力，把数据资源优势更好地转化为生态环境治理效能。以生态环境综合管理信息化平台建设为统领，打造平台化协同、在线化服务、数据化决策、智能化监管的生态环境数字化治理新模式、新形态，支撑深入打好污染防治攻坚战，助力生态环境治理能力现代化。

用数字技术促进生产方式绿色低碳转型。针对浙江能耗制约，着力通过技术创新和释放产业数据价值，提高全过程生产效率，降低全链条能源消耗，实现生产效率和能源效能的双提升。一方面加强数字基础设施绿色化改造升级，根据能源结构、产业布局、市场发展、气候环境等统筹规划、合理布局数据中心建设，推动数据中心、通信基站等基础设施节能降碳，提升新能源应用水平。另一方面加快传统行业向数字化绿色化协同转型，加快建设"双化协同"综合试点，推动企业和园区低碳智慧发展。

引导绿色智慧生活方式。全面倡导数字化绿色化生活，推动社区提升水资源、垃圾分类回收等智能化管理水平，鼓励社区建设智慧微网，打造绿色低碳社区。加快发展数字家庭，不断提高数字化赋能家庭生活服务水平，鼓励大型企业和金融机构为企业和群众开展绿色生产生活提供相应支持。以数字素养提升全民环保意识，引导公众积极参与环境网络监督，共同维护绿色生活环境。

（五）构建网络空间命运共同体，助力走和平发展道路的现代化

数字化是中国在坚定维护世界和平与发展中谋求自身发展，又以自身发展更好维护世界和平与发展的重要力量，构建网络空间命运共同体，是开创人类发展更加美好未来的新路径。

以数字化发展助推高水平对外开放，进一步发挥世界互联网大会乌镇峰会作用，高质量搭建数字领域合作平台，打造数字丝绸之路战略枢纽，加快平台、服务"走出去"和数据跨境流动，着力推动开放型经济水平、双循环战略枢纽地位、制度型开放体系"三个再提升"。

高水平建设全球数字贸易中心，提升完善数字贸易产业、平台、生态、制度和监管体系，着力拓市场、稳份额，推动优结构、增效益，壮大新业态、强活力，全面厚植对外贸易新优势。

强化数字安全为走和平发展道路提供安全屏障，多方协同合力推进依法治网体系建设，针对网络平台大省特点，规范在线平台用户信息获取和共享等行为，不断完善数字安全治理机制。

参考文献

［1］陈畴镛，王雷，周青. 网络强国战略与浙江实践［M］. 北京：科学出版社，2016.

［2］刘亭，陈畴镛. 数字中国的浙江探索［M］. 杭州：浙江大学出版社，2022.

［3］习近平. 干在实处 前在前列——推进浙江新发展的思考与实践［M］. 北京：中共中央党校出版社，2013.

［4］习近平. 习近平致第四届世界互联网大会的贺信［N］. 人民日报，2017-12-04（1）.

［5］习近平. 兴起学习贯彻"三个代表"重要思想新高潮努力开创浙江各项事业新局面——在省委十一届四次全体（扩大）会议上的报告［J］. 今日

浙江,2003(14):4-16.

[6] 习近平.在第二届世界互联网大会开幕式上的讲话[M]∥习近平.论党的宣传思想工作.北京:中央文献出版社,2020.

[7] 习近平.政府工作报告 2003 年 1 月 16 日在浙江省第十届人民代表大会第一次会议上[J].浙江政报,2003(4):4-16.

[8] 中共中央党史和文献研究院.习近平关于网络强国论述摘编[M].北京:中央文献出版社,2021.

数字中国建设与和美共富

邱泽奇

（北京大学中国社会与发展研究中心）

如果说工业技术曾经缔造了人类社会经济发展的一个新时代，也曾彻底地改变了人类的生产和生活方式，那么，数字技术则正在创造人类社会经济发展的另一个新时代。据实地观察，数字技术比工业技术对人类社会经济的影响更加底层、更加彻底，甚至直指人类存在的价值。运用好数字技术，既是实现中国经济发展转型的现实选择，更是全面建设社会主义现代化国家、全面推进中华民族伟大复兴的重大历史机遇。

习近平总书记高度重视数字中国建设。早在福建工作期间，他就部署了"数字福建"建设。随后，在浙江工作期间，他又亲自擘画了"数字浙江"建设。此后，习近平总书记对数字中国建设作出了一系列重要指示，为数字中国建设指明了方向。

2023年2月，中共中央、国务院印发《数字中国建设整体布局规划》（以下简称"布局规划"），在战略层次对数字中国进行部署，完整、准确、全面贯彻新发展理念，对运用数字技术加快构建新发展格局进行了整体布局，按照夯实基础、赋能全局、强化能力、优化环境的战略，对全面提升数字中国建设的整体性、系统性、协同性，促进数字经济与实体经济深度融合，以数字技术驱动生产生活和治理方式变革指明方向、提出目标。

一、数字中国建设是推进中国式现代化的重要引擎

基础设施和数据资源是推动中国式现代化的两大基础。打通数字基础设施大动脉,就是要把不同类型、不同层级、不同代际的基础设施连接起来,加快传统基础设施的升级换代,创新新型数字基础设施部署格局,整体提升数字基础设施使用效率。畅通数据资源大循环,就是让数据要素流通起来,让公共数据服务于经济社会发展和民生发展,让商业数据释放市场价值潜能。数字中国建设,就是要在保证数字基础设施安全和数据资源安全的前提下,让数据汇流、汇聚,并且高效地奔跑在数字基础设施上,构建新发展格局的战略部署。

数字技术与"五位一体"深度融合是推动中国式现代化的全面赋能。"五位一体"是党的十八大站在历史和全局的战略高度对新时代新发展进行的总体布局。做强、做优、做大数字经济,推动数字技术和实体经济深度融合,就是要运用数字经济引擎带动传统农业、工业、金融、教育、医疗、交通、能源等重点领域融入数字经济的历史潮流,形成数字经济的时代洪流。发展高效协同的数字政务,就是要创新和完善数字政府的体制机制,提升政府公共服务的数字能力,促进内外政务的高效协同,让政务服务满足人民群众的需求,引领公共服务的发展。打造自信繁荣的数字文化,就是要实施国家文化数字化战略,让数字媒介成为继承优秀中国传统文化和创新新时代中国特色社会主义文化的载体,成为提升文化吸引力、感染力、传播力的大舞台,强化文化服务能力。构建普惠便捷的数字社会,就是要实施国家教育数字化战略,在健康中国战略实施中有效运用数字技术,促进教育和健康领域的数字普惠,推进数字社会治理精准化,让人们的日常生活更加便捷智能。建设绿色智慧的数字生态文明,就是要运用数字技术高效推动生态环境治理,推动山水林田湖草沙一体化保护和系统治理,倡导绿色智慧生活,加快推动社会经济生活的数字化绿色化协同转型。让数字技术全面赋能"五位

一体"总体布局是推进中国式现代化的总体实践。

　　强化数字中国关键能力则是推动中国式现代化的技术支撑。在百年未有之大变局的环境里,构筑自立自强的数字技术创新体系,就是要建立健全关键核心技术攻关的新型体制,强化科技创新主体的地位,发挥科技主体的引领支撑作用,健全知识产权转化收益分配机制,把数字技术创新与应用的命运牢牢掌握在自己手里。筑牢可信可控的数字安全屏障,就是要落实总体国家安全观,完善数字安全法律法规和政策体系,增强数据安全保障能力,健全监测预警和应急处置体制机制,切实维护体系安全、网络安全、数据安全。既推动数据要素的高效流通,又保障数字生产生活的安全,让数字关键能力为中国式现代化的实现既提供机会,又提供保障。

　　数字中国建设就是在党的领导下,加强对数字中国的统筹协调、整体推进、督促落实;建立健全数字中国建设的统筹协调机制;发挥多主体投资融资的积极性,引导资本规范参与数字中国建设,保障资源投入;强化人才支撑,增强社会成员的数字思维、数字认知、数字技能,让数字创新和应用有效转化为国家数字发展能力;营造良好的氛围,促进社会整体对数字中国建设的认识认知,凝聚共识,形成公平规范的数字治理生态,构建开放共赢的数字领域国际合作格局,让数字中国建设真正成为推进中国式现代化的重要引擎。

二、数字中国建设是推进和美共富的有力支撑

　　早在 2012 年 11 月,在十八届中共中央政治局常委同中外记者见面时习近平总书记就说:"我们的责任,就是要团结带领全党全国各族人民,继续解放思想,坚持改革开放,不断解放和发展社会生产力,努力解决群众的生产生活困难,坚定不移走共同富裕的道路。"①2020 年 11 月,习近平总书记

---

　　①　新华社.习近平等十八届中共中央政治局常委同中外记者见面[EB/OL].(2012-11-15)[2023-09-21].http://jhsjk.people.cn/article/19591246.

在关于《中共中央关于制定国民经济和社会发展第十四个五年规划和二〇三五年远景目标的建议》的说明中指出："共同富裕是社会主义的本质要求，是人民群众的共同期盼。我们推动经济社会发展，归根结底是要实现全体人民共同富裕。"①如果说数字中国建设在于创造新的发展引擎，推进中国式现代化，那么，让数字技术服务于共同发展和和美共富则是其中的应有之义，也是数字中国建设的目标指向。

基础设施和数据资源为共同富裕搭建了基础平台。数字基础设施普惠是让人民共享发展成果的前提。中国是世界上数字基础设施覆盖面最广、供给最普惠的国家，宽带网络、光纤入户、移动基站等数字基础设施的地理区域覆盖率和人口规模覆盖率在世界上都是最高的。中国信通院的数据显示，截至 2023 年 5 月，中国的 5G 基站数量占世界的比例超过 60％，中国 5G 网络的人口覆盖率为 58％，远高于世界的人口覆盖率 30.6％。国家数据局的成立则标志着中国正着力推进数据要素的流通与治理，推进数据要素成为新时代新发展的新动能，为数据要素红利普惠建设着共富平台。

数字技术与"五位一体"深度融合为共同富裕铺设了发展与治理的力量汇聚路径。共同富裕，数字经济是物质基础，数字政务是规范指引，数字文化是意义凝聚，数字社会是呈现载体，数字生态文明是人与自然的和谐共生，共同富裕不只是有富裕，还有共同，共同就是和美。没有传统经济向数字经济的转型与发展，共同富裕就缺乏经济基础；没有政府政务向数字政务的转型与发展，共同富裕就没有适宜的共同规则；没有传统文化与数字文化的融合与发展，共同富裕就欠缺精神追求；没有传统社会向数字社会的转型与发展，共同富裕就没有实现的对象；没有传统生态文明向数字时代生态文明的转型与发展，共同富裕就不可持续，就没有和美。其中，每一个转型、融合，最终都指向发展。每一个发展都不是孤立的，是经济、政府、文化、社会、生态文明的数字化协同，"五位一体"正是达成和美共富不可或缺的共同力

① 习近平. 关于《中共中央关于制定国民经济和社会发展第十四个五年规划和二〇三五年远景目标的建议》的说明［N］. 人民日报，2020-11-04(2).

量。枫桥的爱心食堂、智慧健康小屋、共富工坊、智慧法务等面向村民的各项新式服务,既继承着传统,又创新着内容,实现的是和美共富,而支撑各类服务和目标实现的则是"五位一体"的数字枫桥建设。枫桥经验的新内涵和新发展有力地诠释了用数字枫桥建设汇聚力量,在"五位一体"融合发展中推进和美共富,让枫桥经验既一脉相承,又历久弥新。

如果说人类的数字化发展已经是不可逆转的历史潮流,那么,数字中国建设既是中国共产党领导中国人民顺应历史潮流,推进中国式现代化、实现中华民族伟大复兴的重要引擎,也是实现和美共富的有力支撑。

数字政府的法治挑战

郑春燕

（浙江大学法学院）

自 2002 年 1 月，浙江省九届人大五次会议正式提出"数字浙江"，至今已经 20 余年。在这 20 余年间，浙江的数字政府、数字经济、数字社会、数字文化都取得了令人瞩目的成绩。作为一名行政法学者，我最关注的就是数字政府带来的法治挑战。

一、"由私到公"，以数据服务的任务和目标界定公共数据的范围

要真正实现数字技术驱动的政府治理，首先就要解决数据在政府部门间的共享与利用。浙江省通过打造一体化、智能化公共数据平台，在基础设施的底层架构上实现了数据流动的可能。但可以被共享和利用的，是否仅限于政府部门基于法定职责收集的数据？将公共数据的范围拓展到党政机关的数据，在《浙江省公共数据条例》起草过程中的争议并不大，但能否进一步扩大到国有企业的数据甚至是民营企业的数据？问题的症结在于打破以数据主体的身份界定数据公私属性的思路，以数据服务的任务与目标对数据进行定性。由此观之，企业的数据可能具有公共性，只是在制度设计时需要考虑企业为数据处理付出的成本，以合理补偿和防止不正当竞争的机制

打消企业共享数据的顾虑。只有充分调动社会数据为公共利益融通,才能最大限度地提升数字政府治理的成效。

二、"由公到私",以公共数据授权运营激发浙江数字经济的活力

一体化智能化公共数据平台的打造,使得浙江相较于其他兄弟省份,汇聚了规模庞大且标准统一的高质量公共数据。这些公共数据若能转化为数据要素,将为数字经济的腾飞提供坚实的基础。但公共数据的产生,大多基于国家机关的法定职责,其中的个人信息,基于公共利益可以仅经告知而收集,若用于数字企业的生产经营,自然就会面对个体的信息权益与企业发展之间的内在张力。为此,《浙江省公共数据条例》专门预留了授权运营的通道,但授权运营的具体办法仍在制定过程之中。立法的难点在于为了公共数据安全,是否仅允许国有企业参与运营?个人以为,不应以企业属性划定公共数据要素转化的分界线,而应看企业是否具有"数据可用不可见"的技术力量。政府的职责在于,为这种技术力量制定配套的约束条件,确保公共数据市场价值实现过程中的个人信息权益保障。具有前瞻性的政府,甚至可以主动引入技术和法治团队,在匹配专门法律框架的前提下,统一打造数据价值交易平台。

三、"公私融通",积极迎接与回应整体政府与多元治理带来的法治革新

政府对企业数据的利用和企业对公共数据的开发,势必会加速公私融通,在促进政府部门内在协作的同时,吸引更多私主体加入现代化的国家治理中。当越来越多的政府部门通过数字政府综合运用,实现联合执法、突破层级管辖、打破既定流程、推广算法推荐时,我们对一个行政行为是否合法

的判断,还能否停留在传统政府法治意义上的"职责法定、依据清晰、程序明确"上? 数字技术正在挑战马克斯·韦伯建构的金字塔形官僚机制,使现代政府越来越趋向于整体政府。与分工精确的官僚机制相匹配的传统行政法治,自然需要重塑,功能主义取向的实质法治观将成为未来行政法治的主流。与此同时,当大型数字企业被赋予越来越多参与治理的机会时,既需要重新审视"权力"的概念,承认"私权力"的存在,从而将数字企业的"私权力"行使活动纳入公法的规范范畴;亦需要防范给数字企业施加过重的治理责任,导致企业背负过多的协同管理职责,平台经营者的第三方义务范围将成为营商环境的全新法治命题。

以数字浙江建设推进高质量
发展的新路径

刘 渊

（浙江大学浙江数字化发展与治理研究中心）

早在 2003 年,时任浙江省委书记习近平就前瞻性地作出了建设"数字浙江"的决策部署,并将此作为"八八战略"的重要内容。近年来,浙江一方面不断深入领会党中央关于加快推进高质量发展的战略决策,贯彻落实新发展理念;另一方面持续丰富"数字浙江"建设内涵,以数字化为形式,以技术进步为手段,以高质量发展为目标,全面融入经济社会各领域和全过程,引发社会生产生活广泛而深刻的变革,从技术理性向制度理性跨越,探索出一条以"数字浙江"建设推进经济社会高质量发展的新路径。数字浙江建设实践表明,数字中国建设是进一步加快我国经济社会高质量发展,是建设现代化强国的必经之路。

从 2003 年开始,浙江便开始推进"百亿信息化建设"工程,以信息化为手段,强调"坚持以信息化带动工业化,推进'数字浙江'建设",探索通过企业信息化应用工程、数字城市、电子政务应用系统、通信网络基础设施建设等手段,加快推进经济社会高质量发展。2008 年至 2012 年间,一批以云计算、大数据、物联网、智能硬件为代表的龙头企业快速成长,数字经济体系逐步成型,有效带动经济社会数字化转型。2013 年至 2020 年,浙江进一步将"信息化和工业化"深度融合作为促进工业经济转型升级的主要路径,并开启了以政府数字化转型为先导的数字化改革之路。这些年,浙江持续释放数字经济发展、数字政府建设的红利,以数字化改革撬动各领域各方面改革,着力变革与数字化时代不相适应的生产方式、生活方式和治理模式。运用数字化技术、数字化思维、数字化认知,对传统方法进行系统性重塑,全面提升解决发展中问题的能力,统筹推进政府、经济、社会领域的数字化转型,纵深推进"数字浙江"建设,形成了丰富的浙江实践经验,为数字中国建设提供了积极有效的示范引领。

一、增强数字政府效能,持续创新政府治理理念与方法

数字政府引领高质量发展方向,推进政府治理全方位、系统性、重塑性的变革,推进政府决策科学化、社会治理精准化、公共服务高效化。数字浙江是在党政领导下全盘布局与系统谋划,通过自上而下的政策落实与自下而上的基层创新有机结合,不断探索具有普适性的路径与方法。第一,将数字政府建设作为深化改革赋能数字经济发展,撬动数字社会走向智能化、精准化,以及创新政府治理理念、方式的关键举措,打造一系列特色应用。2018 年,以"最多跑一次"改革为契机,推进数字政府建设,大力推动数字技术在智慧城市、智慧医疗等领域的广泛应用,从服务、政策、制度、环境多方面优化政府供给,以流程再造实现跨部门、跨系统、跨地域、跨层级高效协同。通过"四张清单一张网"、"最多跑一次"、政府数字化转型、数字化改革等一系列创新举措,全方位拓展升级数字浙江内涵。第二,不断强化制度供给,积极推动数据开放,引领赋能变革转向制度重塑,固化改革实践,形成普适性经验和方法,一地创新全省复用,打造"掌上办事之省""掌上办公之省""掌上治理之省"。第三,依托一体化智能化公共数据平台,构建优质便捷的普惠服务体系、公平公正的执法监管体系、整体高效的运行管理体系、全域智慧的协同治理体系,形成新的行政管理形式和政府运行模式。推动一体化智能化公共数据平台建设,在国内率先通过《公共数据

条例》，着力破除公共数据跨组织边界流通、共享的制度和技术壁垒。"城市大脑"建设经验广泛推广，健康码、企业码等数字产品全国共享，打造数字乡村引领区。

二、激发数字经济活力，全面提升数据要素创新效能

数字经济激活高质量发展动能，通过数字技术与实体经济深度融合，夯实高质量发展的经济基础。作为民营经济大省，在全球数字化浪潮下，浙江不断完善省市一体的数字经济政策体系，通过实施数字关键核心技术、数据要素价值释放、数字产业竞争优势提升、"产业大脑＋未来工厂"赋能、数字消费创新引领、新型基础设施建设、平台经济高质量发展、数字生态活力激发等八大攻坚行动，往"高"攀登、向"新"进军、以"融"提质，全力建设数字经济高质量发展强省，构建以数字经济为核心的现代化产业体系，打造支撑"两个先行"关键力量，全面增强中国式现代化新动能。第一，以数字经济"一号工程"升级版为主阵地，以"产业大脑＋未来工厂"为核心业务场景，以数据资源为关键生产要素，以现代信息网络为主要载体，以信息通信技术融合应用、全要素数字化转型为重要推动力，促进效率提升和经济结构优化升级，激发经济可持续增长潜能。第二，充分发挥市场在资源配置中的决定性作用，激发各类市场主体活力和内生动力，打造有效市场，聚焦数字产业化和产业数字化，大力推动农业数字化、制造业数字化和服务业数字化，努力建设新型贸易中心、新兴金融中心，培育一批数字化融合新业态，培育新的经济增长点。第三，坚持实施"以信息化带动工业化，以工业化促进信息化，实施走新型工业化道路"的发展战略，着力促进"互联网＋"、大数据、人工智能同实体经济深度融合，使信息化、工业化、城市化、市场化和国际化的进程有机结合，以数实融合进一步提升产业能级和国际竞争力。

三、优化数字社会环境，践行以人民为中心的发展思想

数字社会巩固高质量发展成效，着力普及数字设施，优化数字资源供给，推动数字化服务普惠应用。数字社会是"以人民为中心"的高质量发展的生动实践，近年来，浙江以打造"共建共治共享"的数字社会为目标，聚焦社会治理的痛点、堵点、难点问题，深入研究新形势下群众工作的规律和特色，把党的优良传统和新技术新手段结合起来，通过数字平台不断下沉治理主体和力量，创新打造"民呼我为"等一系列便民服务应用，基于人民群众满意度评价实现闭环治理，探索出一条具有中国特色的社会治理新路径。第一，以人为本，全面提升全民对新一代数字技术的认知和使用数字技术的能力，提升数字普惠性、包容性。通过提升人民群众的数字素养，找准改革突破点，以各领域、全方位的数字赋能加快推进多跨协同，满足民生领域的共同需求。第二，将数字社会列入数字化改革六大综合应用之一，从幼有所育、学有所教、劳有所得、住有所居、文有所化、体有所健、游有所乐、病有所医、老有所养、弱有所扶、行有所畅、事有所便等百姓参与度最高、获得感最强、体验最直接的领域入手，以与社会治理相关的数据、模块及应用为手段，为群众提供全链条、全周期的多样、均等、便捷的社会服务，为社会治理者提供系统、及时、高效、开放的技术工具与管理方式。升华"千万工程"实践，打造数字乡村、未来社区等一系列触及社会神经末梢的优秀案例，形成城市和乡村更公平、更安全、更美好的一种数字社会新形态。第三，加大数字技术的融合创新应用，推进共建共治共享。通过流程再造、改革创新、制度重塑，促进政府、企业、第三方机构（组织、社团）和群众等主体高效协同、生态构建，实现社会服务治理的相互贯通，不断提高人民群众的获得感、幸福感、安全感，满足社会主体与社会同步发展的数字文明时代的高质量发展需求。

数字化变革驱动制造业高质量发展的浙江实践

刘淑春

（杭州电子科技大学浙江省信息化发展研究院）

制造业不仅是实体经济的根脉所在，也是现代化产业体系的重要支撑。党的二十大报告明确指出，坚持把发展经济的着力点放在实体经济上，加快建设制造强国，推动制造业高端化、智能化、绿色化发展。新一轮科技革命和产业革命加速演进，特别是数字技术的逐渐成熟、加速扩散和不断渗透，加速驱动制造业质量变革、效率变革、动力变革，为制造业高质量发展提供了前所未有的重要战略机遇。

一、习近平同志在浙江工作期间在"八八战略"中提出的"建设数字浙江"和"打造全球先进制造业基地"为数字化变革重塑浙江制造高质量发展竞争力指明了方向、提供了遵循、擘画了蓝图

"八八战略"是习近平同志为浙江量身定制的总方略、把脉定向的总遵循、领路指航的总指引，而数字浙江是"八八战略"的重要内容。2002年11月，时任浙江省委书记习近平同志在省委理论学习中心组学习会上明确提出："紧紧抓住二十一世纪头二十年的重要战略机遇期，最广泛、最

充分地调动一切积极因素,聚精会神搞建设,一心一意谋发展。从浙江的实际出发,全力推进工业化、信息化、城市化、市场化、国际化,加快建设数字浙江、信用浙江、绿色浙江。"①"八八战略"第三条"进一步发挥浙江的块状特色产业优势,加快先进制造业基地建设,走新型工业化道路"对数字浙江建设作出了明确的战略定位。习近平同志在浙江工作期间强调"数字浙江是全面推进我省国民经济和社会信息化、以信息化带动工业化的基础性工程。推进数字浙江建设应以网络系统和数据库建设为基础,应用系统建设为重点,数字城市建设为支撑。加快建设数字浙江支撑平台,积极运用数字化、网络化、智能化等信息处理技术,深度开发经济、社会等各类信息资源,逐步形成面向城乡、以中心城市为基本单位的信息资源集成、应用与共享系统"②。对浙江而言,数字化变革启动早、行动早。2003 年 9 月,浙江省在全国比较早地出台《数字浙江建设规划纲要(2003—2007 年)》,明确指出以信息化带动工业化是一项基础工程,明确了"六大任务",要求扎实推进"百亿信息化建设工程",这为浙江率先发展数字经济提供了系统性指导。

同时,习近平总书记在浙江工作的时候,提出加快建设先进制造业基地的战略目标,他强调,"加快建设先进制造业基地,是浙江紧紧抓住国际产业分工格局变化带来的战略机遇,加快提升和发展制造业的客观要求,必须坚持以信息化带动工业化,坚持国际竞争力导向,坚持内外资经济互动融合,坚持从浙江实际出发,发挥比较优势,构筑竞争优势……力争在五年内初步建立起以高新技术产业为先导、高附加值特色产业为支柱、高度国际化的先进制造业基地"③。习近平总书记的这些论述,为数字化变革重塑浙江制造高质量发展竞争力指明了方向。20 年来,浙江坚定不移沿着"八八战略"指

---

① 浙江干部培训教材编审指导委员会."八八战略"与中国特色社会主义在浙江的实践[M].杭州:浙江人民出版社,2020.

② 2003 年 1 月 16 日,习近平同志在浙江省十届人大一次会议上作的《政府工作报告》。

③ 本书编写组.干在实处 勇立潮头:习近平浙江足迹[M].北京:人民出版社,2022.

引的路子前行。2013 年 10 月,工信部正式批复浙江成为全国第一个"信息化和工业化深度融合国家示范区",这是"两化"深度融合的 1.0 版;2016 年 11 月,浙江省获批建设全国第一个国家信息经济示范区,这是"两化"深度融合的 2.0 版;2019 年 10 月,浙江进一步获批成为"国家数字经济创新发展试验区",这是"两化"深度融合的 3.0 版,推动数字经济与实体经济深度融合,实现了浙江经济的精彩蝶变。

数字经济发展速度之快、辐射范围之广、影响程度之深前所未有,已成为重组全球要素资源、重塑全球经济结构、改变全球竞争格局的关键力量。浙江省抢抓新一轮科技革命和产业变革加速演进的新机遇,深入实施数字经济"一号工程",推动制造业发生了翻天覆地的变革与重塑,制造业数字化发展水平走在了全国前列,数字经济综合实力、创新力、竞争力实现加速跃升。2022 年数字经济增加值为 3.9 万亿元,占 GDP 比重达到 50.6%,分别位居全国第四、各省(区)第二;数字经济核心产业增加值为 8977 亿元,占 GDP 比重达 11.6%,数字经济已成为浙江经济社会高质量发展的"金名片"。当前,省委、省政府强力推进创新深化、改革攻坚、开放提升,大力实施数字经济创新提质"一号发展工程",全面建设数字经济高质量发展强省,扎实推进"415X"先进制造业集群,加快打造全球先进制造业基地。数字化变革一定会为浙江制造高质量发展注入强劲动能,推动浙江经济实现新的飞跃。

二、数字化变革重塑制造业高质量发展竞争力,是推动浙江制造迈向全球产业链价值链中高端、打造全球先进制造业基地的必由之路

建设全球先进制造业基地,必须深刻把握数字化改革带来的生产方式转型、产业结构重构、治理方式变革的历史趋势,统筹推进数字产业化和产业数字化,促进数字经济与实体经济深度融合,重塑制造业高质量发展竞争

力,全方位赋能经济社会转型升级,推动浙江制造迈向全球产业链、价值链中高端。

(一)在全球产业链重塑、供应链调整、价值链重构的背景之下,数字化变革重塑制造业发展是一篇大文章

从实践看,全球各国都把数字化变革作为经济转型、技术创新、产业变迁的战略方向,结合实际制定了符合自身发展利益的数字化战略。"美国模式"依托持续领先的技术创新,巩固数字经济全球竞争力;"欧盟模式"以数字治理规则的领先探索,打造统一的数字化生态;"德国模式"依托强大的制造优势,打造全球制造业数字化转型标杆;"英国模式"完善数字经济整体布局,以数字政府建设引领数字化发展。在全球产业链重塑、供应链调整、价值链重构的背景之下,需要重新审视本土产业链在全球大坐标系中的定位。目前,数字化变革出现"三、二、一"产业逆向渗透趋势,呈现出"三产高于二产、二产高于一产"的典型特征,制造业数字化 1.0 版、2.0 版、3.0 版并存。数字技术的发展正在改变全球产业链供应链布局,必须聚焦产业链完整和产业配套能力,运用数字技术突破整个产业垂直分工和水平分工中的碎片化和孤岛化困境,提高全球制造业分工过程中价值链的弹性能力,为制造业更加高效链接全球产业链和供应链要素资源创造空间。

(二)数字化变革重塑制造业高质量发展竞争力,是制造业实现质量变革、效率变革、动力变革的重要路径

向更高技术水平、更高附加价值、更加绿色低碳的方向转型是制造业高质量发展的大势所趋,但传统生产方式难以实现制造业内生式增长,尤其是量大面广的中小企业,其成本和机制优势逐渐弱化,要实现高质量发展面临更多挑战和困难。数字技术作为产业体系和经济体系的底层技术,对制造业具有强渗透性、融合性甚至颠覆性。尤其是利用数字孪生、人工智能、移动互联网、区块链等前沿数字技术,推动制造业技术升级、产

品创新和业务流程变革,全方位全链路赋能制造业,有助于实现制造业从数量扩张向质量提升的战略转变。比如巨石集团,结合玻璃纤维智能制造系统架构,对窑炉、拉丝机、络纱机等核心生产设备进行 3D 仿真建模,在虚拟环境中重现制造工艺全过程,并通过产业链协同制造研发平台,推动产业链、供应链深度互联和高效协同,生产效率提升 24%,生产运营成本降低 12%,产品良品率提升 55%,研制周期缩短 10%,能源资源综合利用率提升 21%。

(三)数字化变革重塑制造业高质量发展竞争力,是推动浙江经济实现"数实融合"的重要战略方向

数字技术激活了制造业向外拓展并与数字经济深度融合的潜力,推动制造业从单一的第二产业向第二产业与第三产业融合发展转变,从原先的实体经济向数字经济和实体经济融合转变,向微笑曲线两端延伸,向上游拓展出工业设计、技术研发、创意定制等环节,向下游拓展出检测评估、市场营销、品牌设计等环节,形成了新的价值增长点和产业增长极。浙江省从 2020 年就开始培育"未来工厂",目的是示范引领浙江制造业向高端化、智能化、绿色化方向发展。目前,一些未来工厂不仅实现了数字化变革的华丽转身,而且开始向业界输出平台或数字化解决方案。比如,在传统产业深耕的新凤鸣、大胜达等企业,因身处离散型行业,缺乏具有综合集成服务能力的供应商,其数字化产线找不同供应商定制,企业经过大量试错,在调试和生产过程中积累了很多经验,形成集成应用软件定义的知识模型和能力组建,可以推广复制到别的企业甚至行业;再如,江山市以本地特色产业——木门行业为试点,设计"轻量化、模块化、组合式"的技术改造方案,探索形成了"工程样本示范、合同样本推广"的江山模式。这些探索和实践都为浙江经济实现数实融合提供了典范。

三、利用数字化变革重塑制造业高质量发展竞争力,加快打造全球先进制造业基地

坚持数实融合方向,深化制造业数字化变革,以数字化变革重塑制造新优势,推动制造业重点行业、产业集群、企业数字化改造,加强制造业全方位、全链条数字化转型,健全资源配置、产业协同和价值创造体系,推动产业组织形式由线性产业链向网状产业生态系统进化,赋能企业重塑业务流程、优化组织结构、创新商业模式。数字化变革取决于五个变量。

第一个变量:关键数字技术突破。

数字技术与实体经济深度融合的空间十分广阔,利用数字技术对制造业进行全方位、全行业、全链条改造,潜力巨大。但必须看到,我国数字化核心技术受制于人,国产替代设备与进口设备相比仍有不足。芯片、基础软件、整机、工业控制技术、网络传输系统等核心环节供给能力与国外先进水平相比,仍然具有较大差距,且对外依存度高。以化工领域为例,高精度的压力传感器基本从横河 EJA、艾默生、ABB 等外资企业进口;旋涡流量计、转子流量计、微量氧等在线分析仪也以国外进口为主;国内高端传感器、智能仪器仪表、高档数控系统、工业应用软件等市场份额占比不到 5%。这需要加大关键核心技术攻关研发力度,为制造业的数字化变革提供支撑。一是着力突破"卡脖子"问题。瞄准产业实际需求和转型发展痛点,聚焦核心基础零部件、关键基础材料、先进基础工艺、产业技术基础"四基"领域,抢先布局引领产业变革的原创性重大研究项目、重大前沿技术,强化数字技术基础研发,努力填补我国技术空白。二是进一步搭建数字科创平台,紧扣产业链部署创新链,围绕数字经济重点行业和重点领域,科学布局国家技术创新中心、产业创新中心、制造业创新中心等创新平台,建设双创基地、孵化器、虚拟产业园等创新载体,充分集聚高端创新要素资源,进一步构建开放协同的创新平台体系。三是加速先进数字科技成果转化,畅通科技成果产业化

转化渠道,推动科技成果资本化产业化。利用数字技术加快平台化、定制化、轻量化服务模式创新,鼓励数字技术与生物技术、材料技术、能源技术等交叉融合,支持新技术、新产品、新业态发展。

第二个变量:企业数字化改造。

浙江有 1000 多万市场主体,300 多万家企业,6 万多家规上企业,企业数字化改造能不能突破,事关制造业数字化能不能成功。数字化转型是一项长期、持续的工程,前期投资加上中期维护成本,让很多企业望而生畏,加之平台安全性不足、设备精密性不够,企业对数字化改造也存在顾虑。对此,需要在三方面下功夫:一是加快产业大脑建设应用。搭建政府产业数据统一开放平台,行业龙头企业、专业服务商、第三方平台、科研院所等协同共建"产业大脑",推进产业链"数字孪生",将上下游的产业链数字化环节打通且云化,强化产业链数字化全生命周期管理。通过建设产业大脑,让企业更好地了解行业发展趋势,享受要素保障、标准规范、政策支持等服务,实现提质、降本、增效。强化产业大脑与未来工厂双向赋能,支持龙头骨干企业创建未来工厂、服务产业大脑,推动产业大脑面向未来工厂创新场景应用,实现产业大脑与未来工厂耦合共生。二是开展制造业数字化转型试点示范。借鉴"灯塔工厂",建设未来工厂、黑灯工厂、无人车间。探索批量化、规模化推进产业集群、块状经济数字化改造的新模式。总结推广西门子成都工厂、博世汽车无锡工厂、富士康深圳工厂等经验,引导未来工厂优化设计改造路线,发展具有较高生产效率和柔性制造能力的"数字化车间",探索在线定制→数字孪生(仿真配置)→数字供应链(生产周期)→智能配送→智能跟踪的可行路径。探索培育"云端工厂",建立优质制造资源和"云端工厂"需求发布平台,探索培育一批轻量化的"云端工厂"。三是推行轻量化数字化改造。针对中小企业量多面广、数字化水平低的实际,推行投资小、工期短、见效快、易推广的中小企业轻量化数字化改造。全面摸排遴选对象数字化水平,从人机协作、质量控制、精益管理、信息化基础、智能化场景应用等维度,分行业、分层次进行企业画像。

第三个变量:数字化标准供给。

目前,大多数自动化装备的通信协议不统一,数据接口各不相同,造成设备联网、数据自动采集以及硬件之间通信困难。目前存在大量供应商私有协议,如何对私有协议进行提取和分析,如何对私有协议的漏洞进行挖掘和验证,需要着眼长远进行破解。调研发现,未来工厂建设涉及采购、生产、运营、物流、售后等数字化模块,不同系统建设由于开发方式、开发时期、开发主体不同,应用层系统标准和接口不一致,导致设备联网、数据采集以及硬件通信困难。系统越多,孤岛越多,打通和数据同步的难度就越大。这好比是"造房子",一定要把"地基"打牢,地基不牢固,房子再漂亮也会有问题。对此,需要加快推动工业数据标准制定,完善工业数字化基础设施建设,引导行业组织、企业研究制定工业数据的行业标准、团体标准、企业标准。同时,针对制造业数字化改造存在行业间差异性、区域间共性的特点,对行业企业数字化改造进行细分,建立一系列可复制、可落地的改造样板,进而固化为改造标准,让企业的数字化改造有参照物。此外,要制定"未来工厂"建设通用技术标准,包括识别与传感、通信协议、控制系统等智能装备标准,大规模个性化定制、网络协同制造等智能服务标准,人工智能应用、边缘计算等智能赋能技术标准,推动我省技术标准上升成为国家标准和国际标准。

第四个变量:第三方专业化服务。

目前,数字化转型要素支撑能力不足,突出问题是第三方专业化服务供给不足。一是细分行业领域的专业化供应商少。我省已培育一批智能制造解决方案供应商,但熟悉细分行业发展特点的专业化供应商仍然不足,符合行业升级需求、改造成本和门槛较低、可复制可推广的成套产品和解决方案较少。部分企业反映,细分行业市场上缺乏成熟的智能化装备及系统,现有供应商的数字孪生建模、仿真模拟、系统集成等专业服务跟不上。二是现有专业化服务平台支撑不够。囿于研发周期长、工艺壁垒等因素,面向企业需求与智能制造供应商对接的公共服务平台支撑不够,现有的系统解决方案商很难满足企业个性化的智能制造改造需求。平台型服务商能提供智能化产品,但难以提供基于组织特点的个性化定制方案。三是缺乏可对标的行业标杆。不同细分行业生产流程、产品价值不同,其智能制造环节和模式均有所不同,但各领域门类之间差别较大,缺乏成功案例或行业典型参照,企业多是"摸着石头过河",部分企业在摸索过程中走了弯路。针对这一问题,需要进行针对性解决。其一是引进和培育数字化服务商。引进培育互联网企业开展面向重点行业、企业的智能制造单元、智能生产线、智能车间的技术研发和示范应用,为企业提供标准化、专业化的系统解决方案。强化智能制造产业引培,加强服务商间的交流合作,吸引更多更好的服务资源在杭州落地。实施数字化工程服务伙伴计划,制定数字化工程服务企业扶持政策,鼓励发展数字化工程服务产业。其二是建设制造业数字化能力中心。加快建设全场景数字孪生生产线、"产业大脑+未来工厂"融合展示中心、未来工厂体验中心、IDE创新中心和萧山智造走廊,打造沉浸式体验环境和输出服务。其三是搭建"数字化诊断服务平台"。对照工信部《智能制造能力成熟度模型》,建立在线企业信息化成熟度评估系统,推行在线诊断,通过大数据检索、关键字匹配手段主动搜集推送解决方案及方案提供商。采取政府购买服务方式,分区域、分行业免费提供诊断咨询服务,为不同规模、不同发展阶段的企业实施数字化改造升级提出针对性的解决方案。

第五个变量:要素资源和安全保障。

一是制定数字人才发展战略。适应我省数字化改革战略和数字经济"一号工程",着眼未来10年制定专项人才发展战略及规划,建立企业数字化转型人才库。实施"百校百企数字化协同行动",调整高校智能制造方向的技术专业人才培养方案,建立面向细分行业的课程体系和实习实训体系,重点培育懂行业、懂技术的"数字工匠"。建设信息技术工程师协同创新中心,每年引育一批智能制造复合型工程师。二是打造"未来园区"。推进省级工业园区、高新技术园区向未来园区转型,打造"柔性制造+大数据+AI"数字化一体化园区,提升工业园区产品信息交互和大数据服务水平,将园区内制造业企业中数字化车间、智能工厂、未来工厂的覆盖度,产业链企业协同关系,产城融合程度作为制造业高质量示范园区评价的重要指标。三是降低数字设施使用成本。降低通信运营商的数字技术服务收费标准,支持企业共营共享数字化转型的通用性基础软硬件和应用平台。四是加强数据安全保护。建立数据确权和数据追溯平台,建立标准规范,强化对企业的数据隐私保护。探索建立数据泄密保险制度,降低企业实施数字化改造的数据安全隐患和损失疑虑。五是构建工控系统内生安全体系。加强边界安全防护和动态端口防护,通过隔离单元摆渡、单向传输等手段隔离网络攻击,禁止非授信程序运行,建立安全可信的上位控制白环境。运用恶意代码沙箱、工业蜜罐主动防御和监测分析预警等技术,通过机器学习建模和人工智能关联分析,挖掘隐藏的工控现场威胁,实现网络安全能力与未来工厂网络环境融合内生,增强自身免疫能力,构建分层分域、动态综合的内生安全防御体系。积极推进数据安全分级分类管理要求,推进数据安全能力成熟度评估,切实保障数据传输安全。

以数字平台赋能中国式现代化浙江篇章

——基于浙江省平台发展理论创新与实践分析[①]

孙　元　　顾宸嫣　　蔡婧文　　王雯琪

［浙江工商大学工商管理学院（MBA 学院）］

党的十八大以来，以习近平同志为核心的党中央高度重视数字中国建设，提出一系列新思想、新观点、新论断，作出重大政策并作出战略部署，为推进中国式现代化提供有力支撑、注入强大动力。浙江坚定不移地践行党中央发展数字经济的重要精神，推动社会治理模式的重大转变，加速经济发展方式的深刻变革，实现浙江数字经济的飞跃式发展，彰显浙江经济社会高质量发展的突出能力，是赋能浙江高质量发展的重要支撑。

随着数字经济的快速发展，平台经济作为数字经济的重要内容，已成为促进整体经济稳定增长、推动高质量发展的重要动能。浙江于 2023 年 7 月 5 日出台首个促进平台经济发展的综合性文件《关于促进平台经济高质量发展的实施意见》，提出多条支持平台经济持续发展的具体措施，通过构建多元创新、生态融合、高效服务、公平规则、协同监管的平台经济体系，促进平台经济的创新能力增长，全面优化发展生态，充分发挥平台经济在优化资源配置、推动产业升级等方面的作用。数字平台作为平台经济的重要基础，在该实施意见的指导下，浙江的数字平台将迎来更广阔的发展空间，促使数

①　本文为国家社会科学基金重大项目"在线平台信息价值和信息行为研究"（21&ZD119）课题的阶段性成果。

字平台更高效、更全面赋能中国式现代化,谱写浙江高质量发展篇章。

习近平总书记在党的二十大上指出,高质量发展是全面建设社会主义现代化国家的首要任务,是推进中国式现代化的必然要求。① 在数字经济与平台经济全面发展的今天,数字平台的快速发展也加快了高质量发展的步伐。浙江深入贯彻"八八战略",深入实施数字经济创新提质"一号发展工程",以数字平台赋能"两个先行",对于奋力谱写中国式现代化浙江篇章具有重要意义和深远影响。基于此,本文立足于浙江数字平台基于平台发展理论这一起点,全面回顾总结近 20 年来浙江数字平台演进历程,将其分为起步期、发展期、扩张期、深化期四个阶段并梳理不同时期的跃迁情况;从数字生产端、数字消费端、数字政府端、数字生态端四个方面阐述浙江数字平台发展的理论创新与实践成效,并从中梳理、提炼出浙江数字平台赋能高质量发展的政策、生态、技术、创新等实践路径,并对浙江数字平台赋能中国式现代化的未来趋势进行分析探讨。

一、浙江数字平台发展演进历程与跃迁

(一)起步期(2003—2007 年)

2003 年 1 月,数字浙江建设作为"八八战略"的重要内容加快推进,数字浙江是全面推进国民经济信息化、社会信息化、以信息化带动工业化的基础性工程。随后于 8 月,浙江省政府召开全省数字浙江建设工作会议,会议指出要以信息化带动工业化,以工业化促进信息化,实施走新型工业化道路的发展战略,使信息化、工业化、城市化、市场化和国际化的进程有机结合。浙江省数字平台由此正式发展起来,以阿里、网易等为代表的平台企业如雨

---

① 习近平.高举中国特色社会主义伟大旗帜 为全面建设社会主义现代化国家而团结奋斗——在中国共产党第二十次全国代表大会上的报告[M].北京:人民出版社,2022:28.

后春笋般逐渐出现在大众视野中,为浙江数字平台建设打下了良好的根基,平台经济由此"起步"。

2003 年 5 月 10 日,阿里巴巴集团投资创办淘宝网平台,并于 10 月推出"支付宝"作为第三方的支付工具来构建"担保交易模式",从而获取消费者对交易的信任;2004 年,淘宝网平台将聊天工具与网络购物联系起来,"淘宝旺旺"由此诞生;2006 年,淘宝网平台使互联网不仅仅作为一个应用工具,而且成为人们生活必不可少的要素,据统计数据每天都有 900 余万人在使用淘宝,淘宝网一跃成为亚洲最大的购物网站;截至 2007 年,淘宝网平台全年成交额突破 400 亿,成为中国第二大综合卖场。除此之外,浙江数字平台经济也蔓延至数字政府领域,悄然萌芽。"中国浙江"政府门户网站在 2004 年底正式开通,数字政务建设从此成为浙江省开展信息化工作的重中之重。

(二)发展期(2008—2013 年)

2008 年初,浙江省政府继续推进数字浙江建设,并提出在今后五年内的两大重点行动计划——信息技术"倍增"、城乡统筹信息化,以此推动信息化水平全面提升。随后于 2013 年底,浙江省基于"权力清单",作为全国唯一的试点省全面启动"三张清单一张网"建设。在平台经济经历了第一阶段的起步期后,浙江省平台经济发展已步入发展期,原有平台持续深化与创新发展,同时也不断有新的数字平台被开发出来,推动我省平台经济快速发展。

在 2003 年阿里巴巴投资创办淘宝网平台的基础上,不论是平台自身的建设还是平台的应用程度,在该阶段都得到了进一步发展;2008 年,淘宝B2C 新平台淘宝商城(天猫前身)上线;2009 年,淘宝网全年交易额高达2083 亿元,跃居成为中国最大的综合卖场;2010 年首日淘宝网便发布全新官网页面,随后推出聚划算与一淘网平台;截至 2012 年 11 月 11 日,淘宝和天猫平台单日购买纪录再创新高,首次达到 191 亿元。同时,在该阶段浙江数字平台的范围也得到发展,平台涉及领域开始拓宽。2012 年,快智科技在杭州成立,推出快的打车 APP,提供出租车在线叫车服务。菜鸟网络科技于 2013 年 5 月成立,菜鸟网络是一家物流科技公司,总部位于杭州。该公司的数字物流平台为许多企业提供了物流服务,加速了货物的运输和交付,促进了浙江省的贸易和经济增长。

(三)扩张期(2014—2020 年)

2014 年浙江省率先提出加快推动"四张清单一张网",建设"互联网＋政务服务",全国首创面向社会开放公共数据资源。于 2018 年 7 月召开数字经济发展大会,会议提出以"数字产业化、产业数字化"为主线,全面实施数字经济"一号工程",持续加快推进数字经济发展,争创国家数字经济示范省。浙江省数字平台经济的发展不断迈上新高度,随后浙江省成立发展领导小组,建立并优化"1＋X"领导工作体系,制定了包括"三区三中心"及标志性引领性工程在内的多个专项行动方案,全省上下思想统一、目标明确、举措有力,为数字平台建设与发展构建有利环境,全面提升平台经济发展动力。

本阶段,浙江省数字平台经济发展步入"扩张期",一方面体现在平台功能上实现拓展,另一方面体现在平台应用范围上开始推广。"浙政钉"政务协同平台于 2016 年正式开始使用,2017 年初省政府办公厅在全省政务统一部署使用。"浙政钉"是浙江省政府在全国首创的全省共运共享的政务协同平台,其基于钉钉底座能力、低代码开发工具、工作门户工具,实现政务协同共性能力的集约化建设,面向政府内部各类用户、三方应用提供各项能力,打造"掌上办公之省"。除数字政府外,平台经济在其他领域也得到了推广发展。在发展期兴起的数字打车平台,在本阶段实现了平台功能及用户数量等方面的进一步扩展。2015 年,滴滴平台服务上线,为用户提供灵活、高效、可控的一站式出行解决方案。滴滴机器学习研究院成立,推进大数据和深度学习技术在出行行业的应用。滴滴平台上快车服务上线,为司机创造灵活就业机会,让乘客享受更经济便捷的乘车服务。可帮助乘客与私家车车主共享通勤出行的顺风车正式上线,随后品牌升级又推出了跨城顺风车服务,并将其更名为"滴滴出行",搭建起了一站式的出行平台。滴滴打车平台在全国范围内开始辐射推广,滴滴公交业务在北京、深圳开始上线运营,代驾业务全国上线。

(四)深化期(2021—2023 年)

浙江省委于 2021 年召开数字化改革大会,数字化改革正式启动,并在会中提出"一年出成果、两年大变样、五年新跃升"的战略目标。2023 年 7 月 5 日,浙江召开全省平台经济高质量发展大会,阿里巴巴、网易等 100 家平台企业代表参会,这是全国首个以平台经济为主题的省域性大会。此次大会上浙江省"三箭齐发":一是出台《关于促进平台经济高质量发展的实施意见》(以下简称《实施意见》),这是全国首个促进平台经济高质量发展的实施意见。二是国家市场监督管理总局与浙江省达成战略合作协议。国家市场监督管理总局将在制度创新、政策试点、能力建设等方面赋能浙江平台经济,共同促进平台经济高质量发展。三是浙江省政府与阿里巴巴签署全面战略合作框架协议。《实施意见》指出,浙江将支持平台经济要素融合创新,试点推进重点行业数据要素市场化进程。拓展要素来源,试点探索资源共享新模式,盘活闲置资源,推动平台经济发展模式创新。浙江平台经济高质量发展大会中提到,平台经济是浙江的一大优势,近年来浙江着力推动平台经济规范健康发展,规模领跑全国,业态日趋多元,带动效应明显。

浙江数字平台的发展在经历了"起步"、"发展"与"扩张"的过程后,在平台的种类、平台的数量、平台的功能以及平台的使用量等方面都已有了较好的基础,在这一阶段实现了对上述各方面的进一步"深化",为浙江数字平台的发展添枝加叶。浙运安于 2021 年 1 月 1 日正式启用,2023 年,部分推广应用已实现 100%,即省内驾驶员、车辆、企业以及港口危险货物经营人应用 100%覆盖,省内车辆 100%实现分路段精准限速管理,企业线上处置率超过 98%。其依托于一体化智能公共数据平台,建设安全码、全路段精准限速管理、全方位隐患排查、全环节装卸运管理、全覆盖省内外车辆管理、全链条部门协同管理等业务场景等。数字平台发展的领域十分广泛,除此之外还有生态合成革产业大脑平台的构建,平台于 2021 年 7 月上线试运行,截至 2023 年 2 月实现丽水本地合成革产业链全覆盖;丽水市合成革产业链包含规上企业 58 家。同时,产业大脑技术推广到湖北武穴、福建福鼎等国内合成革产业主要产地,经统计,2022 年项目建设运维公司实现营收 7945万元、净利润 424 万元,成功实现"自我造血"。随着数字平台的领域进一步深化,本阶段数字医疗也实现了进一步的深化发展。2022 年 11 月 11 日,浙江省中药全链数字交易平台在金华磐安正式启用。在"中药产业大脑"赋能下,种植可溯源、加工可规范、买卖可上云。

二、浙江数字平台发展的理论创新与实践成效

数字经济是重塑全球竞争格局的关键力量,代表着先进生产力。浙江作为数字经济先行省,其数字平台发展走在全国前列,可具体归纳为数字生产端、数字消费端、数字政府端及数字生态端四个维度,如图 1 所示。下面将从这四个视域入手,阐述浙江数字平台发展的理论创新与实践成效。

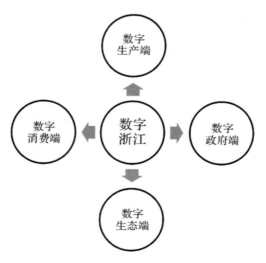

图 1　浙江数字平台核心应用场景

（一）数字生产端

浙江省抢抓数字时代产业链嬗变机遇，强化数字产业和技术赋能引领，着力提升数字经济发展能级。依托新一代人工智能创新发展试验区等国家级平台，稳步培育新兴产业落地，培育数字经济产业关键竞争优势。在产业数字化领域，浙江省将充分发挥数字经济和制造业基础优势，加快推动新一代信息技术与制造业深度融合，为打造全球先进制造业基地贡献力量。浙江省积极建设"415X"先进制造业集群，大力推动工业机器人与全产业链融合应用。持续探索"未来工厂"建设，着力构建数字化车间/智能工厂，深化"1＋N"工业互联网平台体系建设。

近年来，浙江省按照"数字化车间—智能工厂—未来工厂"梯次培育路径，探索开展"未来工厂"智能生产平台建设。截至 2023 年 4 月 27 日，已累计认定 52 家省级"未来工厂"，涵盖信息通信技术、新能源汽车、装备制造、家居、纺织等多个行业。这些"未来工厂"平台深度融合了新一代信息技术和先进制造技术，是浙江省重点打造的智能制造平台企业标杆，通过示范引领助推生产方式转型，带动平台企业、赋能行业，促进制造业高质量发展。以方太为例，通过搭建智能生产平台，方太未来工厂助力万元产值成本下降 5.25％，人均每班生产效率提高 22.29％，能源综合利用率提升 14.33％，产品研制周期缩短 24.75％，稳步迈向高质量发展，真正实现生产端的降本增效。

（二）数字消费端

平台经济在激发消费潜力、增加消费主体、创新消费模式、拓展消费维度、延伸消费空间、满足消费需求等方面都具有不可替代的作用。对接供需，尤其需要在跨境电商、农村电商、直播电商、内容电商等方面发挥平台深度应用的先发优势。作为全国互联网产业发展高地，浙江在消费"互联网＋"实践中具有重要的引领作用。

"中国新四大发明"——高铁、网购、支付宝、共享单车,其中网购与支付宝发源于浙江;无人超市、互联网法院、移动支付、互联网医院等新技术、新业态、新模式率先在浙江落地。以杭州市为例,杭州移动支付普及率、服务广度和深度全国领先,并率先实现移动支付进入公交、地铁、高铁等场景,是公认的无现金城市和全球移动支付城市。依托消费端的优势力量,浙江企业的技术创新带来了良好的市场动力和商业回报,催生了一批全国乃至全球领先的互联网企业和高科技企业。其中,淘宝网、阿里 1688 和支付宝已分别成为全球最大的网络零售电商、产业电商和在线支付平台,开发了全球领先的数字安防技术。

(三)数字政府端

政府数字化转型是经济数字化转型的先导力量。浙江省将数字政府发展作为着力点和突破口,以期再创营商环境新优势,着力打造多样化数字平台,从而为个体、企业等提供便捷与个性化服务,真正实现数字平台赋能发展的目标。浙江率先将数字技术应用于政务服务,构建政务数字平台。自2021 年起,浙江全面推行数字化改革,迭代升级数字政府建设,致力于构建成为"掌上办事""掌上办公""掌上治理"之省,数字治理能力保持全国前列。在"浙里办"等数字政府平台的基础上,切实落实政府部门"一次都不跑",弥合政府部门之间的数据鸿沟,营造数据对话、数据办公、数据服务的氛围,大幅度缩短企业和群众的办事时间,有效提高了企业和群众的办事效率。

截至 2023 年初"浙里办"后台数据统计,已有 1 亿余实名注册用户,日均活跃用户数 300 万,全省依申请政务服务事项"一网通办"率达 85%,全面搭建起全省一体化的"一网通办"平台,形成"让群众少跑、让数据多跑"的格局;此外,"浙政钉"平台已集成移动应用 2821 个,创建内部工作群 51 万个,已有 150 万注册用户,数据在政府部门之间可进行有效流转,办事协同程度全面提升。

（四）数字生态端

在数字经济发展中,浙江省构建起"城市群—科创大走廊—科技新城—特色小镇"的新型创新空间,聚焦于高能级创新平台建设,大力推动创业创新生态系统发展。通过构建生态集群,形成与头部企业之间的创新共生关系,并着力于从技术输出、模式输出等方面与其他省份实现渠道共享、产业要素联动,最大限度释放数据价值,加大对数据的集成归集和开放共享力度,从而在浙江省内打造具有创新辐射的有利发展环境,打造全球领先的数据中心和交易中心,并依托数字平台核心企业的基础性作用,进一步汇聚全球若干产业数据,把浙江省建成全球性产业数据库。

在数字平台发展的整体脉络中,存在数字医疗、数字政府、数字教育、数字安防等众多发展通道,其致力于打造一体化的创新平台系统,构建生态集群,依靠数字技术、信息技术等实现赋能,为人们提供了诸多便利。近年来随着数字平台发展的不断深化,数字生态发展已经基本形成规模。以杭州为例,互联网企业占全国比重达到9.2%,居全国第四位,人才净流入居全国第一位。杭州国家自主创新示范区以杭州高新区为依托,围绕网络基础产业、互联网和物联网三大重点领域,加强自主创新,打造产业链,发展创新型企业集群。杭州高新区研发投入占GDP比重已连续多年保持在13%以上,建立了包括关键控制芯片研发、物联网系统集成、传感器和终端设备生产等各类应用服务在内的产业链体系。通过要素、产业、数据等的汇聚,构建起完整产业链条,打造数字生态集群,助推浙江省搭建数字平台生态,更好地实现数字平台对中国式现代化高质量发展的赋能。

三、浙江数字平台赋能高质量发展的实践路径

当前,我国平台经济正处于创新发展的关键时期,在推动我国经济由高

速增长阶段转向高质量发展阶段的历史进程中,平台经济在构建新发展格局、建设现代化经济体系、构筑国家竞争新优势方面释放出强劲动能,推动中国经济高质量发展。浙江省一直坚持将数字浙江的蓝图绘到底,坚定不移地走好中国式现代化道路。为响应"一号发展工程",使数字平台成为浙江高质量发展的强有力支撑,浙江省还需抓住机遇,顺势而为、乘势而上,以数字平台赋能中国式现代化,在高质量发展中谱写浙江篇章。

(一)以政策建立发展支撑

当前,浙江省数字平台已进入快速发展阶段,应进一步推出相关政策方案,建立较为全面的数字平台高效发展政策支撑体系,推进浙江省数字平台以政策支撑优势赋能高质量发展。

1. 制定新方案

紧跟国家数字平台相关政策方针和数字平台发展方向,根据现有国家政策以及实际发展需求,制定适用于浙江省数字平台发展与赋能的实施方案,建立健全面向需求的政策支撑体系,以新方案辅助数字平台赋能高质量发展。

2. 优化原政策

优化完善数字平台政策,适应数字平台发展节奏与发展方向,提升政策实施绩效,同时完善数字平台治理机制,创新治理手段,提高各政策的针对性、可操作性、可落地性,放大政策效应,助力打造数字平台新优势,为数字平台促进高质量发展提供有力支撑。

3. 颁布优规定

颁布平台数据资源共享、数字经济人才引进、数字基础设施建设等具体的规定,通过相关办法的提出与实施,提升资源利用水平,提高人才各项待遇,加快相关设施建设,以支持数字平台推动高质量发展。

（二）以生态建设发展集群

平台生态已是数字平台演化发展的必经之路,应推动浙江平台企业积极参与、演化、构建平台生态系统,加快生态发展步伐,建设均衡发展的数字平台生态集群,推进浙江数字平台以生态建设优势赋能高质量发展。

1. 贯通生态链条

进一步完善顶层设计,充分利用已形成的产业优势和数字技术,加速推进平台生态建设,着力贯通平台生态的全产业链、全价值链、全要素链,推动产业协同、省市协同、部门办同等各项协同措施落地,促进平台生态融合集群发展。

2. 完善创新生态

以数字平台为主要载体,引进培育多层次数字人才,挖掘开放多层次应用场景,丰富生态内数字平台及其功能,通过数字平台促进生态链路协调等机制的形成,完善创新生态环境,加强数字平台基础设施建设,优化创新生态主体结构,推动创新生态有序发展,进而使创新生态模式助力数字平台赋能高质量发展。

3. 培育生态集群

关注生态深化发展主题,利用数字平台促进创新资源集聚与优化生态资源配置,培育数字产业生态集群,聚焦集群内数字平台生态发展与建设,以数字平台促进生态集群内进行物质交换、能量流动和信息共享,实现生态集群内可持续发展,进而促进高质量发展。

（三）以技术引领发展道路

数字技术能力提升是数字平台发展的核心,浙江数字平台也应着眼于数字技术能力的提升,铺设技术发展道路,铺设高效发展的数字平台技术道路,推进浙江数字平台以技术领先优势赋能高质量发展。

1.攻关基础技术

促使平台企业强化对数字技术的研发,加强平台技术基础研究,解决"卡脖子"技术问题,牢牢掌握基础技术的核心内容,在基础技术之上再做新的研究与突破,将平台基础技术与人工智能、网络通信、区块链等新兴领域结合,进行数字平台基础技术开发与创新,促进数字平台的快速赋能。

2.突出技术作用

加快产业数字化,主动将数字技术开放给实体企业,使数字技术与实体产业有效结合、融合发展,助力制造业、农业等传统产业进行全方位、全链条改造,提升链上业务贯通和协同能力,释放数字技术对经济发展的放大、叠加、倍增作用,突出数字平台对高质量发展的赋能作用。

3.赶超前沿技术

瞄准全球数字科技发展前沿,掌握一批标志性的重大核心技术,抢占关键技术制高点和数字新赛道,推动数字经济与先进制造业、现代服务业、现代农业深度融合,在前沿技术领域占有一席之地,推动数字平台的高效发展与深度赋能。

(四)以创新构建发展优势

浙江作为平台经济大省,创新能力一直处在全国前列,应当通过数字平台与技术能力创新,构建数字平台领先发展的创新优势,推进浙江数字平台以创新驱动优势赋能高质量发展。

1.建立创新体系

进一步完善各类科技创新平台,以数字平台为底座建立产教融合、技术转移、成果转化、科技金融、创业孵化、风险投资、技术协作等配套创新体系,通过加强数字能力提升、弥补数字鸿沟、构建数字赋能生态以及优化政策布局丰富并完善创新体系的建设,并推动数字平台赋能高质量发展。

2. 扶持产业创新

通过数字平台的发展与创新,引导企业加大研发投入和创新人才引进力度,提供更多的研发资金与更好人才待遇,促使数字产业联结起产业链上下游,带动实体产业发展,进而扶持产业新发展,再造产业创新发展新优势,促进高质量发展。

3. 推动制度创新

出台顺应数字平台发展的新制度、新方法,全力支持平台企业集成创新,全面优化平台创新发展环境,着力构建精准高效的服务体系,推动数字平台提升自主、协同、开放的创新能力,并加大平台经济治理与数字平台功能的创新力度,以数字平台的制度创新加快高质量发展的步伐。

四、浙江数字平台赋能高质量发展的趋势与展望

随着数字化应用程度的加深,全面推进数字化改革已成为浙江新发展阶段全面深化改革的总抓手,数字平台对提高企业运行效率与质量的作用更加明显,数字平台成为挂动浙江高质量发展的新动能。浙江深入实施数字经济"一号发展工程",数字赋能新业态、新模式快速发展,数字平台创新力度持续加大,核心竞争力不断提升,为"两个先行"提供了持久动力;众多重大数字平台项目的落地,提升了浙江数字平台的整体实力,凸显了数字平台对浙江高质量发展的推动作用。

数字平台产品快速迭代升级,丰富了数字平台在实体企业中的运用场景,加速了数字经济与实体经济的深度融合发展;数字平台进入各类工厂车间,加强了对能源使用与污染排放物的监测,促进了绿色低碳转型发展;数字平台使用的推广与普及,填补了人民信息获取鸿沟,有效拓宽了市场边界,促进了充分就业,加快了向共同富裕目标迈进的步伐。浙江数字平台赋能实体经济、绿色低碳转型、共同富裕是未来的主要趋势,进而可赋能高质量发展,推动中国式现代化迈上新台阶。

（一）数字平台赋能实体经济

党的二十大报告提出，"要加快发展数字经济，促进数字经济和实体经济深度融合"。实体经济是高质量发展的底座，是全面建设社会主义现代化国家的坚实基础。促进实体经济高质量发展是当前我国发展的重要任务，实体企业可通过数字平台与数据要素进行赋能，推动数字经济与实体经济的深度融合，进而提高实体经济的现代化水平。

当前，浙江省正在大力推广数字平台，使数字平台进入更多的实体企业，极大便利了信息的共享和传递，达到降本增效的效果。通过高新数字技术在实体企业中快速普及，以数字平台的形式为企业降低交易过程、管理过程、创新过程中的各项信息成本、试错成本，且在此过程中数字平台可以接收、读取来自企业的各类数据信息，进而使实体企业可以模拟与演练各种突发问题，数字平台也可为其提供各类高效低价的解决方案，大幅提高管理效率，降低管理成本，提升经济增长的全要素生产率，使实体企业及实体经济在数字平台的加持下高质量发展。

以数字经济结合实体经济深度发展，"数实融合"将成为浙江数字平台赋能高质量发展的未来发展方向之一，通过数字平台在实体企业中的深度使用，提高数字产业化与产业数字化水平，提升实体经济发展的质量与效率，推进浙江数字平台赋能中国式现代化。

（二）数字平台赋能绿色低碳转型

浙江作为起步早、起点高的生态建设省份，要认真学习贯彻习近平生态文明思想，深入践行"绿水青山就是金山银山"理念，强化生态要素保障能力，深化污染防治攻坚工作，推广绿色低碳发展方式，建设美丽浙江。绿色低碳技术作为绿色低碳转型的核心动力，应当把握数字创新关键要领，依托数字平台构建绿色低碳数字创新体系；加速推广绿色低碳技术，坚定不移走好绿色低碳转型的发展之路。

当前,浙江数字化改革正在助推绿色低碳转型发展,围绕数字技术赋能绿色低碳可持续发展新路径与"双碳"目标,探索如何引领数字平台进一步普及。通过搭建产业相关数字化管理平台,实时监控产业内工厂、车间等能源使用情况、废弃品产出情况,并利用相关数据促进企业的改造提升,在提升生产效率、降低管理成本的同时,大幅提升了能源使用效率,降低了有毒有害危险品的排放量。

以数字化技术推动生产侧发生变革,推广绿色低碳生产模式将成为浙江数字平台赋能高质量发展的未来发展方向之一,产业内企业可搭建数字平台监控实时情况,利用绿色低碳技术优化生产线,进而实现赋能企业绿色低碳转型发展,推进浙江数字平台赋能中国式现代化。

(三)数字平台赋能共同富裕

党的二十大报告指出,"实现全体人民共同富裕"是中国式现代化的本质要求。作为助力共同富裕的"新引擎",数字平台能够有效提高资源配置效率,推动技术进步与商业模式创新,助力经济发展方式转变。数字平台作为"为人民服务"的现代化生产工具,应当在发展与创新的过程中尽可能满足人民的使用需要。因此,在推进共同富裕的进程中,数字平台可以发挥其作用,以其特有优势助力共同富裕。

当前,浙江正在推广与普及数字平台的使用,填补信息获取鸿沟,有效拓宽了市场边界。数字平台可以通过创建新的链接形成增长机会,为失业、难就业人群提供就业机会,为资源、人脉匮乏商户提供交易机会;数字平台能够通过重构已有经济关系优化兑现条件,有助于不同主体将这一发展机会实实在在地兑现为现实的收益;数字平台还可通过降低进入门槛涌现技术红利,利用其大众性的特点依靠尽可能多的主体共同"做大蛋糕",使更多的主体能获得并享受到该技术红利,进一步推动实现共同富裕。

将发展机会有效转为现实收益,促进共同富裕将成为浙江数字平台赋能高质量发展的未来发展方向之一,提升数字平台创新与应用水平,为推进全体人民共同富裕的现代化注入新动能,推进浙江数字平台赋能中国式现代化。

五、结语

历经 20 年的渐进摸索与突破创新,数字浙江建设已沉淀了丰富的实践与理论经验,并走在全国数字化建设的前列。平台经济可利用规模、范围经济增加市场的深度与广度,降低交易成本,也可促进实体经济数字化转型,其对高质量发展的促进作用主要依靠数字平台实现。在这 20 年间,浙江省数字平台发展已在数字生产、数字消费、数字政府以及数字生态四个领域大有成效,但浙江省还应当继续借助数字技术发展平台经济,充分发挥数字平台在科技创新和产业革命中的领头羊作用,以政策建立发展支撑、以技术铺设发展道路、以创新构建发展优势、以生态建设发展集群,助推数字平台迈上新台阶,用创新打造中国式现代化建设进程中的数字经济样本,实现数字平台赋能高质量发展。

参考文献

[1] 骆温平,房冕,刘宗沅,等.商业生态视角下电商物流平台企业合作演化研究——以菜鸟网络物流平台为例[J].中国流通经济,2019(10):3-12.

[2] 史晨,马亮.互联网企业助推数字政府建设——基于健康码与"浙政钉"的案例研究[J].学习论坛,2020(8):50-55.

[3] 蔡宁,贺锦江,王节祥."互联网+"背景下的制度压力与企业创业战略选择——基于滴滴出行平台的案例研究[J].中国工业经济,2017(3):174-192.

[4] 张伯旭,李辉.推动互联网与制造业深度融合——基于"互联网+"创新的机制和路径[J].经济与管理研究,2017(2):87-96.

［5］谢富胜,吴越,王生升.平台经济全球化的政治经济学分析［J］.中国社会科学,2019(12):62-81,200.

［6］孟天广.政府数字化转型的要素、机制与路径——兼论"技术赋能"与"技术赋权"的双向驱动［J］.治理研究,2021(1):2,5-14.

［7］陈伟光,裴丹,钟列炀.数字经济助推全国统一大市场建设的理论逻辑、治理难题与应对策略［J］.改革,2022(12):44-56.

［8］吴传清.长江经济带科技型企业创新生态评价研究［J］.理论月刊,2020(11):78-88.

［9］戈兴成,季璐.数字经济产业创新生态系统的形成与演化分析［J］.经济体制改革,2023(1):125-134.

［10］左文明,丘心心.工业互联网产业集群生态系统构建——基于文本挖掘的质性研究［J］.科技进步与对策,2022(5):83-93.

［11］江小涓,靳景.数字技术提升经济效率:服务分工、产业协同和数实孪生［J］.管理世界,2022(12):9-26.

［12］陈凯华,赵彬彬,康瑾,等.数字赋能国家创新体系:演化过程、影响路径与政策方向［J］.科学学与科学技术管理,2023(2):19-32.

［13］严金强,武艺扬.数字经济赋能高质量发展的理论机理与实践路径——基于马克思社会再生产"四环节"理论框架［J］.上海经济研究,2023(6):53-67.

［14］刘慧,王曰影."数实融合"驱动实体经济创新发展:分析框架与推进策略［J］.经济纵横,2023(5):59-67.

第二篇

学术争鸣

以数字化驱动基层全域智治改革实战实效

张　晨

（杭州高锦科技有限公司）

浙江省启动数字化改革工作以来，一直以"为推进国家治理体系和治理能力现代化提供有力支撑"为目标，以数字赋能为手段，通过高效整合数据流，科学改造决策流、执行流、业务流，推动各领域工作体系重构、业务流程再造、体制机制重塑。依照基层治理现代化改革相关精神，以"基层全域智治"为主体运行框架，倒逼基层政府体制机制改革，完成业务流程重塑。系统需要进入实体化运作才能产生数字化减负增效的功能。实体化运作之前，需完成一系列基层改革体制机制动作。通过"基层全域智治"，为基层政府实现了承载"全域感知、数据赋能、社会联动"的基层现代化城市综合治理运行模式，以应对目前基层政府基础工作手段单一、人少事多、重复工作等问题。通过"全域物联网信息接入、后台大数据基层赋能"创新应用技术，辅助辖区全域基层基础信息自动获取、自动归集、自动研判、自动运转，基层治理的最重要五大元素（人、房、企、事、物）可以通过"90％科技赋能，10％人力核实"的基层运转体系，完成数据自更新闭环和事件快速化处置，从而满足治理"无感"、服务"有感"的新时代高质量城市治理服务要求。

一、基层治理现代化的现状实践分析

在国外的基层治理现代化实践中,日本、德国和英国都取得了一定的成效。日本、德国和英国的基层治理数字化建设,主要还是依托电子政务系统,为居民提供快速的政务通告和身份认证服务,通过各种电子设备、媒体渠道以及网络平台将相关信息传递给大众,进而提高政府服务的效率。但对如何深度融合物联网、云计算、大数据技术,进行社会综合治理实战实效应用,目前没有可借鉴案例。国外特别是西方国家,它们在基层建设、社区建设方面起步较早,基层治理现代化的理论较成熟,作出了卓有成效的实践贡献和理论贡献,但较少将高新技术应用于实际场景。

在国内的基层治理现代化实践中,"技术融合"已经进行了大量的探索,有各地的经验、模式,有抗击疫情中推动基层治理的实践。基于大量的实践经验以及使用高新技术建设的智慧社区和各种各样满足居民需求的公共服务体系,加之社会管理、社会治理政策的实施,国内各地在基层治理方面进行了大量有意义的探索,本土化的理论和实践取得了丰富的成果,国内各类符合本地实际的基层治理现代化治理方式已领先于国外。在我国,基层是依法治国的根基所在,法律在基层社会治理中发挥着根本保障作用。随着基层治理中新旧矛盾相互交织,利益关系更加复杂多变,治理的难度加大,为了满足人民群众的法治需求,必须强化依法服务,让法治理念融入基层社会治理实践,善于运用法治思维和法治方式化解基层社会矛盾,防范基层社会风险,规范基层治理,巩固基层治理成效,确保社会稳定发展。目前国内市场上,以运营商和云服务商为代表的基层治理现代化解决方案提供商,主要是以数字驾驶舱为主要产品方案。数字驾驶舱集中表现形式为数据展板,"以看为主",没有真正在基层内部发挥核心实战实效作用,即要以数字化推动基层固有传统低效工作模式的改革,将"实战实效,提质增效"作为基层数字化系统的基本出发点。

二、基层全域智治的主要实现方式

（一）全域物联接入

　　"基层全域智治"的构建基本出发点，就是为基层政府打造一套能承载"全域感知、数据赋能、社会联动"的基层现代化城市综合治理运行体系。如图 1 所示，主要运用在感知层，系统通过链接小区感知网、公寓感知网、楼宇感知网、公共场所感知网、路面感知网等社会面自有前端物联网设备，通过实时摄像、通行记录、电子抓拍等获取实时准确的全量原始结构化和非结构化信息，保障数据获取的自动性、实时性和全量性；通过数据网关及通信协议，将街道级辖区内社会面前端已有物联感知设备接入，通过链接小区感知网、公寓感知网、楼宇感知网、公共场所感知网等各类前端物联网系统，获取

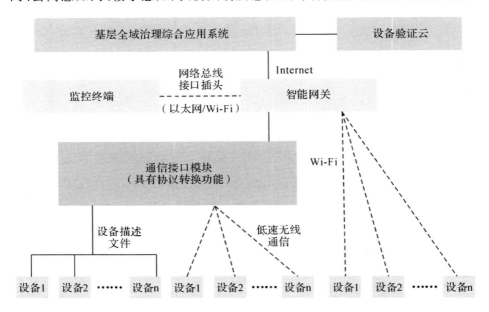

图 1　全域物联设备接入主要设计内容

实时准确的信息,主要接入对象包括出入口实名信息、视频监控区域信息、车辆进出图像、物业物管设备信息等。

(二)基础数据自更新

基层基础数据的自更新体系,如图 2 所示,主要运用在数据层,将基层镇街历史已有的规范标准信息,包括人、房、企、事、物的数据作为原始标准主结构数据,通过边缘服务器实现将各厂商提供的各种私有协议及数据格式的设备转换为标准统一的设备物模型,并通过边缘服务器实现云边一体化,同时通过社会面摄像头、门禁梯控、烟感地磁等物联设备获取"图像传感""视频流数据""非结构化信息",通过"多源异构社区数据的全流程快速标准化采集、标记、更新技术"解决后端获取的大数据来源广而杂的问题。从视频图像数据、各类传感器数据到文本数据、关系型数据库数据等,本项目以本体为基础,按照智能设备标准实施海量多源异构数据的抽取,通过分析当前主流数据信息注册模型的异同,并充分考虑不同类型数据的特征,建立面向基层城市治理领域的参考本体,并通过本体演化,构建各个子领域的本地本体,最后通过该两类本体抽取网络中各类资源数据。同时,将面向服务的体系结构(Service Oriented Architecture,简称 SOA)与本体技术相结合,构建语义 SSOA(Semantic SOA,简称 SSOA)。通过 SOA 将分布于各个角落的基层综合治理服务数据很好地集成起来。实现异构多源数据间的标准化采集、标记、更新和互操作性集成关联上前端感知的鲜活信息,通过异构多源数据间的标准化采集、标记、更新,对存量数据库进行碰撞,将有变化的人、房、企、事、物等变量信息进行数据更迭。

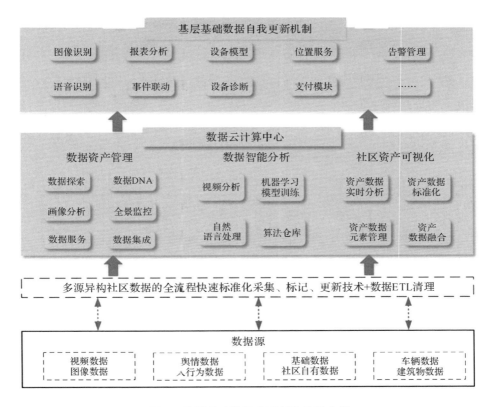

图 2　基层基础数据自更新的设计内容

(三)全域隐患感知

基层全域隐患感知主要运用在能力层,如图 3 所示,实现基层全域所有数据智能化、场景归一化、业务模型化,涉及数据治理层面的数据开发、数据标准、数据建模、数据标签、数据探查,以及业务层面的算法服务、模型工场、主题数仓和专题数仓。一方面,为基层各类应用提供业务模型和数据智能方面的支撑,让各场景应用能够使用跨结构、跨领域、跨维度的鲜活智能数据,从而让应用能从不同视角和维度洞察业务,呈现出数据背后的真正价值;另一方面,各业务场景持续产生的运营数据又为各业务模型和数仓提供了良好的训练样本,促使数据治理流程和业务模型不断进化和改良,最终形成良性循环。

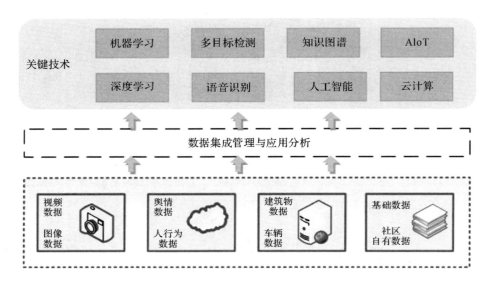

图 3　全域隐患感知分析的设计框架

（四）实时通信调度

如图 4 所示，实现通信调度主要运用在能力层，发生突发事件后，快速结合预案完成自动化报警部署，同时在"基层镇街全域治理综合指挥中心"中高亮相关资源，并警示工作任务和相关部门；对发生地辖区的"基层镇街全域治理综合指挥中心"及"数智网格员"队伍，通过模块可对前端人员单兵通信设备的状态、位置、视频、音频进行互联互通，实现一杆到底的任务派遣，"看得到、听得见、调得动"任务处置过程的所有情况。本项目的实时通信调度模块，通过研究自适应网络带宽传输流媒体技术、自动识别与认证接入技术，实现自动发现、识别、认证接入网络和集成，调用合适的网络适配器及网络配置文件以匹配不同的接入网络，接收图像视频等多模式信息。同时，还可以根据媒体内容特性自适应调整链路层的 QoS(quality of service，服务质量)，根据音视频传输内容特性和可变的信道状态自适应地进行源的比特分配和在应用层进行保护，使得在剧烈变化的网络环境下，采用该技术仍能保证获得连续的、平稳的、最高质量的视频服务。在实时通信调度中，基于 4G/5G 的现场队员单兵无线活动场景的摄像数据，高带宽低时延可实时回传任何单点视频画面，为基层事件的全过程指挥调度场景提供支撑。

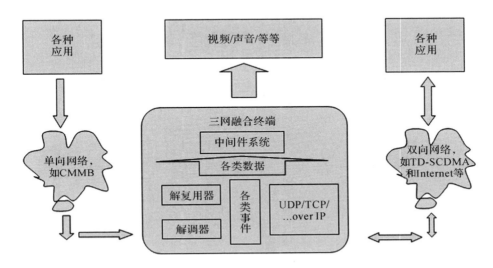

图 4　面向多模式多网络协议的视频（单兵）通信调度中间件框架

（五）视频常态巡查

如图 5 所示，视频常态巡查主要运用在能力层，通过社会面物联感知接入的社会面视频监控类设备，和基层政府自建的视频监控类设备，统一对其进行后端数字化赋能，定点定期定时地对重要部位进行视频自动巡检，同时后端支持的定量隐患问题模型，支持问题类型持续扩展及精准度自动学习，提高社会面的"感知元数据"在县域一网统管上的综合利用效率。基层全域智治的视频常态巡查模块通过三维 CIM 技术，组成辖区各重点业态部位的视频常态巡查立体防控机制，在防控工作中实现统一的联动联控，系统能够随时调阅、查看任一路特定需求视频，并能够以画中画方式弹出视场中关联视频、图片、标准内容等信息。不同的全景视频间能够互相切换、查询、搜索，通过联动低点监控资源，可实现联网布控、联动指挥，引领全新的视频联动、安全布控、指挥调度模式。

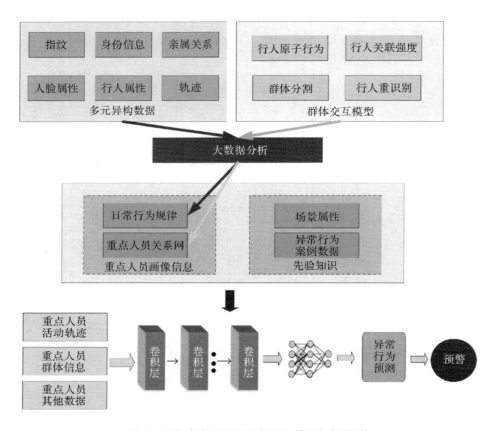

图 5　视频常态巡查的视频巡查模型框架设计

（六）社会贡献积分

如图 6 所示，社会贡献积分主要运用在应用层，为营造"社会自治"氛围，实现从引导式管理到共治共创式管理模式的转变，对主动发现的隐患问题采取"自治—法治"联合处置方式。其中最重要的"自治"处置环节，项目通过研究基于激励模型的社区贡献积分计算方法，建立"人人贡献"积分机制，实现以服务换积分，鼓励"任务悬赏"方式，将一些非执法类案件，通过系统在公众侧发布，让居民在手机移动侧可主动代替网格员报名领取任务，处置并闭环核实后,领取相应积分。通过积分兑换,享有实物奖励或定制活动参与机会。系统通过"30%事件社会自治,70%事件网格处置"的模式,可以有效培养社会公众自觉遵守社会规范的群治自治长效理念。在社会联动自治试运行工作中,本文研究了基于激励模型的"人人贡献、奖惩分明"公众贡献积分机制,每位居民对镇街治理的贡献均按积分机制规则换算成积分,实现服务换积分、积分换服务的激励机制。加分项包括环保积分、公益活动积分、志愿服务积分等;减分项包括存在失信行为、违法违纪行为等。研究居民参与在线激励模型,重点研究考虑隐私保护的基于贡献积分激励、时间积分激励和声望积分激励模式的激励方法,针对居民数量不确定、随机到达与离开、提交服务时间任意、信息不对称不完整、用户声望未知、居民隐私偏好多样等服务应用的实际情况,设计考虑用户隐私保护和服务质量约束的激励机制;具体贡献积分激励机制流程分为四个阶段——任务发布阶段、工作

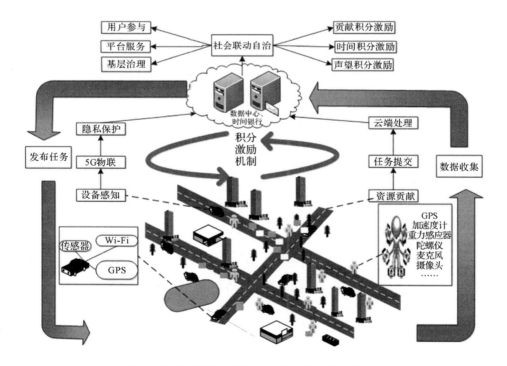

图6　基于激励模型的社会联动自治贡献积分机制

者选择及任务分配阶段、志愿者选择阶段、数据提交和积分支付阶段,即为了实现高质量的工作服务而需要完成某一任务,利用时空上下文数据对感知任务进行评估得到任务代价并反馈给任务发布者和参与者,然后通过多元动态交互确定任务预算和志愿者集合,最后系统基于贡献、时间和声望激励模式支付积分。贡献积分激励机制(Incentive,简写为 I)的模型表示成:

$$I:M \rightarrow \max[U(S),U(P)],\min[C(S),C(P)]$$

即通过某种激励方式(Mechanism,简写为 M)达到社会联动自治模块(Server,简写为 S)和参与者(Participants,简写为 P)的效用(Utility,简写为 U)最大。C 是镇街和参与者的代价,对于镇街是主要支付代价,对于参与者是感知任务需要的设备资源、时间以及隐私等代价。由于参与者的任务分配往往不仅仅取决于资源这一单一属性,还受隐私关注、参与时间等其他因素的影响,本项目采用多属性拍卖方式,效用函数:

$$S(x) = \sum_{i=1}^{n} w_i S(x_i),\text{其中} \sum_{i=1}^{n} w_i = 1$$

w_i 是各属性权值,$S(x_i)$ 是各属性的效用函数,接受任务者即多属性效应最大的参与者。

(七)统筹资源评价

如图 7 所示,统筹资源评价主要运用在应用层,通过建设基层全域智治的统筹资源协调模块,对城市综合治理全元素指标进行时态更新,并结合空间数据库对隐患治理的处置动态、重点治理资源分布和人员实时巡查力量进行全周期掌握,包括人员信息在忙碌中还是在日常巡逻中,事件通过"红黄绿"来标注"事态阶段",并结合不同环节的考核时间进行报警。统筹资源协调模块基于流程优化技术的多类基层治理场景应用组件体系,支持面向多渠道数据来源的多个工作流引擎中数据处理流程之间的互相协作;系统基于 SOA 的工作流引擎运行机制及开发技术,实现组件形式封装核心的工作流引擎,负责具体的业务流程执行。根据实际场景的应用需求,通过模块的不同组合和堆叠从而形成可面向不同场景的应用组件,通过综合服务标

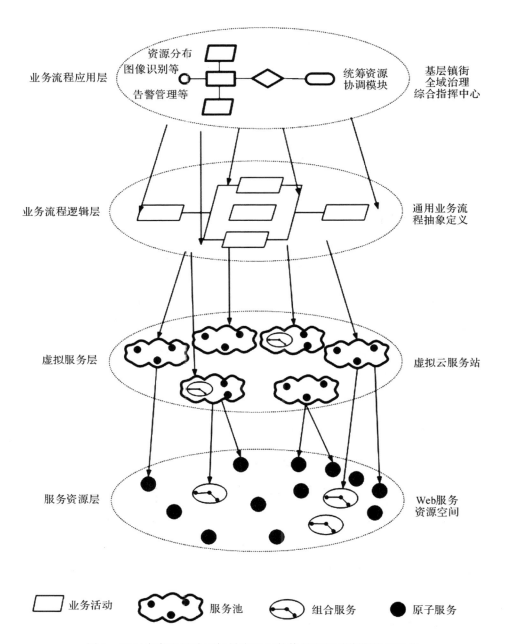

图 7 基于多类基层治理场景应用组件体系的统筹资源协调设计

准建设,原有的业务系统将变化为包含各种基础功能模块的应用能力组件。同时,原有的所有业务系统中的组织、人员、权限、流程引擎以及安全等公共基础设施统一被抽取到统一的平台进行管理,按需由基础功能模块组装成可灵活配置的场景应用组件。

三、基层全域智治的主要创新点

(一)体制机制创新

1.构建"镇街城市综合治理指挥中心"

基层全域智治体系的运行主体,主要依托基层镇街的综合信息指挥室,通过提档升级,上设"镇街城市综合治理指挥中心工作领导小组",由镇街党委书记或主任作为领导小组组长,由原镇街综合信息指挥室主任作为"镇街城市综合治理指挥中心工作领导小组"下设办公室主任。整合基层"执法一体化资源队伍",统筹由"镇街城市综合治理指挥中心"统一指挥。

2.首创"数智网格员"岗位

基层全域智治体系的一大亮点就是通过数字化赋能基层,实施"90％科技赋能,10％人力核实"的"数智网格员"工作模式。在实践工作中,通过"基层全域智治"数字赋能,原来每个网格员每周要花三四天时间专门走访,依靠"100％人力采集"的工作模式,现在通过"前端物联网＋后端大数据"系统自动采集,实时提醒网格内的部件破损、路面隐患、流动人口、新增出租房等信息,主动提示网格员,网格员每周只用 1—2 天时间进行精准核查,数据覆盖全、信息采集准,占用网格员工作时间降低到原来的 30％,让网格员有大量时间去做普惠服务,如"一老一小"的帮扶工作。从而通过"数智网格员"让基层工作人员实现了"三个转变":由原有的"人力为主"采集转变为"机器为主"采集,由原有的"走查式"人工录入式采集转变为"坐班式"精准核查式采集,由原有的数据"延时、不全、不准"转变为现在的数据"实时、准确、全面"。

3. 整合改编原有基层队伍

以试点街道为例,原街道综合信息指挥室升级为"街道全域综合治理指挥中心",由街道办事处主任直管。本着"建强综合治理队伍"的目标,整合原有队伍(综合执法队、平安巡防队、应急管理站、劳动监察、社区矛盾调解队伍和 110 联动队伍等)247 人,改编组建了三支全时响应、全维参战的实战队伍,在社区全科网格管理的基础上开展网格巡查、信息采集、隐患排查、情况处置、民生服务、政策宣传等工作,不断加强基层单元自治能力。第一,成立了指挥调度队伍(14 人)。主要任务是对数字城管、110 联动平台、96310、12345、省政务平台、各类抄告单及其他相关平台的信息进行收集、上报、流转、反馈和结案等工作,并对案件全过程进行跟踪和监督。第二,成立了现场处置队伍(120 人)。通过实行"片区化"管理模式,将街道分为六个片区,主要任务是 24 小时在各片区日常巡访,发现、处置和上报相关问题。对简单事件当场处置并结案,对不能现场处置的复杂案卷,移交后续处置队伍进行处置。第三,成立了后续处置队伍(113 人)。主要任务是接收现场处置队伍移交的复杂案卷,进行后续联动处置后完成结案。三支队伍归属"街道全域综合治理指挥中心",进行 7×24 小时实体化运行,当前处理一件事,平均用时不到 4 小时即可结案。

4. 制定实体化运行规范办法

基层全域智治体系实体化运作后,陆续发布了《小区感知网、公寓感知网、楼宇感知网、公共场所感知网等各类前端物联接入标准》《全域物联感知 10 大类 62 小类隐患识别对应基层治理四平台类型指向手册》《基层镇街"小脑+手脚"处置联动的扩充类问题处置流程要求》《街道"数智网格员"坐班式基础工作考核激励办法》等文件,为后续的复制推广提供了理论制度的参考样本。

(二)体制机制创新技术应用创新

1.智能设备无差别接入技术

为了最大限度地获取辖区内所有"人、房、企、事、物"的信息,针对社会面各类智能设备接入,进行不限品牌、不限类型的物联网信息协议全量接入研究,包括设计物模型框架,解决智能设备的碎片化,统一智能设备数据结构,输出标准的 API 给上层应用以调用运维智能设备,实现上层应用无感知、底层硬件差异化的目标。作为研发成果的"CDC 物联接入服务"可以将社会面主流的智能设备端,通过物模型框架所定义的数据交换规范接入 IoT 云平台,实现智能设备端和 IoT 云平台之间的业务数据交互。

2.多源异构数据快速标准化处理技术

"CDC 物联接入服务"通过边缘服务器实现将各厂商提供的各种私有协议及数据格式的设备转换为标准统一的设备物模型,后续需要"多源异构数据快速标准化处理技术",解决采集到的大数据存在不完整、有噪声和不一致的问题。"多源异构数据快速标准化处理技术"可对数据进行深度挖掘,构建数据模型,为智能应用提供标准规范的数据。该技术自动对冗余的、可去除的信息数据进行数据预处理。数据预处理包括描述性数据汇总、数据清理、数据集成、数据变换和数据规约。描述性数据汇总为数据预处理提供分析基础,包括度量数据集中趋势的均值、加权平均、中位数和众数等。数据清理试图填补缺失的值,光滑噪声,识别离群点并纠正数据的不一致性。数据集成将来自不同数据源的数据整合成一致的数据存储。数据变换例程将数据变换成适于挖掘的形式。数据规约技术可以用来得到数据的规约表示,而使信息内容的损失降到最低。

3.基于 SOA 的分布式业务数据仓关联技术

系统将面向 SOA 与本体技术相结合,构建 SSOA。通过 SOA 将分布于各个角落的基层综合治理服务数据进行集成。本体一方面起到语义标注业务数据的作用,另一方面又能根据实战需求语义推理发现所标注数据,实现异构多源数据间的标准化采集、标记、更新和互操作性集成,破解"信息孤岛"困局。本项目研发的"全域物联网信息接入、后台大数据基层赋能",为基层全域智治提供了所有数据的智能化采集、场景化归一、业务化模型等创新能力,涉及数据治理层面的数据开发、数据标准、数据建模、数据标签、数据探查,以及业务层面的算法服务、模型工场、主题数仓和专题数仓,为系统实现数字化改革赋能提供了跨结构、跨领域、跨维度的鲜活智能数据,是本项目的技术创新核心点,"全域物联网信息接入、后台大数据基层赋能"促使了基层全域治理的业务模型及数据仓库不断进化和改良,最终形成良性循环。

(三)治理能力创新

1.活用前端物联感知系统,提升基层信息获取能力

通过链接小区感知网、公寓感知网、楼宇感知网、公共场所感知网、路面感知网等社会面自有前端物联网设备,通过实时摄像、通行记录、电子抓拍等获取实时准确的全量原始结构化和非结构化信息,保障数据获取的自动性、实时性和全量性,提升基层治理的信息获取能力,拓宽基层政府实时信息的掌握渠道。

2.活用街道已有存量数据,提升基层数据管理能力

将规范标准的已有存量人、房、企、事、物的数据作为原始标准主结构数据,关联上前端感知的鲜活信息,通过异构多源数据间的标准化采集、标记、更新,对存量数据库进行碰撞,将有变化的人、房、企、事、物等变量信息进行数据更迭,从而让基层具备了可自动实时更新的基层数据仓,强化基层治理的数字化资源整合能力,提升基层政府对基础数据的精细化管理能力。

3.活用基层综合信息指挥室,提升基层联动处置能力

通过数字化改革提档升级,建立"基层镇街全域治理综合指挥中心",进

行常态化实体运作，通过"数智网格员"机制，对大数据碰撞或 AI 自动识别的隐患问题，主动发现，快速处理，实现"全域感知、数据赋能，社会联动"的基层闭环处置体系，从而全面提升基层治理中对隐患问题的快速响应、联动处置和通信指挥能力。

四、结语

本文结合理论和实践，从业务、功能、机制、模式上全方位提升了现有基层综合治理能力，将"基层全域智治"用于实战。通过体制机制创新、技术应用创新、工作模式创新，开发一套"90％科技赋能，10％人力核实"的基层现代化治理模式，利用数字化赋能改变基层治理工作现状，经过实战检验，是一套可复制可推广的基层城市综合治理数字化改革创新模式。项目通过"三个活用"，为基层治理提供现代化创新工作模式，减负增效。原有 100％依靠人工扫楼更新的基层综合治理的重要城市元素（人、房、企、事、物），可以通过"90％科技赋能，10％人力核实"的基层运转完成数据自更新闭环。原有 90％通过群众投诉反映的问题，现在通过"全域治理"数字识别，45％的隐患问题可以主动发现、提前解决，满足了治理"无感"、服务"有感"的新时代高质量城市治理服务要求。

参考文献

[1] 包伟涔，韦钢，刘佳，等．基于区间模型的多能互补系统优化运行[J]．电力系统自动化，2019(11)：8-20．

[2] 曹阳，甄峰，席广亮．大数据支撑的智慧化城市治理：国际经验与中国策略[J]．国际城市规划，2019(3)：71-77．

[3] 杜小雅，何炜，陈育庆，等．信息化平台下社区卫生服务能力提升路径研究：基于价值网络视角[J]．中国卫生事业管理，2019(8)：569-572，582．

［4］高静.信息化环境下网络资源共享度优化方法仿真［J］.计算机仿真，
2018(7):237-240.

［5］马庆涛，尚国珺，焦新颖.基于BP神经网络的智慧城市建设水平评价研
究［J］.数学的实践与认识，2018(14):64-72.

［6］钱莉，蔡开程，杜国柱，等.汽车研发企业信息化系统项目管理实践与讨
论［J］.价值工程，2018(2):35-38.

［7］谢刚.地市级区域内社区教育服务体系的构建研究［J］.成人教育，2019
(7):51-55.

［8］周祥林.施工企业项目管理信息化系统建设探讨［J］.水利水电施工，
2017(3):126-128.

软问题何以硬治理？

——来自杭州富阳数治文明改革实践例证[①]

杨雪锋　曹春露

（浙江财经大学公共管理学院）

党的二十大报告指出，中国式现代化是物质文明和精神文明相协调的现代化。精神文明建设既是社会主义现代化建设的重要内容，也是社会治理的基础性工程，如何提高文明创建的群众参与度和积极性，增强创建的广泛性和持续性是精神文明建设的难点。精神文明建设重在广泛的群众性实践，全国文明城市创建和评选是这种实践的重要形式和载体，但是这种实践是自上而下的、行政色彩浓厚的单向任务，往往容易变味为运动式治理和形象工程，导致群众参与积极性不高、满意度低、获得感不强等问题。文明创建主体是市民，着力点在调动市民参与度和积极性。从这个角度出发，就需要寻找一个杠杆和支点，通过市民点滴的"最美现象"撬动全社会文明风尚。精神文明建设难在虚功实做，在市民参与文明创建的过程中，需要破解的难题很多，比如公民个体文明行为评价难、各部门精神文明先进人物事迹信息共享难、最美人物激励不持久、好人好报不及时、德者所得不匹配等，这些难点在传统的文明创建中表现尤为突出，其关键技术难题在于缺乏应用场景和数据支撑。随着数字技术的广泛应用和数字经济的快速发展，中国具备数字化改革"社会实验场"的实践积累与探索，政府治理形态正在向整体性、

---

① 感谢杭州市富阳区委宣传部提供调研支持。

精准治理的数字化政府转型。党的十九届四中全会明确提出"推进国家治理体系和治理能力现代化"的总体要求和深化改革总目标,日益成熟的数字技术和未来可期的智能技术为推进治理体系和治理能力现代化提供了必不可少的科技驱动力。数字赋能精神文明建设是顺应现实需求、紧跟时代潮流的重要举措,是实现文明治理现代化的重要途径。随着数字化改革的深入推进,浙江省数字化改革在原来的"152"工作体系基础上迭代升级,提出"1612"新架构①,增加"数字文化"新赛道,为精神文明建设和文化治理创新提供新动能,精神文明建设领域的数字化改革将为个体化的文明创建进行技术赋能。

"精神共富"既是政之所为,也是民之所欲。提高全社会精神文明建设水平,满足人民对美好生活的期盼,需要不断创新文明实践载体,以重大应用牵引数治文明改革,完善公共文化服务机制,丰富激励性政策供给,通过"最美现象"小切口构建文明风尚大场景,借由数字化改革撬动全社会文明进步。杭州市富阳区开展精神文明建设数字化改革实践印证了这一实践逻辑,本文试图以此为案例展开分析。

一、文献回顾与分析框架

(一)文献回顾

数字治理与文明创建的融合成为近年来精神文明建设的新探索,为此也引起学术界的关注,本文拟从数字赋能角度对相关文献进行学术梳理。

---

① "152"工作体系:"1"即一体化智能化公共数据平台;"5"即党政机关整体智治、数字政府、数字经济、数字社会和数字法治等五大系统;"2"即数字化改革的理论体系和制度规范体系。"1612"新架构:第一个"1"即一体化智能化公共数据平台(平台+大脑);"6"即党建统领整体智治、数字政府、数字经济、数字社会、数字文化、数字法治六大系统;第二个"1"即基层治理系统;"2"即理论体系和制度规范体系——形成一体融合的改革工作大格局。

1. 数字赋能的治理价值与治理效能

坚持技术向善的价值伦理有助于破除技术治理的迷思,故数字赋能应通过资源整合、多维互动等实现"以人为本"的价值追求,避免在实践过程中把"手段"变成"目标"的本末倒置风险。数字治理成为政府管理和社会治理的重要理念和治理实践,为政府业务流程简化、体制机制重塑带来了新机遇,也为社会治理嵌入了新动力。数字赋能业务流程重塑提高治理效能:在数字技术的帮助下业务流程更简便,去除繁文缛节,提高业务运转效率;数字赋能精准服务提升治理效能:推动社会治理的精准化与智能化,为综合研判整体趋势实现主动服务供给提供依据,有助于基层政府形成全链条管理,以公共性、多元性、协作性为目标,整合治理资源和治理能力,从而迈向整体智治政府。

2. 数字赋能文明创建的内涵与方向

数字化在政府监管和公共服务等领域广泛开展,如何利用数字技术激活文明创建的活力、加强新时代公民道德建设成为基层治理创新探索的新方向。数字赋能是实现社会治理现代化的重要路径,也为德治教化提供了新的工具和方法。数字赋能的内涵被解释为"强调行为主体利用数字技术提高解决问题的能力",将数字技术嵌入基层治理领域,赋能文明创建,是精神文明培育方式向符合时代主题的、丰富多元的文明创建数字化形式的创新转变。数字赋能文明创建实质上是回应人民对美好生活的向往,致力于满足多元化的文明服务需求以增强人民的获得感。数字技术形塑的多场景可以拓展公民文明道德行为的空间,推动道德建设向更广泛、更隐秘的日常生活空间中渗透。利用数字技术将社会主义核心价值观的价值要求贯穿到道德文明建设的各方面,以正能量为引领,建构文明规范、强化道德认同、引导文明实践,以期最终实现人的全面发展和全社会的和谐进步。

3.数字赋能道德建设的机制与路径

基于德治视角，数字技术通过数字动员机制、数字积分机制、数字监督机制赋能乡风文明建设。其中积分制在激励道德行为方面发挥了重要作用；基于文化传承视角，数字技术通过赋能乡村文化建设来提高乡村文明程度，其具象路径是通过正能量文章、优秀文化作品的传播让乡民深刻理解和吸收社会主义核心价值观，培育良好的道德习惯。结合新时代文明实践中心，技术媒体通过赋能基层精神文明建设，最大化发挥其对社会治理的创新作用。

综上，数字技术的运用可以实现基层治理体系的重塑，优化文明创建模式。但是还需要注意一些问题，诸如数字形式主义、数字赋能技术手段与目的不符等。总的来说，现有文献主要集中在社会层面方面，突出数字技术的宣传教育工具性作用，数字赋能社会治理的相关研究能够为文明创建提供理论启示，但是针对数字化对精神文明建设的整体性转型作用还少有探索，硬问题的硬治理姑且容易理解，面对文明创建这一软性工程如何进行"硬治理"尚无学理性探究。本文以"富春风尚汇"数字化文明实践为例，分析数字化推动文明创建转型的逻辑理路、驱动机制与优化路径。

（二）分析框架：数治文明的驱动机制

顺应数字化改革的发展趋势，把数字化技术与文明治理有机结合是破解文明创建困境的新方向。这项改革是在社会主要矛盾发生根本性变化的新时代和推进共同富裕大背景下展开的，文明创建的困境和痛点在于治理任务之"软"，需要治理手段之"硬"，这正是数治文明改革实践的需求所在。本文聚焦精神文明创建长期以来面临的痛点和难题，构建文明数字实践的"价值牵引—需求拉动—项目驱动—技术嵌入"分析框架。

1.价值牵引

数字化改革不是纯粹物理层面的技术应用，而是涉及机制、流程、制度的变革。精神文明建设领域的数字化改革更是深入人的行为方式、价值观念等层面。因此,这种改革是在"以人民为中心"政治理念统摄下政治价值、道德价值、社会价值等多重价值牵引的实践行动,是技术向善最直接、最直观的体现,一是实现人民对美好生活向往的政治价值。美好生活内涵丰富,外延广泛,环境优美、交通有序、社会和谐、遵德守礼,无一不是美好生活的基本元素,"最美现象"就是普通人对善行义举的朴素表达,人民对美好生活的向往是驱动精神文明建设创新发展、开启数字化改革探索的价值牵引力。二是培育和弘扬社会主义核心价值观的道德价值。核心价值观是一个国家的重要稳定器,承载着一个民族、一个国家的精神追求,体现着一个社会评判是非曲直的价值标准。中央相关政策文件指出要"完善激励机制,褒奖善行义举"①,力求社会主义核心价值观"外化于行"。社会主义核心价值观已经入宪入法入规,为政府治理和社会监管提供基本指引和衡量标准,能为社会治理主体汇聚正能量,提高社会多元治理主体的认同深度和实践力度。无论是个体行为的外化还是治理主体的多元化,均对数字赋能文明创建产生现实需要。三是促进全社会精神共富的社会价值。富而思进,富而思礼。新时代的全面共同富裕是指要实现全体人民"普遍达到生活富裕富足、精神自信自强、环境宜居宜业、社会和谐和睦、公共服务普及普惠,实现人的全面发展和社会全面进步,共享改革发展成果和幸福美好生活"。② 精神共富的价值引领将会促进数字化与文明创建的深度结合。

2.需求拉动

这里的需求包括一般意义的需求和信息化应用需求。前者即公众需求。满足人民对美好生活的新期待意味着要回应比生存活动更为高级、更为全面和更加多元的需求,甚至是更为精细和个性化的需求。随着数字化

---

① 中共中央办公厅印发《关于培育和践行社会主义核心价值观的意见》[J]. 党建,2014(1):9-12.

② 中共中央 国务院关于支持浙江高质量发展建设共同富裕示范区的意见[EB/OL].(2021-05-20)[2022-05-20]. http://www.gov.cn/govgbao/content/2021/content_5621189.htm.

改革深入推进,开始强调"以公众需求为中心"的发展模式,即瞄准公众需求,借力数字化技术精准改善公共服务的过程与结果,提升公众数字化服务体验,重构政府与公众互动方式。政府数字化改革从需求导向出发,有效识别、分析公众需求并给予准确回应,推动资源、服务供给与公众需求的精准匹配,才能逐渐形成"公众需求—政府供给"的良性循环。

信息化领域的需求概念,特指业务中能够数字化、需要数字化的用户要求,从而反映在业务上。业务需求是数字化改革需求的基础,业务工作中的痛点、难点就是需求分析的重点。精神文明建设是一项改造人的工程,涉及面广、有效抓手少、见效慢,容易流于形式,相对于其他行业主管部门工作而言,"软性任务"较多。在一些地方看来,精神文明建设是软指标、务虚的工作。如何"虚功实做",需要找准工作切入点和发力点,取得实实在在的成效。需求分析就是找准痛点、难点,也是为"软问题"的"硬治理"找到切入点,为数字化改革提供需求清单。

3.项目驱动

项目治理是一种不同于常规治理的政府治理方式,以一种不同于行政命令、非强制性、非科层制的竞争性授权,通过明确各主体责任,有效落实政策精神和实现期望目标、整合资源、发挥统筹作用的治理模式。项目治理最早出现在企业经营中,后来广泛应用于政企合作的重大工程中,近年来成为政企合作关系的一种社会治理模式。项目式运作可以避免地方政府对某一管理内容执行不到位的问题;以更加专业的知识和技能提供服务;通过目标管理,实现效能提高。项目执行过程是项目的关键内容,其中各主体的贡献与参与情况是能否最大限度发挥项目治理作用的主要依据。项目执行是一个系统化的过程,与政策执行有着高度的相似性。文明创建项目是一个复杂、多元、创新、动态化的运作过程,涉及政府、各类企业组织、市民主体。因此,根据史密斯政策执行过程模型,从围绕项目的利益相关主体将数字化项目执行驱动过程解读为一个围绕项目执行主体、对象群体采取行动的协同系统,为精神文明建设整体智治提供措施清单。项目是否具有科学性、可行性、可操作性是直接影响项目执行的全过程以及预期效果的实现程度的重要因素。执行主体，主要包括政府、企业、社会组织等。对象群体即项目所要满足或服务的对象。"项目引领型"政企民协同治理模式可以促使合作关系更趋向独立平等，由多元治理主体向治理共同体过渡。

4. 技术嵌入

数字化技术为项目化治理提供技术支持。数字化社会的主要特征是以数字基础设施为载体，以解决城市公共问题、满足广大城市居民需求为目标，在顶层设计、基础设施、社会服务等领域进行全要素的数字化转型。其主要着力点是个人行为要素的重新整合、社会需求整体性的形成和数字化进程的推进，解决治理实践中遇到的信息碎片化、应用条块化、服务割裂化的问题，实现跨部门、跨层级的流程整合与再造。精神文明建设数字化转型就是通过技术嵌入文明创建过程，实现科学技术和社会技术的互嵌，数字技术使得基层政府在问题感知、信息共享和协同联动方面更为强大有力，驱动对内实现整体协同，对外形成多元治理格局，促进政府综合治理能力提升。文明创建领域的数字化改革不仅要通过数字技术为精神文明建设赋能，更重要的是通过技术应用推进该领域的整体智治，实现多跨协同。通过数据归集、场景构建和政策集成推进文明建设领域的流程优化、信息共享和职能协同，从而形成文明建设的政策合力。

在数字化嵌入精神文明建设的过程中，价值、需求、项目、技术构成改革驱动的四要素。其中，价值是导向，是原动力；需求是内生动力；项目是载体，是导向目标的执行过程和驱动系统；技术是支撑，是外驱力。追求美好生活的政治价值和以人民为中心的治理理念产生多重价值牵引力，凸显当前精神文明建设的痛点，并激活内在的需求动力，文明工程的项目化是虚功实做的必要形式和重要手段，在新一代信息技术浪潮推动和整体智治改革的倒逼下，精神文明的数字治理获得多元动能和多维支持。嵌入"价值"的数治文明底蕴更加丰富、深厚，促进全社会精神富裕。

二、案例描述："富春风尚汇"数字化改革项目

(一)案例选择

文明创建,着力点在市民。对于公民个人文明行为的量化评价在全国范围内已有不少案例,却因操作难度大难以推广普及或因受到质疑被淘汰等问题一直没有实现较大突破。如苏州早期的"桂花分",因存在数据量大、加分项不多、信用应用场景太少等问题被搁置;后续的"文明码",又因过度使用负向评价,且有可能侵入普通民众生活隐私的界限,其信息收集被质疑是否遵循"合法、正当、必要"的原则,遭到社会舆论和阻力而停用。

杭州市富阳区以数字化改革为契机,以"最美现象"的发现和传播为切入点,积累"好人"正能量数据,通过建立"好人好报、德者厚得"的激励机制,营造"人人争当最美,处处崇尚最美"的社会氛围,力求变风景为风尚。该地的数字化改革项目"富春风尚汇"汲取各地经验教训,从需求出发,以自愿参与、正向评价、多样激励为原则,设置特色的评价体系,建设多元数字场景,优化礼遇资源,借助数字力量驱动市民文明素质的提升。富阳作为"最美现象"发源地之一,又深刻受到全省数字化改革的影响,在良好的人文基础上,创新治理手段,在数治文明中形成了自己的特色经验,具有一定示范作用。该项目从三个方面印证了数治文明的实践逻辑,为"软问题"寻求"硬治理"。一是破"虚"的难点:虚功实做,找到抓手,用数据说话,为公民文明行为评价提供可量化、可操作的数据支撑。二是解"散"的痛点:从各自为政到协同整合,从信息孤岛到数据共享,实现协同创新,为重构"最美现象"选育机制提供数据集成平台。三是通"窄"的堵点:从单位评到群众赞,从"被动找"到"主动报",拓宽选育渠道,为优化选育流程提供评价依据。由此,本文选择了"富春风尚汇"这一案例。

（二）案例描述

1. 数字化改革项目缘起

富阳区于 2019 年在国家非物质文化遗产"周雄孝子祭"发源地富阳区渌渚镇创造性开展"孝善指数"评价活动，并在全区推广，打造了"孝道富阳"文明创建模式。为了让文明创建真实可感，提升市民参与文明创建的积极性，在全省数字化改革推动下，于 2022 年 1 月正式启动"富春风尚汇"项目。这是继"孝道富阳"之后的升级版本。"富春风尚汇"是一个"发现最美、践行最美、崇尚最美、传播最美、礼遇最美"的数字化应用场景，通过构建公民全生命周期正能量数据集成体系，为正能量行为赋分，值得注意的是，该项目无负向计分，以增加群众荣誉感和参与热情，减少群众的抵触情绪，集成正能量行为数据，同时结合辖区优质公共文化服务共享试点工作，倡导"好人有好报、德者有所得"的鲜明价值，引领公众敬重"最美"、向往"最美"、争当"最美"。通过数智赋能助力文明实践，激发广大市民参与文明创建，并整合精神文明建设领域的政策资源，引领社会文明新风尚。

改革项目实施的动因是上级任务部署和基层创新实践的共同作用。在前期"孝道富阳"孝善指数应用的基础上，力图把文明创建推向深入。培育和践行社会主义核心价值观，通过最美选树撬动全社会文明水平提升；公民全生命周期正能量数据集成，数字化改革驱动文明建设场景构建；最美行为文明培育应用正向评价和激励，引导广大市民参与文明创建，循序渐进、潜移默化、润物无声，把一个个最美风景变成处处美丽的社会风尚。

特别是针对精神文明建设的痛点有的放矢进行靶向治理，在最美选树培育方面，破除信息静默、信息孤岛、数据沉睡、数据烟囱等效应；在最美发现与传播方面，破解数据源头少、不在线，发现难、晚、慢，传播面小、渠道少等问题；在最美实践和弘扬方面，补齐数字化元素少、评价指标不全、数据缺乏动态更新等短板。

2."富春风尚汇"1.0版初步试行

在全省数字化改革背景下,富阳区紧盯痛点、堵点和难点,以制度重塑为目标,打造"富春风尚汇"最美群像选育应用场景,助推实现共同富裕之精神富裕。"富春风尚汇"由区委宣传部牵头,横向协同区卫健局、区团委、区妇联、区红十字会等12个区级部门,推进多跨应用场景建设;纵向协同3个乡镇(街道)、24个村社、68个小区,厘清责任清单。该项目选择区域内获评全国、省、市、区级"文明单位"荣誉称号的17个单位率先展开试点工作;建设了渌渚镇的"孝善指数"、永昌镇的"风尚榜"等多个乡镇(街道)的子应用场景;通过开展"文明一立方""新风迎亚运""最美随手拍"等子场景,吸引市民群众的广泛参与;依托富阳共同富裕公共文化优质服务共享试点契机,"富春风尚汇"汇聚了公共文化、公共医疗、公共旅游等全领域礼遇资源10大类200余项,以"风尚"换"风尚"为原则,通过赋予一人一码的"风尚码",实现公民凭码直接兑现吃、住、行、游、购、娱等优质公共服务,礼遇最美,让德者有所得。

3."富春风尚汇"2.0版迭代升级

为进一步针对区域文明创建实际情况,细致梳理需求清单,发现目前还存在"最美人物"辨识度不高、数据信息不流通、选树过程不连续、市民荣誉感不足等方面的问题。因此,从问题出发,适当调整已有的评价指标,并逐步推动"富春风尚汇"的全区覆盖。在此基础上,推出覆盖各群体、组织和片区的"风尚指数",并整合精神文明建设领域相关数据资源,尝试数字化改革着力点由个体扩展到组织,由数据共享到数据协同。

4."富春风尚汇"数字化平台架构

平台由四个模块组成,每个模块有若干个应用场景。目前,"富春风尚汇"平台已实际上线大部分应用场景(见表1)。

表 1 "富春风尚汇"数字化平台基本架构

模块	应用场景
发现最美	"最美随手拍""最美事迹荐""最美我申报"
践行最美	"文明一立方""风尚睦邻""风尚活动"
崇尚最美	"风尚标兵""最美群像"
礼遇最美	"风尚柜""风尚超市""风尚商城""风尚基金"

5."富春风尚汇"数字化改革项目构成要件

为提高广大市民的参与度,该项目进一步开发"风尚指数",把政府部门、企事业单位、社会组织和各镇街均纳入指数统计范围,以机构组织为评价对象,在"风尚分"基础上,增加设置"风尚活动"和"风尚汇注册率"指标,计算各单位风尚指数,力图在更大范围营造文明风尚氛围。

"富春风尚汇"数字化改革项目主要由市民正能量数据及评价指标体系、风尚分、风尚指数、数字化平台等要件构成(见图 1),主要内容即以"风尚分"为核心的市民文明行为评价,以"风尚指数"为核心的机构组织文明风尚评价。

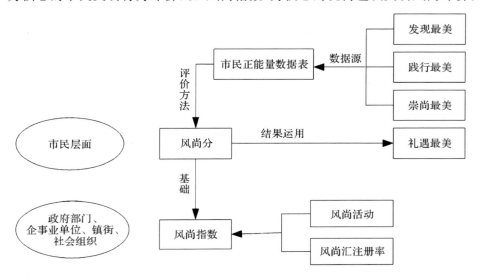

图 1 "富春风尚汇"数字化改革项目框架

（三）改革成效

该项目秉持"整体智治、多跨协同"的数字化改革理念，以市民文明行为正向评价为导向，扩展评价指标，丰富数据来源，优化数据结构，拓展应用场景，最终构建公民全生命周期正能量数据集成体系。通过跨部门业务协同和政策集成，优化"最美人物"选树流程，完善"最美人物"礼遇机制，形成"最美现象"和文明行为的闭环管理。截至 2023 年 12 月，平台已注册人数超过13.8 万人，每天活跃人数为 1 万人左右；发现、培育、选树"最美人物"60 人，为营造文明风尚社会氛围打下良好基础。概括起来，该项目在以下四点取得了初步进展：一是推进了精神文明建设的理论创新。把社会主义核心价值观融入社会治理，以最美选树为支点撬动全社会文明水平提升，既深化了精神文明建设理论，又拓展了社会治理理论，为推进国家治理现代化提供了丰富的实践素材和理论来源。二是实现了文明创建领域的改革突破。秉承数字化改革的三大使命，在制度重塑、流程再造、系统重构三个方面均有不同程度的突破，一定程度上实现了小切口、大场景。三是文明创建的治理方法处于创新前沿。构建公民个人行为评价体系，集成全生命周期正能量数据；整合多跨场景资源，技术上具有挑战性，难度较大。四是改革举措的实践性强、效果初显。基本上达到实战管用、基层爱用、群众受用三统一；吸收了各地的成功经验，规避了部分地区的误区，形成了自身的特色。

三、数治文明的逻辑进路

（一）价值牵引文明治理转型

价值牵引的数字治理强调以人为中心，坚持社会主义核心价值观的引领，运用数字智能技术全面、及时、主动、精准回应群众的需求，通过便捷易行的方式引导市民广泛参与文明创建，在潜移默化中提升社会文明程度。具体来说，"富春风尚汇"在数字化改革中通过赋能三重价值实践来实现文明治理转型。

1. 数字赋能政治价值实践，助力实现群众对美好生活的追求

数字技术的发展和融合正在潜移默化地改变着社会生活方式，它与群众的联系变得越来越紧密，满足了人们多样化的需求。在技术变革下，群众也更加追求高效便捷的政务服务体验。这呼吁政府需要突破传统科层制的僵化低效，提高工作质量、公众的满意度，向着便捷高效、精准细化的治理方向转变。在浙江省数字化发展新阶段的背景下，富阳区紧抓契机，重塑文明创建的业务流程，变线下文明培育场景为线上线下相结合，线上提供优质的文明创建服务，线下配置风尚资源，且在管理上形成闭环；打造出了具有辖区治理特色的文明数字场景，捕捉群众长期的文明行为情况，精准礼遇；通过建设数字驾驶舱，连接城市大脑，做到一屏可观、一屏管控，掌握文明动态，依正能量数据决策。实现美好生活是政府治理的终极目标，而数字技术的嵌入既满足了人们的需求，践行以人民为中心的政治理念，同时又能提高基层的治理水平，赋能政治价值的落地落实。

2. 数字赋能社会价值实践，实现文明创建转型升级

数字场景应用融入精神文明建设领域，成为重塑社会治理的新动能。借助数字化改革，一些文明创建的痛点、难题得到解决。数字赋能文明创建，政府、企业、市民共同参与，"富春风尚汇"项目构建起了"最美群像—政府服务—企业担当—市民参与"的正向闭环，解决了以往资源碎片化、社会参与低、市民不主动等问题。通过构建数据多跨、业务多跨、服务多跨、领域多跨，实现"最美群像"全链条管理；设置崇尚最美、践行最美、发现最美、礼遇最美四大模块，推进全域实践、积分引导，激励群众更多地参与文明实践，传递社会正能量，增强积极性和获得感。"富春风尚汇"项目还以"最美人物"选育为小切口，以正向激励为原则，线上归集文明风尚数据，线下整合文明实践礼遇资源，重塑"最美人物"发现、培育、选树、表彰、

礼遇、弘扬全流程，在保证群众物质水平提高的同时获得精神上的满足，打造全社会"精神共富"大场景。以数字平权共享数字红利是共同富裕的题中应有之义，在该项目运营过程中体现为均等的参与机会、德者有得的成果共享。

3.数字赋能道德价值实践，推动社会主义核心价值观融入社会治理

文明城市创建不仅需要优美便利的硬件设施，还要培育崇德向善、文明和谐、理性包容的软性环境。富阳区在文明创城过程中，把社会主义核心价值观要求体现在文明选树的各个环节中，让群众真正感受并且认同社会主义核心价值观，渗透内化成为群众的修养，外化为自觉行动。通过设置"崇尚最美"模块、风尚榜，主动发现道德榜样，这些道德典范就使社会主义核心价值观生动具体，促使人人都学习、行动起来，并结合辖区优质公共文明服务试点契机，礼遇德者，不断激励文明实践。在这样的过程中，形成富阳区政府、市民、企业多方参与治理公共事务的新模式，实现政府与社会、公众的高效融合，拓宽基层治理思路。

(二)需求拉动文明精准治理

"富春风尚汇"项目坚持问题导向、需求导向，围绕重点问题，瞄准重大需求，构建可量化、可获取、易落地的公民文明行为数据集成体系，构造数字应用场景。具体来看，从最美选树培育、最美发现和传播、最美实践和最美弘扬、最美礼遇、市民获得感五个方面为数字化改革提供需求清单，进而为场景构建和改革举措提供现实依据和靶向目标。

一是在最美选树培育方面，各级部门对"最美人物"的选树标准不一，职能分割，信息碎片化现象严重，导致"最美人物"辨识度不高；相关部门掌握"最美人物"的数据资源，但数据不流通、信息未共享，信息孤岛效应明显；"最美人物"选树的过程不连续、各环节衔接不紧凑，选树工作系统性不强。"富春风尚汇"整合评选职能，统一评选标准，规范评选程序，打通多个区级部门数据壁垒，结合管理端部门(单位)、乡镇(街道)、村(社)、企业后台数据

导入或数据共享,用户端市民线索推送、个人自主申报等方式汇聚多元数据流,并保持数据实时在线更新,形成最美选树的管理闭环。这样一来,"最美人物"的选树变得清晰、有效。

二是在最美发现和传播方面,"最美现象"的发现大多依靠政府和媒体,发现渠道单一,线索少,"最美现象"发现难、晚、慢;"最美现象""最美人物"的表彰缺乏常态化机制;"最美现象"的传播以政府部门自上而下宣传为主,传播效果不持久、群众接受度不高,难以形成浓厚的社会尊崇氛围。改变以往"最美群像"主要依靠单位组织推荐的固有流程,通过线索推送、大数据分析等手段,"富春风尚汇"项目实行推荐和发现结合,实现主动发现、及时发现"最美"。

三是最美实践和最美弘扬方面,文明实践平台多,但使用少、活跃度不高;数字化元素体现不足,难以产生强烈的吸引力;市民群众未能实质性参与"最美人物"选树环节,难以形成社会共鸣。该项目汇集文明实践资源,构建活动联动机制,开放"最美人物"选树,引入群众评议,拓宽市民参与渠道,大大激发市民参与热情。

四是在最美礼遇方面,奖励措施和政策散落在各相关部门,资源分散,难以形成合力,且对"最美人物"的激励强度还不够;部分礼遇政策落地难,开出空头支票;礼遇政策设计不精准,礼遇资源与需求不匹配,造成资源浪费。该项目的"风尚基金""风尚柜"等优质礼遇资源相继落地,不断丰富资源品种,及时满足市民多样化需求;在礼遇政策方面,"富春风尚汇"项目不断完善切实可行、群众接受度高的礼遇机制,为市民精细推送礼遇政策,实现"人找政策"到"政策找人"的转变。

五是在市民获得感方面,仅限于一时一事的文明行为评价,难以筑牢个人的价值认同,也影响了市民参与的持续性和自豪感;礼遇资源非精准推送,奖励资源单调或错配,导致市民做好事的获得感不强;市场化的社会资源未能有效撬动,制约了礼遇资源总量和品种,无法充分激发市民参与的荣誉感、幸福感。"富春风尚汇"项目创设性构建公民全周期正能量数据集成体系,完善市民个人文明行为动态评价机制;集成政府、市场、社会各方面优质资源,丰富礼遇菜单,并做到精准匹配和个性定制,不断增强市民荣誉感、幸福感、获得感。

(三)项目驱动文明协同创建

在服务型政府和效能型政府建设目标推动下,项目式运作已经广泛运用到政府治理实践中。政府以项目作为枢纽,将辖区内的企业、民众等治理主体纳入项目治理共同体中,整合各类相关要素和资源,推动创新发展和释放治理活力,激发巨大动能·能够在较短时间内到达期望目标。在浙江省数字化改革新增"数字文化"赛道的顶层设计激励下,富阳区创新性打造"富春风尚汇"数字化文明实践场景,确立项目,以期通过项目化促文明外化于行,推动文明治理落实落细。基于分析框架,"富春风尚汇"项目执行的行动者包括政府、项目实施企业、市民以及其他参与者(见图 2)。

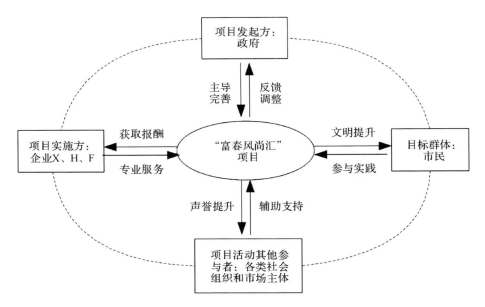

图 2 "富春风尚汇"项目利益相关者协同系统

项目的治理结构应该是利益相关者的共同治理,围绕项目的一系列结构、系统和过程,确保项目有效的运行和使用,达到充分的效用和目标、利益实现。项目执行主体包括项目发起方(政府)和项目实施方(企业)。

1.作为项目发起方的政府

项目治理与传统政府管理的最大区别在于市场竞争机制的引入,其核心在于多元主体共治。在自上而下的治理逻辑中,政府行政力量发挥着主导作用;在自下而上的治理逻辑中,基层的自主治理发挥着主导作用。基层实践中,根据这两种治理逻辑可以将社区项目制分为政府主导型项目制治理和社会主导型项目制治理。传统的文明创建培育手段往往花费了大量财力、人力、物力却没有达到期望的成效。由项目制这种灵活且具有弹性的手段推进文明创建工作有利于实现文明创建的高质量发展。"富春风尚汇"项目属于政府主导型治理项目。项目的规划主要由政府主导,政府掌握项目发展的主导权。基于需求的项目发起主体政府,通过政府发包、企业抓包的项目化运行将理论的、抽象的精神文明转变为具象的行为,便于衡量和评价,进而不断完善文明治理工作。这样一来,政府无须陷入项目建设和运维的具体事务性工作,同时也不须具有专业性的业务能力支持项目的开展,将更多精力放在总体规划、监督考核、长远发展上。该项目旨在营造"人人争当最美,处处尊崇最美"的浓厚社会氛围,由于前期基础扎实,创新色彩浓厚,实践效果显著,该项目被纳入浙江省委宣传部全省首批宣传文化系统重点应用场景目录,并纳入"浙里最美文明培育"跑道,在杭州市宣传文化"数智杭宣"工程建设中,被列入全市宣传文化系统数字化改革"揭榜挂帅"项目。

2.作为项目实施方的企业

"富春风尚汇"项目包括宣传设计策划、平台建设及技术运维、推广反馈等内容,根据项目需求开展政府与企业合作。项目发包阶段,政府对投标公司进行筛选比价,根据行情、工作任务配置资源和资金。在项目运行阶段,政府下达改革文件,各企业按照规划执行推进,政府负责"掌舵",控制项目目标方向,企业发挥专业特长,创造性提出运作方案,不断完善升级"富春风尚汇"项目。按需求将项目各块内容通过政府采购和竞争性谈判等方式交给相关的专业性公司,由其提供具有创新性、弹性灵活的专业化服务,弥补科层体制的不足。具体来说,全国性主流媒体机构 X 公司负责宣传策划工作,提升项目的定位和预期,提高项目的知晓度;省内重要的数字技术企业 H 公司,主要承接数字平台运营、维护等与技术相关的各项工作,满足在整个过程中的业务需求;熟悉富阳人文社会区情的本土传媒机构 F 公司负责该项目的推广、评估和反馈。

3.作为目标群体的市民

市民是项目建设的目标群体,也是服务对象。在市民需求上聚焦难点、痛点,逐渐推动项目的启动。在市民积极参与文明实践的过程中,让市民成为文明的享受者和推动者。市民参与是项目得以长效维持的动力源所在,而在区政府主导、企业合作下的项目化运作是实现市民从他律到自律,实现文明自觉的创新路径。此外,由于项目制具有动员性特征,通过项目式运作也能不断激发市民参与的热情,与其他主体形成协同机制。

4.作为项目支持者的各类组织

为了增强项目的可持续性,还需要获得社会各界的支持,特别是市场主体的参与,引导那些对项目有价值认同、富有社会责任感的企业提供项目运行所需的资源和要素。由于该项目是政府主策划,项目的整体框架掌握在政府手中,企业和社会组织在资金、场地资源、技术资源等方面提供支持,负责公共资源管理运行的部分国有企业为项目实施提供相应的公共资源和公共服务。由于项目的公益属性,有助于参与企业提升企业形象,如在项目的礼遇最美模块,通过邀请爱心企业的参与,提供丰富的文明行为激励资源,在参与项目实践过程中履行企业社会责任,提高企业知名度、美誉度,更好地塑造企业品牌形象。

5.项目执行过程

项目主要行动主体的行为构成"富春风尚汇"项目的三维运行过程(见图 3)。第一,在治理端。"富春风尚汇"项目集成公民全生命周期正能量数据,掌握文明数据,针对问题和需求动态调整,查漏补缺,不断完善数字化场景,进而不断提升治理能力,迈向治理数字化、现代化。第二,在运营端。企业提供技术支撑,构建应用场景,完善业务流程,配合总体规划,高效完成目标任务。第三,在服务端。通过操作便捷的界面和简易的上传流程,让市民可以轻松便捷地参与到文明实践中,最大限度开发最美选树环节,激励市民参与热情,以物质激励的获得感、"以风尚换风尚"的互助互利和市民内在荣誉感为动力,不断提高个体文明修养,进而提高社会整体文明水平,实现精神共富文明风尚。

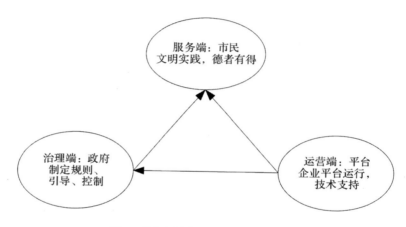

图 3 "富春风尚汇"项目的三维运行

(四)技术嵌入文明整体智治

传统的文明创建方式采取经验式决策,加之各部门之间存在信息壁垒,最终导致了文明治理能力薄弱。"富春风尚汇"项目借助数字互动平台,标准化建设"最美群像"选树流程,填补部门间的间隙,打破信息烟囱效应。同时,数字化改革也有望突破传统的政府单一式的治理模式,为多主体参与提供合作空间,通过各方资源整合,实现资源配置优化,形成最大合力。以"富春风尚汇"数字应用场景为载体,坚持价值引领,瞄准需求,紧扣痛点,对数字化改革进行集成创新。一是系统集成,集成创新不是简单的叠加过程,而是系统化的有机结合过程;二是协同集成,协同是集成的要素问题,通过信息化网络应用实现协同运作。通过集成信息、优化流程、重构系统,建立政府部门之间,政府与企业、市民、社会之间的一种紧密高效的文明治理协作体系。具体来说,表现为以下两个层面。

1. 政府部门之间多跨协同

在政府内部,数字化改革突破部门限制,逐步实现数据开放共享、协同合作。"富春风尚汇"项目打通部门之间的数据壁垒,同时结合单位上报、服务端数据采集,集成正能量数据,使得数据循环流通,解决各部门信息不对称问题;打破传统的部门"本位主义"、各自为政,推进评优评先工作的协同和激励性政策资源的整合,促进政府部门达成整体化、协同化行动,推动实现整体政府建设。信息技术实现数据间的应用共享,从而破除政府内外部之间的行政壁垒,促进政府治理能力走向整合化、透明化、现代化。具体体现在:第一,多部门数据归集打通文明、卫健、妇联、发改、民政、公安等多部门数据壁垒,集成公民、家庭和单位全周期正能量数据,消除有关市民正向行为的信息孤岛效应和数据沉睡现象。第二,跨部门业务协同实现各地各部门"最美人物"评定既有统一标准也有个性指标,构筑起"最美人物"发现、培育、选树、表彰、宣传、褒奖、引领全链条管理,优化了先进人物事迹选树流程,增强了"最美现象"的感染力、可信度和崇高感。第三,礼遇政策资源集成整合各部门荣誉类激励性政策,汇聚公共文化、公共医疗、公共旅游等全领域礼遇资源,形成"最美人物"激励的政策集群效应,放大"好人好报且及时报"的即期效应。

2. 政府与市民、企业之间协同共治

在政府外部,数字治理变革要求扩大治理主体的群众性和广泛性,实现治理过程的精准化。坚持"最美就在身边"理念,突出"最美"的群众性、草根性,多源汇集市民正能量数据,各社会主体、市场主体、社会组织、公民个人都可以成为公共文明行为数据源。发挥新媒体、互联网和各类平台的作用,依托"发现最美""践行最美"拓宽信息源。同时,整合多方资源,促进各主体

间的良性互动,推动实现多元共治新格局。发挥市场机制作用,引导企业和社会各界爱心人士参与"富春风尚汇"项目,提供资金支持,构建"最美群像—有为政府—担当企业"闭环,为"富春风尚汇"项目运营提供可持续财务资源。以"富春风尚汇"为纽带,各主体间良性互动,多途径扩充礼遇资源,画出数治文明同心圆。

通过上述分析,可以构建"富春风尚汇"数治文明的逻辑架构(见图 4)。

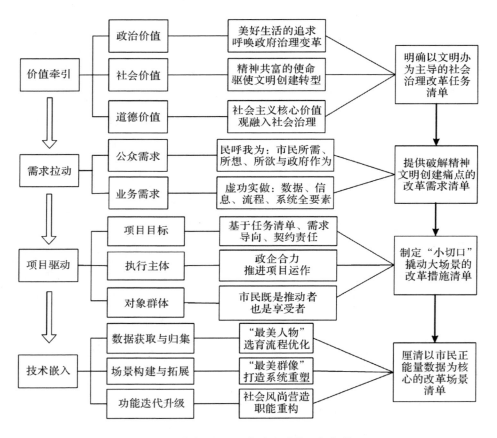

图 4 "富春风尚汇"数治文明的逻辑架构

四、数治文明的优化路径

文明共创嵌入数智手段，不仅让群众喜闻乐见，提升市民参与文明实践的满意度和获得感，而且推动文明城市创建方式转型，乃至精神文明建设整体性智治。"富春风尚汇"数字化应用场景实践形成了特色的文明治理经验，体现出实战中管用、基层干部爱用、群众感到受用的要求，同时作为一种改革探索，也存在需要完善之处。

1.拓宽文明行为数据源，丰富应用场景

公共文明不仅体现在物理空间，还表现在虚拟空间，网络空间的文明行为和善行义举均可成为市民正能量数据的重要来源，因此，有必要在"践行最美"模块新增应用场景"'礼'上网来"，记录、汇总网民的文明行为。在"崇尚最美"模块增加"风尚达人"，弥补"风尚标兵""最美群像"高大上形象之下众多崇德向善的正能量记录。

2.优化业务流程，形成文明创建和"最美"选树的工作闭环

根据文明风尚的形成过程，崇尚的前提是传播，故可在"崇尚最美"前增加"传播最美"数据模块。微调前三个模块次序，按照文明行为的发生时序进行设计，即"践行最美—发现最美—传播最美—崇尚最美—礼遇最美"，恰到好处的"礼遇"将进一步激发更多市民的行动，从而进入新一轮的"最美"选树，形成一个管理闭环。

3.强化部门协同，加大礼遇政策和公共资源的整合力度

针对部门数据贯通不够、公共文化服务资源整合有难度等问题，建立文明创建信息共享规则、先进人物事迹评选表彰管理规范、公共资源礼遇普惠性制度等相关制度体系。

4.强化市民正能量行为评价结果的科学运用

改变"风尚分"换物质奖励的单一的激励方式，健全"以风尚换风尚"的

多样化激励机制。建立全区公共资源、公共服务、志愿服务等领域"风尚分"通兑机制和及时回馈机制,倡导市民之间的"风尚互换、文明互惠"。把市民个体的"风尚分"与单位机构的"风尚指数"有机结合,重点突出"富春风尚汇"项目的使用率和活跃度。

通过以上优化,"富春风尚汇"数字化改革在原有基础上形成较为严谨的实践逻辑和完善的操作路径(见图 5)。

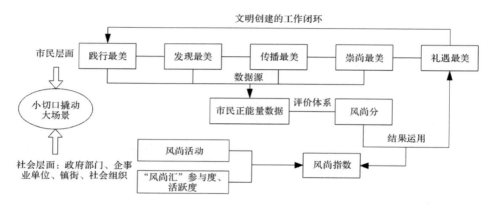

图 5 "富春风尚汇"数字化改革优化路径

参考文献

［1］陈桂生,史珍妮.数字赋权与数字平权:迈向共同富裕的数字治理［J］.学习论坛,2022(4):66-75.

［2］陈海贝,卓翔芝.数字赋能研究综述［J］.图书馆论坛,2019(6):53-60.

［3］陈振明,黄子玉.数字治理的公共价值及其实现路径［J］.郑州大学学报(哲学社会科学版),2022(6):9-14.

［4］董石桃,董秀芳.技术执行的拼凑应对偏差:数字治理形式主义的发生逻辑分析［J］.中国行政管理,2022(6):66-73.

［5］黄海峰.强化网络赋能数字赋能 推动形成宣传思想文化工作新格局

[J].党建,2023(2):45-47.

[6] 黄新华.数字形式主义的表征、根源与规制[J].国家治理,2023(6):31-35.

[7] 黄新华,陈宝玲.治理困境、数字赋能与制度供给——基层治理数字化转型的现实逻辑[J].理论学刊,2022(1):144-151.

[8] 蒋博文.赋能与革新:融媒体中心与新时代文明实践中心一体化建设的功能价值、在地经验与现实路径[J].新闻与传播评论,2023(3):75-82.

[9] 卢岚.信息技术与新时代公民道德建设的社会场景勘定[J].探索,2021(6):177-188.

[10] 吕若南,孙鹏.乡村振兴背景下数字技术赋能乡村文化建设路径[J].南方农机,2022(17):117-119.

[11] 刘群伟.城市社区项目制治理的运行机制研究[D].重庆:重庆大学,2021.

[12] 李晓方,谷民崇.公共部门数字化转型中的"数字形式主义":基于行动者的分析框架与类型分析[J].电子政务,2022(5):9-18.

[13] 刘开君.社会治理视野下德治体系构建的实践路径——基于"枫桥式"五维德治体系的整体性实践叙事[J].浙江警察学院学报,2023(1):22-32.

[14] 刘秀秀.技术向善何以可能:机制、路径与探索[J].福建论坛(人文社会科学版),2020(8):33-91.

[15] 孟庆国,李晓方.公共部门数字化转型:供需视角与转型深化[J].电子政务,2022(5):1-8.

[16] 孟天广.数字治理全方位赋能政府数字化转型[J].中国财政,2022(4):20-21.

[17] 钱天国.数字赋能全链集成创新:整体智治政府的建设路径[J].浙江学刊,2022(3):35-42.

[18] 容志,吴磊,李婕.公共价值驱动的基层治理数字化转型:基于"两张网"运行的观察[J].广西师范大学学报(哲学社会科学版),2022(1):

49-62.

［19］宋伶俐.数字赋能完善社会治理现代化的路径［J］.南京工程学院学报（社会科学版），2023（1）：44-48.

［20］田先红.项目化治理城市化进程中的县域政府行为研究［J］.政治学研究，2022（3）：136-147.

［21］王泽，贾泽诚.城市基层精准治理的逻辑与路径——基于技术嵌入的理论视角［J］.宁夏社会科学，2021（5）：173-180.

［22］王志立，刘祺.数字赋能市域社会治理现代化的逻辑与路径［J］.中州学刊，2023（2）：73-81.

［23］赵金旭，孟天广.科技革新与治理转型：移动政务应用与智能化社会治理［J］.电子政务，2019（5）：2-11.

［24］臧秀玲，康乐.数字技术赋能乡村德治的实现机制与治理效能——以浙江省 H 村"功德银行"为例［J］.北京行政学院学报，2023（2）：48-57.

［25］翟云，蒋敏娟，王伟玲.中国数字化转型的理论阐释与运行机制［J］.电子政务，2021（6）：67-84.

［26］赵峥.地方数字治理：实践导向、主要障碍与均衡路径［J］.重庆理工大学学报（社会科学版），2021（4）：1-7.

［27］张占斌，毕照卿.新时代共同富裕思想的逻辑进路、核心要义与精神实质［J］.北京工业大学学报（社会科学版），2022（5）：31-44.

［28］Nour M A，Abdel R A，Fadlalla A. A Context-based Integrative Framework for E-Government Initiatives［J］. Government Information Quarterly，2008（25）：448-461.

中国式现代化视域下
数字浙江 20 年的实践与理论创新[①]

金 通[1] 杜伟杰[2]

（1.浙江财经大学中国政府管制研究院;2.浙江省经济信息中心）

2003 年,习近平同志在浙江工作期间以极具前瞻性的战略眼光作出了加快建设数字浙江重要决策,将其纳入"八八战略",作为省委的重大战略部署,并结合浙江实际进行了许多创新性突破,科学擘画了数字浙江的宏伟蓝图,系统部署了数字浙江的顶层设计,很多重要内容成为数字中国建设的思想和实践起源,在高起点上为数字浙江建设奠定了坚实的思想、理论和实践基础。

党的十八大以来,习近平总书记对浙江一直格外关心、寄予厚望,多次在重要场合提到数字浙江、数字化改革等浙江信息化、数字化元素,特别是习近平总书记每次到浙江考察,对于数字浙江都有相关重要指示,这既拓展丰富了数字浙江的内涵外延,也成为数字中国建设的重要内容,为数字浙江建设纵深推进把航定向、引路指向,为浙江率先创新落实数字中国部署注入强劲动力。

回顾 20 年来,浙江坚持一张蓝图绘到底,压茬稳步推进、滚动迭代提升,努力推动信息化、数字化的创新发展,从数字浙江到信息经济,又到数字

① 本文得到国家社科基金一般项目"我国传统产业数字化转型的动力机制和路径选择研究"(20BJL118)的资助。

经济"一号工程",再到数字化改革、数字经济创新提质"一号发展工程",浙江紧抓机遇构筑省域发展的数字引擎,拉开了一场壮阔的信息化、数字化新实践,取得明显成效、积累丰富经验,为数字中国建设提供了省域实践范例和经验启示借鉴。

一、数字浙江 20 年的演进历程

数字浙江具有动态开放性,20 年的建设是一个动态演化的过程,既一脉相承,又与时俱进。进入 21 世纪以来的这段时期正是新一轮科技革命和产业变革加速演进时期,数字技术创新日新月异,很多概念不断更替,综合考虑数字变革技术演进特征和政府推动建设实践,将数字浙江 20 年建设历程分为四个阶段。

(一)夯基垒台、立柱架梁阶段(2003—2007 年)

这个阶段是习近平同志在浙江工作期间亲自谋划、亲自部署、亲自推动数字浙江建设阶段,全面完成了数字浙江建设的夯基垒台、立柱架梁。2003年 1 月 16 日,浙江省第十届人民代表大会第一次会议上将"加快建设数字浙江"纳入《政府工作报告》,明确提出,推进数字浙江建设应以网络系统和数据库建设为基础,应用系统建设为重点,数字城市建设为支撑。加快建设数字浙江支撑平台,积极运用数字化、网络化、智能化等信息处理技术,深度开发经济、社会等各类信息资源,逐步形成面向城乡、以中心城市为基本单位的信息资源集成、应用与共享系统,构建形成了数字浙江建设的"四梁八柱"。2003 年 7 月,浙江省委十一届四次全体(扩大)会议强调"坚持以信息化带动工业化,推进数字浙江建设。"2003 年 8 月,浙江省政府召开全省数字浙江建设工作会议,全面部署推进数字浙江建设工作;同年 9 月,《数字浙江建设规划纲要(2003—2007 年)》(浙政发〔2003〕28 号)印发,明确数字浙江建设的指导思想、发展战略、发展要求、总体目标,部署了六大主要任务,是数字浙江建设的纲领性文件，进一步充实细化数字浙江建设的"四梁八柱"。

（二）持续推进、加速提升阶段（2008—2013 年）

这个阶段是浙江按照数字浙江"四梁八柱"持续推进政务、经济、社会各领域信息化发展阶段。2008 年 3 月，浙江省政府召开全省数字浙江工作会议，提出此后五年重点实施信息技术"倍增"和城乡统筹信息化两大行动计划。这个阶段也是浙江信息化、数字化加速发展阶段，"十一五"期间浙江省电子信息产业以年均 27％以上的速度持续快速增长，浙江互联网普及率进入加速提升通道，2013 年首次突破 60％，居民生活网络化、数字化水平显著提升。

（三）政府数字化转型撬动全面数字化转型阶段（2014—2020 年）

这个阶段是浙江实施"四张清单一张网""最多跑一次"、政府数字化转型，加速各领域数字化转型阶段。浙江立足良好基础，从经济发展、社会生活、政府治理全面发力，特别是 2018 年制定出台《深化数字浙江建设实施方案》，聚焦政府、经济和社会三大数字化转型，统筹推进数字经济、数字政府、数字社会建设，总体形成了以政府数字化转型赋能引领经济、社会数字化转型的推进格局。

（四）数字化改革牵引全面深化改革阶段（2021—2023 年）

这个阶段是数字浙江综合集成、改革牵引、全面跃升的新阶段。2021 年 2 月，浙江省委召开全省数字化改革大会，正式启动数字化改革，提出了"一年出成果、两年大变样、五年新跃升"的总体目标，之后至 2022 年 10 月期间每两个月召开一次推进会，不断推动改革突破争先、走向深入。2022 年 6 月，浙江省第十五次党代会报告提出"两个先行"奋斗目标和"八个高地"具体目标，将"高水平推进数字化改革，打造数字变革高地"作为具体目标之一，并把"变革重塑，全面构建共同富裕和现代化新体系，以数字化改革推动社会各领域体系重构、制度重塑、能力提升,形成引领未来的新模式新能力"作为"五大工作导向"之一。2023 年 1 月,《浙江省政府工作报告》中将"大力推进数字化改革,建设数字浙江、打造数字变革高地"作为未来五年的一项目标任务。通过一系列的高位部署、全力实施,推进数字浙江建设行稳致远。

二、数字浙江 20 年的实践成效

数字浙江建设是一项系统工程,不仅包括经济发展,也包括社会建设、政务服务等方面。数字浙江 20 年是统筹推进数字经济、数字社会、数字政府、数字生态等建设实践历程,经过不懈的实践创造,推动浙江成为数字中国建设的省域范例和实践样板。

(一)数字经济模范地

浙江数字经济发展总体经历了"信息产业、信息经济、数字经济"三个阶段,每个阶段都能走在全国前列,经过长期发展积累,形成了"发展数字经济,世界看中国,中国看浙江"的良好品牌形象。《数字浙江建设规划纲要(2003—2007 年)》提出了立足于以应用促发展、立足于体制与科技创新、立足于信息化软环境建设"三个立足于"的发展原则,统筹"推进传统产业信息化改造"和"优先发展信息产业",指引信息产业成为浙江支柱产业、加速建设先进制造业基地;2013 年浙江成为全国第一个"信息化与工业化深度融合国家示范区",2014 年率先鲜明旗帜发展信息经济,成为全国首个将信息经济作为抢占未来发展制高点战略选择的省份;2016 年成为全国唯一的国家信息经济示范区;2017 年数字经济"一号工程"率先明确提出构建以数字经济为核心、新经济为引领的现代化经济体系;2019 年创建首批国家数字经济创新发展试验区,2023 年浙江以数字经济创新提质"一号发展工程"开启了往"高"攀升、向"新"进军、以"融"提效的新实践。总体来看,浙江数字经济领先示范效应突出,部分数字关键核心技术全球领先,产业数字化和数字产业化协同发展水平高,数据要素价值释放制度探索和实践探路先行,成为引领浙江经济在高质量发展轨道上稳步前行的重要力量。

(二)数字政府先行地

"八八战略"第一条强调的就是浙江的体制机制优势,政府服务改革是塑造和增创体制机制新优势的根本动力,浙江通过发挥信息化、数字化对于改革的支撑作用,从局部领域向系统性、整体性构建数字政府,通过"制度创新＋技术创新"耦合互促,沿着"简政放权－规范运行－提速提效－整体智治"的逻辑主线梯次纵深,加速迈进现代政府目标。其中,"两集中、两到位"模式率先开启行政审批制度改革,并推广成为全国普遍设立的政务服务机构形式;"四张清单一张网"建设在全国率先推进"互联网＋政务服务"工作,浙江省政务服务网成为全国首个一体化网上政务服务平台;"最多跑一次"改革显著提升政府办事效率和服务质量,2018 年 1 月,中央全面深化改革领导小组(现为中央全面深化改革委员会)审议了《浙江省"最多跑一次"改革调研报告》并予以肯定,2018 年 3 月"最多跑一次"被写入全国政府工作报告;数字化改革率先开启把数字化、一体化、现代化贯穿到党的领导和经济、政治、文化、社会、生态文明建设全过程各方面,牵引全面深化改革的新实践。从标志性成果来看,"四张清单一张网"形成了"全国政务第一网"这一标志性成果;"最多跑一次"以业务系统的打通和数据共享为重点,形成了政务服务"一张网""一窗办理""一证通办"的标志性成果;政府数字化转型以数字赋能为显著特征,打造了一批跨部门场景化多业务协同应用平台的标志性成果;数字化改革以制度重塑为核心,以重塑政府、社会、企业和个人的关系为关键,打造了多跨场景应用这一牵一发动全身的重要抓手,也是数字化改革最鲜明的标志性戎果标识。回顾这一历程,改革成果经历了由"网络系统"到"数字平台"再到"多跨应用"的迭代升级,平台集成系统而成,应用基于平台而建,实现了从"业务上网"到"服务在线"再到"主体在场"的功能提升,构建了政府、社会、企业、个人都"入局""在场"的空间载体,促进政府、社会、企业、个人多元主体深度连接、高效协同,从根本上持续释放经济社会发展动力,形成了改革新范式。

(三)数字社会领先地

得益于浙江人善于接受新事物的文化基因、社会氛围,浙江数字化应用普及程度始终居全国前列,社会公众数字素养普遍相对较高,数字生活新业态、新模式、新服务往往率先在浙江落地,这是浙江数字化先行优势的软实力所在。从《数字浙江建设规划纲要(2003—2007 年)》提出部署"使信息化融入人们日常生活"到近年来"大力实施数字生活服务行动",推进社会生活信息化、数字化始终是数字浙江建设的重要内容,特别是在数字化改革中,浙江坚持"以人为本"的发展理念,以数字社会系统建设为抓手,深化数字社会发展,不断提升人民在数字时代中的获得感、幸福感。根据 2022 年 1 月中国财政科学研究院发布的《促进包容的数字生活指数报告》,浙江数字生活指数位列全国第二,在数字健康、数字教育、数字社保、数字交通、数字体育等领域取得了一批具有全国影响力的标志性成果,比较典型的如浙江"健康大脑"成为全国首个省域全覆盖、全贯通的卫生健康行业数字大脑;数字教育水平领先全国,基础教育信息化发展指数连续四年居全国首位。

(四)数字生态优越地

从《数字浙江建设规划纲要(2003—2007 年)》对信息化软硬环境建设的重视,到近年来浙江坚持把数字经济作为创新创业的主战场,通过政府推动、市场主导,政产学研紧密协作,共同营造了浙江优良数字生态。一方面,浙江信息化、数字化软硬环境建设基础扎实,网络、算力、新技术等数字基础设施布局合理、适度超前,网络和数据安全制度相对健全、技术保障有力,基本建立了适应数字浙江建设要求的环境保障体系。另一方面,浙江是数字经济创新创业活力最强的省份之一,落地了世界互联网大会乌镇峰会、云栖大会等全球性、全国性会议,培育出了阿里巴巴等平台经济全球知名企业以及海康威视、新华三、网易等行业龙头企业,孕育出了之江实验室、湖畔实验室等新型科创平台,多元化构建了信息化、数字化发展的主体支撑体系。

三、数字浙江建设的理论创新

数字浙江起源于实践,2003 年数字浙江建设部署伊始就锚定"加速实现现代化"目标,落脚在"发挥信息技术在现代化建设中的战略推动作用,实现社会生产力的跨越式发展",经过 20 年的探索创新,率先形成了以数字浙江整体支撑省域现代化的新范式,丰富拓展了以信息化、数字化驱动引领现代化的相关理论(见图 1)。

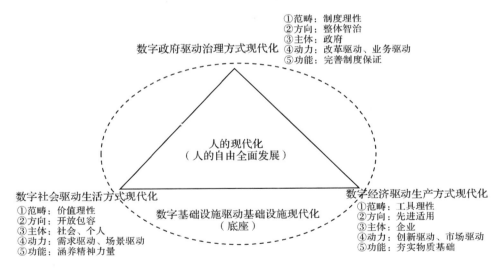

图 1　数字浙江驱动省域现代化理论机理

根据数字浙江 20 年的建设实践,数字浙江驱动省域现代化的机理在于以人的现代化为目标,以基础设施现代化为底座,通过经济、社会、政府等各领域的信息化、数字化,支撑引领生产、生活和治理方式现代化,从而整体促进省域现代化。

（一）促进生产方式现代化

生产方式现代化属于工具理性范畴,以先进适用为方向,主体是企业,通过创新驱动和市场驱动,不断夯实物质基础,是现代化的基本前提。20世纪 90 年代以来,信息化成为全球经济社会发展的显著特征,并逐步向一场全方位的社会变革演进。进入 21 世纪,以信息技术为代表的新一轮科技革命方兴未艾,代表新的生产力、新的发展方向,推动人类认识世界、改造世界的能力空前提升,谁在信息化上占据制高点,谁就能够掌握先机、赢得优势、赢得安全、赢得未来。2003 年,浙江总体处于加速工业化阶段,数字浙江建设坚持以信息化带动与提升浙江工业现代化为核心,立足发展阶段和发展规律,通过抓住主要矛盾,紧紧扭住走新型工业化道路发展战略这一"牛鼻子",使信息化、工业化、城市化、市场化和国际化进程有机结合,加速实现浙江省域社会生产力的跨越式发展。

（二）促进生活方式现代化

生活方式现代化属于价值理性范畴,以开放包容为方向,主体是社会、个人,通过对美好生活的需求驱动和社会交往场景驱动,不断涵养精神力量,是现代化的必然结果。以互联网、移动互联网、大数据、物联网为代表的新一代信息技术以去中心化为主要特征,突破了时间、空间限制,改变了社会连接方式,增强了社会异质多元性,为人们平等、自主享受现代文明生活提供了更多可能。数字浙江建设立足缩小城乡"数字鸿沟",广泛开展城市规划、建设管理、劳动保障、国民教育、文化娱乐、应急服务等社会领域信息化,推进信息化融入人们日常生活,以社会各领域信息化水平不断提高,加速提升人们生活方式现代化水平。

（三）促进治理方式现代化

治理方式现代化属于制度理性范畴，以整体智治为方向，主体是政府，通过改革驱动和业务驱动，不断完善制度保障，是现代化的重要标志。工具理性追求效率，价值理性注重公平，二者在演进中的冲突需要制度理性的调节和平衡，需要政府不断优化自身结构、提升治理水平以适应治理需要。数字浙江建设不断深化的过程，就是以政务信息化、政府数字化带动经济治理、社会治理、文化治理、生态治理等省域治理数字化转型的过程，其实质就是以政府效能建设为突破口，通过抑制生产生活中信息不对称、交易成本高等非理性因素和行为，带动引领生产生活方式现代化，促进省域现代化整体跃迁。

（四）促进基础设施现代化

现代化的基础设施是现代化建设的重要支撑，也是现代化高效运行的基础底座。数字浙江建设坚持按照适度超前的原则，统筹城乡、合理布局，有序建设信息网络基础设施体系，强化存量优化利用和增量投资建设，在保证先进性和安全性的前提下，促进互联互通、信息共享。同时，信息技术具有通用、穿透、融合作用，能够赋能能源、水利等其他领域基础设施建设，使基础设施更好地支撑现代化建设。

四、数字浙江建设的经验启示

数字浙江 20 年的建设成效印证了习近平总书记关于数字浙江建设决策部署的科学性、前瞻性、创造性。关于数字中国建设重要论述的理论指引和实践指导的重大价值作用，为数字中国建设提供了省域实践范例、贡献了丰富经验启示。

（一）坚持以驱动引领中国式现代化为目标

回顾数字浙江 20 年建设历程，以信息化数字化驱动引领省域现代化始终是其主题主线。早在 1998 年浙江省第十次党代会就提出"加快浙江现代化建设"，2002 年浙江省第十一次党代会强调"提前基本实现现代化是我省长期的奋斗目标和任务"。2003 年数字浙江建设决策部署伊始就锚定党代会提出的现代化建设目标，把"加速实现现代化"作为数字浙江建设的战略目标，强调"发挥信息技术在现代化建设中的战略推动作用"。之后浙江历次党代会均把现代化作为省域发展的引领目标，既一脉相承，又与时俱进。2007 年浙江省第十二次党代会把"全面建设惠及全省人民的小康社会，为加快构建和谐浙江、率先基本实现社会主义现代化打下坚实基础"作为总体要求，2012 年浙江省第十三次党代会提出"为建设物质富裕精神富有的现代化浙江而奋斗"，2017 年浙江省第十四次党代会提出"确保到 2020 年高水平全面建成小康社会，并在此基础上，高水平推进社会主义现代化建设"，2022 年浙江省第十五次党代会提出在高质量发展中实现中国特色社会主义共同富裕先行和省域现代化先行"两个先行"奋斗目标和打造数字变革高地等"八个高地"具体目标，把数字变革作为"两个先行"的鲜明标识和内在要求，也作为撬动牵引"八个高地"的根本动力，牵一发而动全身，以数字浙江建设深化引领省域现代化整体提升的思路理念贯穿始终。

（二）坚持以全面赋能经济社会发展为根本

信息化数字化技术是一种通用型技术，具有高创新、强渗透、广覆盖的特征，能够融入经济社会发展各领域全过程，为生产生活赋能、创造出更大的价值。2003 年 1 月 16 日，习近平同志在浙江省第十届人民代表大会第一次会议上指出，"数字浙江是全面推进浙江国民经济和社会信息化、以信息化带动工业化的基础性工程"①,这明确了数字浙江建设的总体定位。同时,构建了统筹经济社会、城乡发展、技术和资源的数字浙江"四梁八柱",成为 20 年来浙江以数字浙江建设全面推进经济社会信息化数字化发展的基本框架。特别是 2021 年浙江把数字化改革作为数字浙江建设的新阶段,通过滚动推进,浙江数字化改革由"152"逐步升级演变为"1612"体系构架,涵盖了党的建设、政务、经济、社会、文化、法治、基层治理,总体上形成了与"五位一体"总体布局、"四个全面"战略布局的对应,实现以数字浙江整体支撑中国特色社会主义事业在浙江省域的高效落地,体系化发挥信息化数字化全面赋能作用,为数字中国建设整体框架布局进行了先行探索和创新实践。

(三)坚持以走新型工业化道路为主线

发展是党执政兴国的第一要务,习近平同志在浙江工作期间,浙江总体处于加速工业化阶段,实现社会生产力的跨越式发展是浙江发展面临的重要任务。2003 年 6 月 24 日,浙江召开改革开放以来的首个全省工业大会,明确提出要"进一步发挥浙江的块状特色产业优势,加快先进制造业基地建设,走新型工业化道路",并全面阐述了坚持以信息化带动工业化的要求和部署,提出必须将信息化和工业化结合起来,发挥信息化的倍增作用和催化作用。以信息化带动工业化,促进先进制造业基地建设,加速浙江工业现代化进程是数字浙江建设的核心,实施走新型工业化道路的发展战略,实现社会生产力的跨越式发展是数字浙江建设的根本目的,这是立足浙江发展阶段,抓住发展主要矛盾的必然要求。20 年来,经过"信息产业、信息经济、数字经济"三个阶段,走新型工业化道路始终是数字浙江赋能浙江发展的"牛鼻子",特别是 2017 年以来始终以"一号工程"的高度全力推进数字经济发展,浙江数字经济的形态、范围、功能、布局均发生深刻变革,由打造支柱产

---

① 习近平.政府工作报告 2003 年 1 月 16 日在浙江省第十届人民代表大会第一次会议上[J].浙江政报,2003(4):13.

业到增强高质量发展内生动力，成为产业体系质量变革、效率变革、动力变革的关键力量。

（四）坚持以改革创新为动力

数字浙江建设 20 年正是新一轮科技革命和产业变革加速演进时期，数字技术创新日新月异，深刻改变了生产生活和治理方式，如何以信息化、数字化驱动生产生活和治理方式适应现代化方向变革，构筑数字时代浙江体制机制新优势是数字浙江建设中面临的重大课题。持续深化改革创新，向政府自身要动力始终是数字浙江建设撬动引领省域现代化的重要支点。以习近平同志在浙江工作期间推进的机关效能建设为思想源头和实践起点，从政务服务"两集中、两到位"模式创新，到"四张清单一张网"建设、"最多跑一次"改革，再到数字化改革，数字浙江 20 年建设不断深化的过程，就是发挥信息化、数字化对于政府改革的支撑作用的过程。

五、数字浙江迭代深化的实践路径

当前，数字文明时代已经到来，数字化正开启新一轮发展变革，这是百年未有之大变局的关键变量，也是决胜未来的胜负手。党的二十大开启了以中国式现代化全面推进中华民族伟大复兴的新征程。面向新时代新征程，需要一以贯之发挥好数字浙江对省域现代化的重要引擎作用，聚焦生产、生活、治理方式和基础设施现代化，将信息化数字化发展融入中国式现代化省域实践的全过程各方面，全面提升整体性、系统性、协同性，以数字浙江建设持续深化，为推进省域现代化先行注入强劲动能。

（一）以数字经济为核心，构建现代化经济体系

随着新一轮科技革命和产业变革深入发展，数字经济已经成为实现经济复苏、推动可持续发展的关键，成为有效推动经济高质量发展的新动能和

新引擎。浙江需要抓住机遇、乘势而上,持之以恒以"一号工程"的高度和力度,全面建设数字经济强省,在高质量发展中打造形成省域现代化先行的关键力量。

1. 抢占制高点

紧紧扭住数字关键核心技术自主创新这个"牛鼻子",以提升数字科技创新策源能力为导向,以"互联网+"科创高地建设为引领,聚焦基础设施、网络通信、关键产品和设备、算力算法等领域,加强数字科技基础研究和关键核心技术攻关,加快建成具有全球影响力的数字科技创新中心。

2. 创造增长点

扎实推进数字产业化、产业数字化,保持和增强数字经济在产业体系中的核心地位,注重运用超常规思路和举措,推动数字经济始终保持高于经济增长速度的发展态势,不断催生新产业、新业态、新模式,引领带动经济体系加速向现代化转型迈进。

3. 把握关键点

激发数据生产要素的放大、叠加、倍增作用,以数字穿透力,破解要素流动不畅、资源配置效率不高等制约高质量发展的瓶颈问题,使各种生产要素的组合在生产、分配、流通、消费各环节有机衔接,在更高层次、更高水平上激活生产力、释放生产力。要以提升产业链现代化为核心,以数据流、数据链为纽带,贯通微观、中观、宏观各层面,推动市场主体紧密协作,建立适应数字变革的新型产业组织,形成全要素、全产业链、全价值链全面链接的现代经济运行系统。

(二)以数字社会为引领,建设现代化共富美好社会

习近平总书记指出:"网信事业发展必须贯彻以人民为中心的发展思想,把增进人民福祉作为信息化发展的出发点和落脚点,让人民群众在信息

化发展中有更多获得感、幸福感、安全感。"①浙江已率先进入以共同富裕为重要特征的省域现代化新阶段,需要树立"大社会观",围绕率先建立满足人民美好生活的物质基础、精神动力、生态福祉,统筹数字社会、数字文化、数字生态文明等建设,以数字化一体赋能社会建设和共同富裕示范先行,加速迈向共富美好社会。

1.注重共富型导向

把推进体制机制从发展型迈向共富型的系统重塑作为数字浙江建设深化的重要命题,加快探索构建"体现效率、促进公平"的初次分配、再分配、三次分配协调配套的基础性制度安排,完善按要素分配政策制度,健全劳动、资本、土地、技术、数据等生产要素由市场评价贡献、按贡献决定报酬的机制。坚持物质共富和精神共富相协调,高质量落实数字文化战略,从浙江历史文化、"浙江精神"中涵养精神共富力量,探索以数字文化建设提升精神生活共同富裕的路径。

2.提升普惠化水平

始终坚持以人的现代化为核心,围绕人的全生命周期公共服务优质共享,持续拓展数字社会多跨应用场景建设,全面提升城乡公共服务均等化、普惠化、便捷化水平。以数字社会系统为牵引,撬动社会事业领域改革,加快实现全生命周期公共服务跨部门协同,全面提升社会事业数字化。要加强数字生态文明建设,创新通过数字技术守护"绿水青山"、做大"金山银山",切实把良好生态环境打造成为最普惠的民生福祉。

3.强化软实力塑造

着力拓展全民数字生活、数字学习、数字工作、数字创新,整体提升全民数字素养与技能,加快培养具有数字意识、计算思维、终身学习能力和社会责任感的"数字公民",打造数字素养高地,增强数字变革软实力。警

---

① 中共中央党史的文献研究院.习近平关于网络强国论述摘编[M].北京:中央文献出版社,2021.

惕"数字陷阱",通过制度安排、价值规范等柔性调节,避免被数字和算法驱使,推动个体更加重视数字伦理、数字价值,共同迈向更加美好的数字生活。

(三)以数字政府为支点,提升现代化治理体系和治理能力

数字化改革的深入推进,将浙江数字政府推向了纵深,需要立足新起点,以打造整体智治、唯实唯先的现代政府为目标,以数字化手段推进政府治理全方位、系统性、重塑性变革,支撑省域治理体系和治理能力现代化跃升。

1.持续提升能力

按照"三融五跨"方法路径,构建协同高效的政府数字化履职能力体系,深化以数字化改革助力政府职能转变,通过数字技术在政府管理服务中的广泛应用,以政府数字化、智能化运行增强把握、引领现代化能力。

2.完善制度体系

以推动各方面制度成熟定型为导向,从底层逻辑上改变治理制度构建和运行方式,更加注重制度建设的系统集成、协同高效,激发整体效应,提高综合效能。

3.打造理论高地

把数字理论创新放到更加突出的位置,努力在数字治理前沿领域积极形成引领性、通用性治理规则,率先构建与全球数字变革高地相适配的新规范、新话语,建立成熟定型的数字化理论体系。

(四)以数字基础设施为关键,完善现代化基础设施体系

信息网络基础设施是经济社会发展的信息"大动脉",随着数字化的深入加速演进,数字基础设施进一步向高速、泛在、安全、智能方向发展,数字浙江的大发展势必要求加快部署数字基础设施。

1.注重超前布局

统筹推进网络、算力、新技术、终端类、融合类等数字基础设施建设,特别是加快建设以 5G 网络、一体化数据中心体系、工业互联网等为抓手的智能化综合性数字信息基础设施。

2.注重融会贯通

充分利用数字技术的通用、穿透、融合作用,注重发挥数字基础设施对能源、水利等基础设施建设运用的赋能效应,推动基础设施资源在现代化建设中发挥最大效益。

3.缩小"数字鸿沟"

浙江数字基础设施不平衡、不充分的问题仍然存在,应进一步加大数字基础设施建设投入,根据城乡、区域发展阶段、建设需求,促进数字基础设施建设形成有差异的均衡布局。

六、结语

经过 20 年的实践探索和创新突破,数字浙江建设积淀了丰富的实践和理论价值,特别是信息化数字化技术的先进性、泛在性、动态性,决定了数字浙江从来就不是"单打一",而是具有创新性、全面性、演进性的系统工程。在浙江省域现代化进程中数字浙江发挥了多维度、多层次作用,形成了整体驱动引领的新范式。当然,在谱写中国式现代化浙江篇章的省域新实践中,如何在实践中更好发挥数字浙江驱动引领现代化的作用、更加体系化推进数字浙江建设,如何建立完善的数字浙江理论体系,形成以理论指导实践、实践丰富理论的螺旋式上升等一系列问题,都有待进一步地深化研究。

参考文献

[1] 陈畴镛.数字化改革的时代价值与推进机理[J].治理研究,2022(4):18-26.

[2] 郭占恒.从"加快建设数字浙江"看"加快建设数字中国"[J].浙江经济,2022(12):11-16.

[3] 何圣东等.数字经济[M].杭州:浙江人民出版社,2019.

[4] 江小涓,王满传.塑造数字中国[M].北京:国家行政学院出版社,2023.

[5] 刘儒,拓巍峰.建设数字中国[M].北京:中国青年出版社,2022.

[6] 刘淑春.数字政府战略意蕴、技术构架与路径设计——基于浙江改革的实践与探索[J].中国行政管理,2018(9):37-45.

[7] 刘亭,陈畴镛.数字中国的浙江探索[M].杭州:浙江大学出版社,2022.

[8] 李涛等.数字社会[M].杭州:浙江人民出版社,2019.

[9] 刘渊.数字化改革"三个理性"的认知逻辑[N].浙江日报,2021-12-28(7).

[10] 徐梦周,吕铁.数字经济的浙江实践:发展历程、模式特征与经验启示[J].中国发展观察,2019(24):67-71.

[11] 中共浙江省委党校.数字化改革与整体智治:浙江治理现代化转型[M].北京:中共中央党校出版社,2021.

[12] 中共中央党史和文献研究院.习近平关于网络强国论述摘编[M].北京:中央文献出版社,2021.

打造浙江省数字化改革的 5A 级服务实践

陈观林[1,2]　杨武剑[1]　王　亮[1]

（1. 浙大城市学院城市大脑研究院；2. 杭州市科学技术协会）

浙江是我国改革开放的先行地之一，是数字化改革的先行者，在"数字中国"建设中一直走在全国前列。习近平同志在浙江工作期间谋划制定"八八战略"，积极探索社会经济发展新模式，着力推动信息化和工业化深度融合，加快数字浙江建设进程，使数字浙江成为数字中国的重要实践。20 年来，数字浙江建设提高了浙江数字治理能力，形成了浙江数字治理体系，为经济社会发展注入了新动能。习近平总书记指出："加快数字中国建设，就是要适应我国发展新的历史方位，全面贯彻新发展理念，以信息化培育新动能，用新动能推动新发展，以新发展创造新辉煌。"[1]2023 年 2 月，中共中央、国务院印发《数字中国建设整体布局规划》，指出"建设数字中国是数字时代推进中国式现代化的重要引擎，是构筑国家竞争新优势的有力支撑"，要求做强做优做大数字经济、发展高效协同的数字政务、打造自信繁荣的数字文化、构建普惠便捷的数字社会、建设绿色智慧的数字生态文明，全面赋能经济社会发展。数字浙江建设由此进入了新的发展阶段。

---

① 中共中央党史和文献研究院. 习近平关于网络强国论述摘编［M］. 北京：中央文献出版社，2021.

数字浙江建设 20 年来，浙江立足现实需求，持续深化改革，不断巩固改革成果。从电子政务建设到政务服务"一张网"建设、"最多跑一次"改革，再到全方位的数字化改革，浙江推进省域数字化，创新数字治理模式，打造出数字化改革的 5A 级服务（即引领性服务、主动性服务、实效性服务、精准性服务、包容性服务），绘制出全方位、立体化、交互式的浙江发展画卷，为"数字中国"建设提供了诸多有益示范和参考。浙江省数字化改革的 5A 级服务关系如图 1 所示。

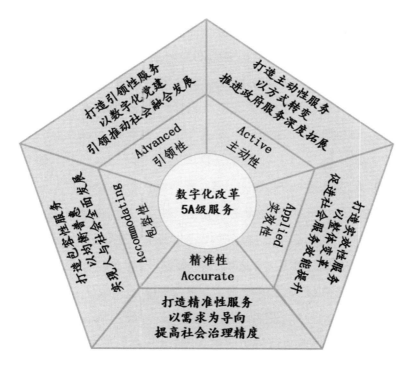

图 1　浙江省数字化改革的 5A 级服务关系

一、打造引领性服务，以数字化党建引领推动社会融合发展

（一）引领性服务催生社会治理新优势

引领性服务是浙江省数字化改革在制度理性上的重要实践，是引领实现发展格局变革、治理模式变革、生产方式变革的关键变量。要在数字化改革中实现现代化治理体系和治理能力的交融聚合，加快高质量发展，就要深刻把握数字时代的客观发展规律，在完善高效能治理机制、推进系统性制度重塑、创新先进性技术应用等方面坚持正确的思想引领、价值引领和组织引领，以党建引领推动服务理念的创新升华和改革领域的深入拓展。在全方位的数字化改革中，党建引领能充分发挥总揽全局、引领一切、协调各方的领导核心作用，为数字政府、数字社会、数字经济等建设提供充足而又有保障的制度资源、组织资源和人力资源。中国共产党的领导是中国特色社会主义事业的领导核心，是实现中国式现代化的根本保证，围绕党的领导加强数字化建设、强化党建作用、打造引领性服务，才能有效催生社会治理新动能、增创社会服务新优势。

浙江是"红船精神"的发源地，以习近平新时代中国特色社会主义思想为指导，坚持守好"红色根脉"、忠实践行"八八战略"、坚定推进党的建设，是浙江创建社会主义现代化先行省、高质量建成共同富裕示范区、打造全球数字变革高地的必然前提。党的领导是数字浙江建设取得成功的根本性保障，浙江省坚持党的领导，充分发挥党组织在数字化改革中的战斗堡垒作用，确保数字化改革取得预期成效。

（二）数字化党建引领提升社会治理与社会服务新效能

1.发挥党建引领优势,打造形成党建统领整体智治体系格局

在数字化改革中,浙江省着力打造全局"一屏掌控"、政令"一键智达"、执行"一贯到底"、服务"一网通办"、监督"一览无余"等数字化协同工作场景,构建综合集成、协同高效、闭环管理的工作运行机制,提高了党政机关的服务水平。浙江省锚定"党建创新看浙江、党建高地在浙江"的目标,以数字化改革为牵引,迭代升级"党政机关整体智治系统"为"党建统领整体智治系统",构建党建统领整体智治体系的创造性机制、牵引性举措,使党建优势成为引领浙江高质量发展的政治优势、共富优势和服务优势。为加快形成"党建统领整体智治"体系格局,浙江省按照"顶层设计、迭代升级、增量开发"的系统建设法谋划开发重大应用,按照重大、多跨、量化、闭环、动态、共享的要求,分别构建巡视、审计、督查、生态环保、安全生产、网络舆情、群众信访七大领域问题体系化、标准化管控子系统,形成"七张问题清单"集成系统,建成省、市、县问题管控整体智治的大场景,使党建和政务服务、经济建设、公共服务、文化建设、环境保护等方面的社会治理业务深度融合,实现党的全面领导在制度、治理和智慧三个维度纵深推进。

2.强化党建引领作用,推动党建优势转化为基层治理效能

基层治理是国家治理的基石,加强党组织建设,提高基层党组织的凝聚力、战斗力,是提高基层治理效能的关键之举。在基层社会治理,浙江省强化党的领导作用,通过全面实施"红色根脉强基工程",在党的组织建设、党员队伍建设、党费管理、组织生活、干部管理、制度规范、综合保障七个方面进行数字化改革。"红色根脉强基工程"按照"统一话语体系、多跨协同"的要求纵向覆盖省市县、横向联通各部门,共同执行一套流程、机制和标准,建立了"红色根脉强基指数",对各地各部门党组织数字化改革情

况进行监测和评估;打造了"浙里红色根脉强基系统",在党的基层组织建设、党员队伍管理、干部监督等方面实现数字化、智能化和可视化。从社会治理效果上看,"红色根脉强基工程"通过数字化手段加强基层党建工作,提高了基层党组织的服务执行能力,推进了党的政治优势和组织优势向发展优势和治理优势转化,党建引领与社会治理实现深度融合发展。

二、打造主动性服务,以方式转变推进政府服务深度拓展

(一)主动性服务推动体制机制创新突破

主动性服务是在数字化改革的推动下,政府服务方式由"人找服务"向"服务找人"转变的具体体现,是推动政府体制机制创新的重要突破点。人民群众的意愿决定了政府的施政目标。从服务理念上看,"为人民服务"是我国政府的宗旨,是探索和实现中国式现代化的价值起点、应有之义和根本旨归,积极主动地为人民服务,想群众之所想、急群众之所急、应群众之所求、解群众之所困,才能顺利建设好服务型政府。政府的主动性服务不是"撒网式"的盲目服务,而是立足人民群众之所需,基于事态变化和科学管理方法作出准确预测分析,积极采取的有效措施和提供的相应服务。于政府而言,提供主动性服务,能更好地与人民群众互动,及时掌握民情民意,赢得解决问题的先机,提高政府的行政施策水平和群众对政府工作的满意度。数字化改革则有利于提高政府服务的主动性和积极性,加深政府改革深度,优化服务流程,使政府服务和社会治理更加科学、规范、智能、高效。

变"人找服务"为"服务找人",是主动性服务的主要特征。2020 年,浙江省出台《关于深化数字政府建设的实施意见》,提出"依托政府网站集约化

平台,建设全省统一、分级分类、共享共用、动态更新的政策文件库,推动政策信息集成智能发布,变'人找政策'为'政策找人'。"政务服务中,浙江主动"求变",于 2014 年和 2016 年先后推出电子政务云和"最多跑一次"改革,深入推进"就近办""网上办""集成办",推进政务服务便利化和事项办理集成化,服务型政府的建设理念得到进一步落实。

(二)政务服务数字化改革提升服务型政府水平

1.优化服务流程,"部门多跑路,群众少跑腿"

通过数字化改革,将政务服务流程透明化、简化,才能进一步提高服务效率。在政务服务数字化改革中,浙江省梳理政务服务事项之间的关联度,通过"一窗受理、综合服务",变"单部门办理"为"多部门协同",网上联合审批,提高了政务服务的集成度和便利度。浙江省建立全省统一的政务服务平台,集个人服务和法人服务于一体,让群众和企业可以随时随地通过网站、App、小程序等方式在线申请、查询、办理、评价相关政务服务事项。浙江省通过推进跨域通办,实现不同地区之间的政务服务事项跨区域办理,解决了企业和群众难以在异地办理政务事项的难题。

2.创新服务方式,打造智慧便捷的服务环境

浙江省推广普及"免申即享""民生直达"的服务方式,并对特殊人群提供个性化、智能化服务,使优质服务得以向每个地区横向拓展和向每类人群纵向延伸,从而整体提升政府的主动性服务水平。在惠企服务中,浙江省打造"减税降费直达快享应用",建立涵盖税费政策、行政事业性收费、政府性基金、社保费、残疾人就业保障金等内容的统一的"减税降费政策库",主动减免企业相关税费。2022 年,浙江省为市场主体减负 4000 亿元以上,兑付涉企政府性补助补贴资金 1088 亿元,完成增值税留抵退税 2233 亿元,减轻企业和个人缴费负担 440 亿元,营商环境得到进一步优化。①

---

① 数据来源:《浙江省 2023 年政府工作报告》。

3.推进政民互动,畅通民意反映渠道

及时主动了解社情民意,提高群众对社会治理的积极性和参与度,对密切政府和人民群众联系、加强行政权力监督制约、提升政府治理能力具有重要意义。浙江省建设统一政务咨询投诉举报平台和"民呼我为"统一平台,主动充分了解民情、集中民智、维护民利、凝聚民心,集成网上信访、来电等各类民意需求反映渠道,打造出一键直达、高效便捷的集成服务,在扩大群众参与的同时提高了政府的反应能力和社会回应力,使民众意愿得到充分尊重、民众要求得到快速回应、民众需求得到最大满足、民众利益得到有效维护。

三、打造实效性服务,以整体变革促进社会服务效能提升

(一)实效性服务推动数字治理效果整体跃升

实效性服务是一种以实际效果为导向的服务,注重服务质量和效率,强调在服务过程中发现问题、解决问题,并及时调整服务策略和方法。数字化改革是推动"数字中国"战略的使命要求,是驱动生产方式、生活方式和治理方式变革的重要途径,是推进科技创新、培育新增长点、汇聚新动能的重要杠杆。以数字化改革来推动实现政府高效率运转、经济高质量发展、社会高度协同、文化高度繁荣、法治高度健全,是提高社会服务实效性的意义所在。只有不断拓展改革领域,建设好用、实用、耐用的数字化场景应用,通过线上线下深度融合提高服务水平,才能有助于发现并解决社会问题、提高生产效率、促进科学决策、优化服务模式,实现数字治理效果整体跃升。

浙江省以建成数字浙江为目标,聚焦"应用成果＋理论成果＋制度成果",纵横一体化、全方位统筹推进各领域以及各部门核心业务的数字化,建

设"一网通办""一网通管"的"掌上办事之省""掌上办公之省""掌上治理之省",实现政务服务领域高度集成化,在重构组织间关系过程中基本达成进取与控制、改造与升级之间的平衡关系,进一步以数字赋能提高了服务实效。

(二)核心业务数字化改革推进整体变革

1.以方法路径定实效,重塑数字化改革标准流程

浙江省按照系统分析 V 字模型持续迭代,将"业务协同模型和数据共享模型"的方法贯穿到数字化改革的各领域、各方面、全过程,以促进政府数字化转型,提高政府服务效率。V 字模型在下行阶段分解任务,"定准核心业务—确定业务模块—拆解业务单元—梳理业务事项—确定业务流程—明确协同关系—建立指标体系—汇总数据需求",实现核心业务的标准化和数字化;在上行阶段综合集成,"形成数据共享清单—完成数据服务对接—实现业务指标协同—完成业务事项集成—完成业务单元集成—完成业务模块集成—形成业务系统",加快业务单元、业务模块的数据定义和系统开发,重塑业务流程。同时,浙江省以国家重大决策部署为核心,推进业务协同叠加,通过"破点—连线—成面—立体",推动整体智治体系的整体性优化和系统性重塑,为数字化改革实效奠定了坚实基础。

2.以系统平台增实效,提升数字化改革整体效能

浙江省建成"四纵四横两端"的"一体化智能化公共数据平台",有效对接国家平台,全面服务党政机关、群团组织、企事业单位以及居民个人,实现了对各领域、各主体核心业务系统的有效支撑。浙江省深入推进涉企改革,深化"两端"的涉企服务智能化应用,优化惠企政策供给,集成浙里亲清政策专区、省企业综合服务、企业全生命周期办事服务、要素资源配置等系统应用,积极打造最优营商环境,实现了生产生活方式和治理方式的基础性、全局性变革。2021 年,省市县三级"一体化智能化公共数据平台"全面上线,"浙江外卖在线""浙江 e 行在线""车辆检测一件事""民生关键小事智能速

办"等一大批标志性应用上线运行,"浙里办"日活跃用户达 260 万,全省依申请政务服务事项"一网通办"率达 85％①,社会服务效能明显增强。

3. 以制度叠加保实效,强化数字化改革制度保障

在数字化改革中,浙江省通过制度的叠加,保障了社会服务和社会治理的实效。一是领导体制的制度化。在数字化改革中,浙江省成立数字化改革领导小组,各地区各部门建立数字化改革推进机制,实现了利益协调和资源统筹,保障了数字化改革工作的协同高效。二是管理机制的制度化。浙江省成立大数据发展管理局,地方各级政府配套组建专门的数据管理机构,整合原有的政府数字化转型、公共数据资源管理等工作,夯实了数字化改革工作的组织基础。三是法律法规的制度化。在总结数字浙江建设经验成果的基础之上,浙江省先后出台并施行全国"放管服"改革领域第一部综合性地方性法规《浙江省保障"最多跑一次"改革规定》、全国第一部以促进数字经济发展为主题的地方性法规《浙江省数字经济促进条例》、全国第一部公共数据领域的地方性法规《浙江省公共数据条例》,进一步为数字化改革提供了法治保障。领导体制、管理机制、法律法规的有机叠加,使数字浙江的建设实效和服务实效在制度层面得到充分保障。

四、打造精准性服务,以需求为导向提高社会治理精度

(一)精准性服务促进治理水平得到实质化提升

精准性服务是基于个体化和差异化需求的服务模式,强调根据个人或群体的需求和特征对相关主体提供"量身定制"的服务。在具体实践中,数字化改革为智慧治理目标的确定提供了成熟的技术支撑,为智慧治理目标的精准化奠定了坚实基础,进而使趋向场景关注的智慧治理新范式得以落

---

① 数据来源:《浙江省 2022 年政府工作报告》。

地。精准性服务要求精准把握服务对象的需求,通过有效的资源整合实现精准的服务供给。提高社会服务和社会治理的精准性是社会治理不可忽略的问题,习近平总书记强调,"要建立健全大数据辅助科学决策和社会治理的机制,推进政府管理和社会治理模式创新,实现政府决策科学化、社会治理精准化、公共服务高效化。"①浙江省加快5G、大数据、云计算、物联网、人工智能等数字技术的应用和推广,打造出一批数字化服务应用,并通过数据分析,对相关主体的社会需求进行预测和响应,提高了服务和治理的精准性。

科学化、精准化、智能化等一直是浙江省数字化改革的要求,从技术应用、产业融合、政策促进等多方面对每一项任务、每一个领域实现从宏观到微观、从定性到定量的精准把握,才能形成整体智治合力,有效提高服务精度。数字浙江建设20年来,浙江省推进经济调节、市场监管、社会治理、生态环境保护、政府自身运行等领域的数字化应用体系建设,逐步实现了政府履职全业务、全流程数字化,使政府的科学决策、高效监管、精准治理水平得到实质化提升。

(二)数字基建和应用场景精准赋能社会服务和社会治理

1.大力开展数字基础设施建设,奠定支撑精准治理的数据基础

依托大数据等数字技术,通过数字赋能实现社会服务和社会治理精准化,是促进均衡发展、提高现代化治理水平的重要途径。近年来,浙江省全方位部署新型数字基础设施,为数字技术的创新应用提供了有效支撑。一是推进5G基站共建共享和推进5G网络从主要城市向重点乡镇延伸,实现乡镇以上5G信号全覆盖。二是优化布局大型、超大型云数据中心,鼓励大型互联网企业、电信企业等开展绿色节能、高效计算的区域型云数据中心建

---

① 习近平.审时度势精心谋划超前布局力争主动 实施国家大数据战略加快建设数字中国[N].人民日报,2017-12-10(1).

设,提升数据计算、数据存储、数据分析等数据处理能力,保障数据的可用性、安全性,支撑多样化的数据服务需求。三是加快新型互联网基础设施、物联网设施、人工智能融合平台、区块链基础设施等的建设,推动生产生活方式向更智能、更高效转变。同时,浙江省出台《浙江省公共数据开放技术规范》《公共数据交换技术规范》《数字化改革 公共数据分类分级指南》等标准规范,建立数据分类标准、术语、定义等标准化管理制度,规范公共数据的归集、共享、开放和利用,做到数据来源可靠、数据准确性高,在制度层面为政府精准决策和精准施策所需的数据支撑能力提供了必要保障。

2. 积极响应社会服务需求,以数字化应用场景赋能精准治理

应用场景是指以数字技术的深度运用呈现一项或多项业务对象、功能、流程等要素特性的数字化环境,[①]在社会治理中可以有效满足社会多元需求、优化服务供给、提高服务效能。浙江省聚焦社会治理的痛点、难点、堵点,针对特定空间和特定对象布局应用场景,打造覆盖不同领域的具有特定功能的数字化应用,精准赋能社会服务和社会治理。在数字生态方面,打造生态环境保护综合协同管理平台,融合监管、执法、监测、数据管理等多个功能模块,促进生态环境保护精准治理;在数字交通方面,通过物联网、大数据等技术,根据实时监测数据进行路况预测和智能调度,缓解交通拥堵和提高出行效率;在数字医疗方面,基于大数据、人工智能等数字技术的综合运用,为患者提供智能影像辅助诊断、在线问诊、远程会诊、健康管理等精准的医疗服务。浙江省打造"平安风险预测预警防控应用",围绕风险预测预警防控全周期管理流程,利用大数据、人工智能等数字技术,对社会安全(如治安、灾害、公共卫生等)相关风险进行实时感知、精准防控,并通过对接相关职能部门和属地镇街、网格,对风险进行闭环处置,有效防止和减少了各类安全生产事故的发生,实现了社会精准治理。

---

① 浙江省地方标准《数字化改革术语定义》(DB33/T 2350—2022),2022 年 9 月 9 日发布,2022 年 10 月 9 日起实施。

五、打造包容性服务，以均衡普惠实现人与社会全面发展

（一）包容性服务助力实现全面发展目标

包容性服务是经济社会持续发展的必要条件，是建设和谐社会的内在要求。从内涵上看，包容性是指对参与治理的主体及其治理方式和治理内容不刻意排斥、不设定边界，允许治理的方式与手段不拘泥于单一形式而偏向多元，从更宏大的视角容许多样性并接受其存在。从意义上看，包容性服务能有效推动社会整体进步，促进人与社会和谐发展。现阶段，我国社会的主要矛盾是"人民日益增长的美好生活需要和不平衡不充分的发展之间的矛盾"，中国式现代化是全体人民共同富裕的现代化、是物质文明和精神文明相协调的现代化、是人与自然和谐共生的现代化。以包容性服务降低社会发展的群体差异、地区差异，是促进社会均衡发展、推动实现中国式现代化的重要途径。

党的二十大报告指出，要"健全基本公共服务体系，提高公共服务水平，增强均衡性和可及性，扎实推进共同富裕"。加快公共服务均衡化发展是准确把握新发展阶段、贯彻新发展理念、构建新发展格局的基本要求。实施"八八战略"以来，浙江省大力打造包容、均衡、协调的社会公共服务，努力使数字浙江成为"重要窗口"的重大标志性成果。

（二）数字化全覆盖推动形成包容均衡的服务格局

1. 区域全覆盖，形成包容的服务空间

以数字化改革推动实现城乡均衡发展、区域协调发展，形成包容性服务大环境，是数字浙江建设的重要特征。浙江省打造包容性服务空

间，在开展智慧城市的同时，推进数字乡村建设，通过数字化措施缩小城乡发展差距，实现了"数字红利"省域全覆盖。在数字乡村建设中，浙江省推进农村公共事业数字化和社会保障数字化，"互联网＋政务服务""互联网＋义务教育""互联网＋医疗健康""互联网＋法律服务"等向乡村延伸覆盖，村级信息服务体系得到完善，所有农村系统政务许可事项实现线上受理；浙江省推进乡村数字服务应用，"浙农富裕""浙农牧""浙渔安""浙农码"等系列应用推动乡村产业数字化，实现乡村数字服务提质升级。2022 年，浙江省农业农村数字化发展水平达 68.3％，居全国首位。[①] 在区域协调发展方面，浙江推动全省域全方位融入长三角，加速数字长三角建设。到 2022 年，浙江省已实现 105 项政务服务事项跨省通办、30 类高频电子证照互认，区域协调发展稳步推进。[②]

2. 领域全覆盖，拓展包容的服务内容

浙江省不断拓展数字化改革跑道，拓宽改革领域，细化改革措施，形成了覆盖全领域的包容性服务格局。数字经济领域，浙江省以"产业大脑＋未来工厂"为核心业务场景，优化资源要素配置体制机制，健全数字贸易体制机制，推进政府、高校、科研院所、企业联动创新，推动产业链、创新链、供应链深度融合；数字社会领域，浙江省根据人民群众多层次、多样化的公共服务需求，综合打造人本化、智能化、立体化、全周期的社会服务场景，发挥"民生服务＋社会治理"的双功能作用，完善了社会服务体系；数字文化领域，浙江省建设以人为核心的公共文化服务现代化体系，打造"15 分钟品质文化生活圈"，以数字化方式和应用场景推进全民艺术普及、全域文化繁荣和全民精神富有；数字法治领域，浙江省推进现代信息技术与法治建设的深度融合，以数字浙江建设撬动立法、执法、司法领域各方面改革，推动法治领域体制机制、组织架构、业务流程的系统重塑和优化完善；数字生态文明领域，浙江省推动生态环境综合、系统、协同治理，统筹推进水、气、土、废污染防治攻

---

① 数据来源：《中国数字乡村发展报告（2022 年）》。
② 数据来源：《浙江省 2022 年政府工作报告》。

坚战,提升生物多样性保护和生态环境安全保障能力,促进了人与自然和谐相处。浙江省数字化改革覆盖了包括经济、社会、文化、生态文明等在内的生产生活各领域,政务服务贯穿其中,社会服务形成全面、包容的格局。

3.人群全覆盖,打造包容的服务应用

对所有社会成员提供全周期、多样化、有温度的服务,是数字浙江建设下社会服务具有包容性的直观体现。浙江省围绕幼有所育、学有所教、劳有所得、住有所居、文有所化、体有所健、游有所乐、病有所医、老有所养、弱有所扶、行有所畅、事有所便等各领域,不断加快数字基础设施建设、推进"互联网＋"行动计划,在提供普遍的生命周期链服务的同时,补齐普惠短板,重点加强信息无障碍产品供给,提升信息无障碍水平,使残疾人、老年人及其他弱势群体成为信息无障碍重点受益人群,让全体社会成员都能平等、便捷地享受"数字红利"。浙江省打造"智慧助残应用",为残疾人提供智能辅具服务、康复训练服务、就业辅导服务、社交服务,使残疾人能够更加便利地进行生活交互;打造"智慧康养应用",在提供全方位的健康养生服务的同时,为老年人提供在线预约护理服务、家政服务、语音智能交互等服务,提高老年人的生活质量;打造"浙有众扶应用",对贫困人口全方位关注和扶持,为贫困人口提供政策咨询、农副产品营销、创业培训、就业培训等服务,帮助贫困人口和贫困地区实现脱贫。浙江省围绕社会需求,使各类社会群体共享"数字红利",实现"数字包容",促进了人与社会的全面进步。

六、结语

数字化改革是数字浙江建设的新阶段。近年来,浙江省数字化改革所形成的引领性、主动性、实效性、精准性、包容性"5A"级服务促进了生产方式、生活方式、治理方式的变革,为进一步推动浙江实现共同富裕先行和省域现代化先行奠定了深厚基础。从实践上看,"5A"相互融合,共同推动了浙江社会服务的转型升级,丰富了社会治理现代化的内涵,使各领域的数字

化发展更加协调、充分。如今,在"数字中国"建设整体布局和新的发展要求下,浙江应当从整体出发,深入挖掘数字化改革的价值,把握数字化改革的尺度,从服务理念、领导机制、组织体制、制度规范、应用创新等方面为数字浙江建设注入新动能,从而补齐服务短板、弥补数字鸿沟,实现数字技术与经济、政治、文化、社会、生态文明建设"五位一体"深度融合和全面发展。

参考文献

[1] 程晟,白晨,王延隆.从数字治理到数字化改革的浙江实践[J].观察与思考,2022(4):104-112.

[2] 陈潭.党建引领、数据赋能与信息惠民——理解中国数字政府建设的三重界面[J].行政论坛,2022(5):37-43.

[3] 高小平.构建均衡公共服务体系的理论框架及路径[J].治理现代化研究,2023(1):49-55.

[4] 聂小雄.中国共产党"为人民服务"宗旨的时代表达[J].思想教育研究,2023(1):128-132.

[5] 许峰.地方政府数字化转型机理阐释——基于政务改革"浙江经验"的分析[J].电子政务,2020(10):2-19.

[6] 张孟洋.省域数字化改革的路径探索——以浙江省数字化改革为例[J].经济与社会发展,2022(2):28-34.

[7] 张运红,周盈喜.包容性治理:中国政策试验的成功密码[J].领导科学,2023(3):105-109.

县域数字政府建设的行为及其运作逻辑分析

——基于浙江省余杭区、德清县、诸暨市的实践

何　花

（中共诸暨市委党校教育科）

一、问题的提出

政府治理形态与其所处的治理环境密切相关,其中社会形态是一种主导性的影响因素,而社会形态的演变则是由生产力所决定。目前,人类历史上经历的信息传递从低级、中级再到高级,相应地形成了农业社会、工业社会和信息社会。与社会形态对应地形成了"单向控制—代议互动—数字协商"等不同的治理形态。

2012年起,美国、韩国、英国、新加坡、德国、日本等发达国家纷纷出台数字政府相关战略规划,加快政府数字化转型。2015年以来,我国先后出台多部关于大数据发展的行动纲要与"互联网＋政务服务"等文件,党的十九届四中全会和五中全会提出推进和加强数字政府建设,浙江、广东、上海、贵州等地掀起了数字政府建设浪潮并取得显著成绩。《史记》记载:"郡县制,天下安。"习近平总书记强调:"在我们党的组织结构和国家政权结构中,县一级处在承上启下的关键环节,是发展经济、保障民生、维护稳定、促进国

家长治久安的重要基础。古人讲,郡县治,天下安。我国县的建制始于春秋时期,因秦代推进郡县制而得到巩固和发展。两千多年来,县一直是我国国家结构的基本单元,稳定存在至今。"①县域政府是最稳定的行政单位,是国家行政体系中观与微观的接合部,是宏观与微观政策的转化体,其数量庞大,是政府治理创新的基础性力量,县域政府的数字化治理是我国治理体系和治理能力现代化的重要体现。数字时代,人们的诉求越来越多元化、高质化,对便捷化和高效化的服务和治理有了更高的要求,县域政府治理面临着治理场景网络化、思维理念变革、治理方式转型、组织变革、数字技术应用及数据安全等一系列挑战,同时,大数据在驱动县域政府数字化转型过程中带来了各种数字资源和机遇。县域政府在推进数字政府建设中如何在大数据的驱动机制下清楚认知自我的数字化行为并适时调整,充分发挥县域体制优势将其转化为数字治理效能等问题变得至关重要。目前,学界对县域数字政府建设集中在数字技术赋能和具体实践过程研究,对于县域数字政府建设的行为模式及其运作逻辑还有很大的研究空间。浙江数字政府建设走在全国前列,形成了一系列丰富的地方经验。本文选取浙江省三个县域政府作为典型案例,探索县域数字政府建设的行为模式,从要素结构体系分析县域数字政府的运作逻辑,力图丰富县域政府研究,推动县域治理现代化。

二、文献述评

政府治理模式经历了从传统的官僚制、新公共管理到新公共治理,政府经历了"划桨人""掌舵者""服务者""合作者""整合者"的角色演变。大数据时代,数字治理应运而生,是公共管理领域的一大创新,体现了数字时代政府治理的需求和特色,为数字政府建设提供了理论基础。

---

① 习近平:做焦裕禄式的县委书记[EB/OL].(2015-09-07)[2015-09-07]. http://cpc. people. com. cn/n/2015/0907/c64094-27551147. html.

（一）数字政府的概念与内涵研究

目前学界对数字政府的概念与内涵尚无统一明确界定。主要代表性研究集中在以下三个视角：第一，治理的视角。数字政府是一次治理模式变革，并非技术替代，促进了政府行为、职能、体制、理念的全面转型，重构了政府与市场、社会的关系。第二，比较的视角。数字政府是政府为适应和推动经济社会做出的数字化转型，与"电子政务""智慧政府"在治理技术、主体、对象、范围和理念等层面存在明显区别，数字政府内涵更为丰富，从公共政策角度看数字政府与"电子政务"代表不同逻辑，含义相似，是政府治理实践的不同演进历程。第三，社会形态的视角。人类社会经历的农业社会、工业社会和信息社会决定了政府治理由单向控制、代议互动到数字协商。第四，政府形态的视角。数字政府是政府数字化转型的结果，旨在用数字技术创造公共价值，是一种全新的政府形态。第四次工业革命促进"物理空间"政府转变为大数据时代更加泛化的"数字空间"政府形态。

（二）数字政府建设的规范性研究

从规范层面建构数字政府建设总体性的原则、框架、要素和关键任务，从而推动数字政府治理体系和治理能力建设。从技术、行为、组织三个维度推进数字治理体系和治理能力建设，数字政府建设主要包含三个要素：面向数据的治理、运用数字技术进行治理和治理场域的拓展，从战略规划、组织体系、能力与责任、技术与平台、数据安全与隐私保护等方面提出数字政府建设框架。

（三）数字政府建设的实证性研究

基于各地区数字政府建设的具体实践情况，选取个案或多案例比较方法进行地方经验研究。第一，基于个案具体过程研究。浙江以"最多跑一次"改革为抓手，打造以"小前端＋大平台＋富生态＋共治理"的多主体网络协同治理的数字政府模式;上海"一网通办"政务服务模式。第二,多案例比较研究。以浙江、江苏、广东和上海四地数字政府建设实践,从顶层设计、平台设计和政策环境优化等维度探讨数字政府建设的共性。对广东、浙江、贵州三省数字政府建设模式进行对比,探讨彼此间的共性与差异。或以公私合作视角,选 10 个代表性省份和城市,以资源依赖和平台治理理论为分析框架,提炼出平台垄断、服务交付和内部管理等模式。

(四)县域等基层政府数字治理研究

从学界研究情况看,对基层政府的界定包含了县域政府及其镇(街)政府等,针对基层政府的数字治理研究并不多,目前主要集中于剖析困境与路径等研究:第一,个案实践研究。基于某个县区个案,以政府赋能分析基层政府数字治理形成的制度、组织、机制、应用及其公民参与的内生动力,以数据约束分析其所面临的数据采集、保障、运用和计算等困境;或以信息生态理论概括基层政府数据治理特点,从数据文化、驱动力、治理架构与能力及其组织体制等方面分析基层数据治理的结构性要素。第二,伦理学角度研究。从伦理学角度分析基层政府数字治理面临的行政政策、组织、制度和人员伦理方面的困境,以道德视角寻找优化路径。

上述研究对数字政府作了丰富和深入的分析,其中对县域政府数字化转型中所遇到的困境和矛盾研究集中在技术和组织等方面,数字政府建设的要素结构研究也较为成熟,为本文提供了重要的理论基础和思想来源。但仍存在一些可研究的空间,一是从研究具体对象层级看,以省市级政府较多,县域数字政府研究还有值得拓展研究的空间。二是从研究的理论框架看,多是把数字政府放在特定视角下或从特定的要素结构探讨其建设模式,较少能从县域政府的行为模式或行为类型进行研究。三是从研究的具体实践看,基于县域数字政府实践情况的研究不多,较易忽视现实因素影响。四是从研究方法看,针对基层政府数字治理的研究也多基于某个案,多案例比较研究较少。鉴于此,本文基于多个县市区案例实践情况,以县域数字政府行为模式及其建设要素的生命周期为分析框架,研究县域数字政府行为及其运作逻辑,所得结果具有较大的研究价值。

三、分析框架

(一)大数据驱动的县域政府行为模式分析框架

政府行为是一个国家经济社会发展的关键性推动力量,是公共管理学界研究的核心内容,主要是指政府作为行政机关,依法运用公共权力通过各种手段方法对经济、社会、文化和生态等各方面进行调节与管理的系统性、动态化的过程。过往学界对政府行为的研究主要集中在政策扩散、转移与趋同的过程视角和府际学习的视角。大数据驱动下,政府角色不断演变,当前处于数字时代,移动互联网、5G、物联网、AI、大数据、区块链、云计算等一系列新一轮数字技术快速发展,正在撬动经济、政治与社会等各领域发生深刻变革,大数据正驱动政府角色从"管控者""封闭型政府"走向"整体型政府""伙伴型政府""科学决策型政府""精准服务型政府""智慧型政府"等一系列新角色。政府行为愈加复杂和多元,数字化改革浪潮中,地方政府彼此间行为模仿愈加突出。对比,本文选取唐曼等教授提出来的一种新的地方政府行为分析框架——"地方政府行为模仿模式"作为理论分析根据,即从中央政府权力是否在场和地方政府态度是否主动两个维度,推演出地方政府"表态型、从众型、借力型和学习型"四种行为模仿模式。

县域政府是地方政府中的重要力量,县域政府行为是指县域政府在中央、省市级政府的领导下,运用公共权力对本县域的经济、社会、文化与生态等各方面进行管理与服务的行为过程,其行为表现形式主要包括县域层面的战略规划、政策制定与修订、组织机构设置与调整、制度安排、督查与考核等。大数据时代下,县域政府为了更快适应数字时代,加快自身数字转型,其行为同样出现了不同程度的行为模仿现象,以省市级政府权力和县域政府态度两个维度,省市级政府权力是否在场是指省市级政府是否通过政策规划、制度安排等指导参与县域政府数字治理过程,对其行为产生直接或非直接影响。县域政府态度是否主动是指县域政府在管理和服务县域经济社会的过程中是否主动,其行为是具有自觉能动性还是被动适应性。

大数据时代下在推进数字政府建设方面,可以说中央政府权力一直都是处于"在场"状态,是一个控制变量。党的十八大以来,习近平总书记多次就网络强国战略、大数据战略和数字政府建设发表一系列重要讲话并作出重要部署。党的十九届四中全会和五中全会均明确指出加强数字政府建设,《中华人民共和国国民经济和社会发展第十四个五年规划和2035 年远景目标纲要》中以"加强公共数据开放共享""推动政务信息化共建共用""提高数字化政务服务效能"三个方面对提高数字政府建设提出了明确要求。2022 年 6 月 23 日,国务院印发《关于加强数字政府建设的指导意见》,其中明确指出"以数字化改革助力政府职能转变",这既是对地方政府数字政府建设的最大肯定和激励,也为地方政府深入推进数字政府提供了根本遵循,指明了方向。近年来,全国各地方政府运用新兴数字技术,推进地方政府自身数字化转型,成效显著。如浙江省"最多跑一次"改革和"浙里办""浙政钉",上海"一网通办",广东"粤省事",贵州"云上贵州",等等。大数据在推进政府向数字政府转型过程中形成了强大的"驱动机制"——即大数据是一张网,推动形成多元共治格局;大数据是一部"整合机器",倒逼政府走向整体性治理;大数据是一种万物互联,提升政府决策的科学性;大数据是一种现代技术,促进政府治理精细化和智能化。县域政府正是在大数据驱动机制下,其推行数字政府建设的态度与省市上级政府权力变量形成了四种行为模仿模式"表态型、从众型、学习型和借力型"(见图 1)。

在大数据的驱动下,县域政府"表态型"行为是指省市级政府权力在场,如浙江省推行"最多跑一次"改革得到中央肯定,并在全国推广,一些省市级政府积极响应打造试点或示范县区,部分县区积极性欠缺,会作出"表态型"行为。县域政府"从众型"行为是指一些省市或因数字技术、数据能力等因

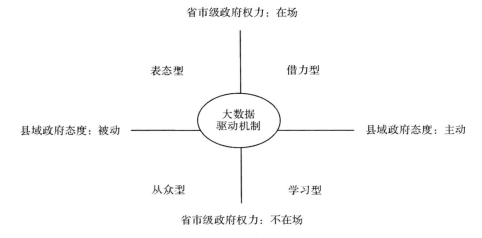

图 1　大数据驱动的县域政府行为分析框架

资料来源:改编自唐曼,王刚:《行为模仿:地方政府行为的一个分析框架》中地方政府行为模仿模式图。

素影响作出权力不在场,这时县域政府也抱着"只要不掉队"心理,导致其推行数字政府建设的自觉性和能动性欠缺。县域政府"学习型"行为是指中央权力在场,省市级政府尚未深入介入数字政府建设,但县域政府主动推行数字化改革,向先进县区学习、借鉴和模仿其数字治理经验。县域政府"借力型"行为是指省市级政府权力在场,大力鼓励和支持县域数字政府建设,县域政府在上级政府的支持和引导下,积极主动与新兴数字技术企业合作,同时借助"上级的政治动员契机和大量的政策资源供给"来实现自身数字化转型。如浙江省数字政府建设在全国排前列,2021年初省政府召开数字化改革誓师大会,提出"1+5+2"建设,下面11个地级市政府均纷纷出台本市数字政府建设具体文件,县域政府对此出台相应的县域数字政府建设方案并快速成立相关专班推进。

(二)县域数字政府建设的要素结构分析框架

县域政府在大数据系统性的驱动机制下,其态度与上级政府的权力互动下形成了不同类型的行为模式。对于县域数字政府建设的讨论,本文旨在讨论中央、省市级政府权力在场的情况下县域数字政府建设研究。在具体推行数字政府建设过程中,从普遍性角度看,思维、技术、组织、价值、职能等是县域数字政府建设的重要维度和要素,同时,县域政府作为"上传下达"的"过渡型政府"重要角色,其数字政府建设又与其他地方政府也有所区别。因此,本文基于县域政府的特殊性和县域政府推行数字政府建设的因素影响两个方面,构建出了一套县域数字政府建设的分析框架(见图2)。

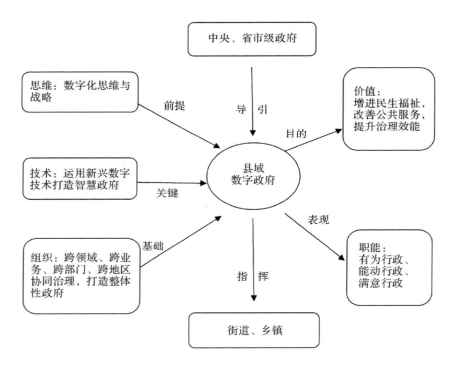

图 2　县域数字政府建设的要素结构分析框架

1.县域数字政府角色的特殊性

县制最早出现在春秋战国时期,是我国的一级行政建制。县域政府是我国行政体制里最基本的行政单元,在国家行政体制中扮演"承上启下"的重要角色,是宏观政策的具体执行者,是与群众密切接触和联系的"当事人"。县域政府对县域经济社会等各方面的发展起着主导性作用,是其直接"组织者",可以说县域强而国强、县域稳而国稳。近年来,随着大数据等新兴数字技术的崛起,县域政府面临更加广阔、复杂和多变的治理场域,数字政府是县域政府在大数据时代必然经历的一次深刻变革,也是县域政府进行数字化改革的最终走向。在大数据驱动机制下,中央明确提出数字政府建设,"十四五"规划用专篇写建设数字中国,数字政府是数字中国的重要组成部分,其中专章写提升数字政府建设水平。党的十九届六中全会强调国家治理体系和治理能力现代化水平不断提高,社会治理智能化、专业化水平大幅度提升。数字政府是国家治理体系和治理能力现代化的重中之重。随之,各省政府均纷纷出台相应的数字政府建设相关战略规划,对县域政府推行数字政府建设指明了方向,在数字政府具体建设的总体思路、战略目标、建设内容、方法路径、工作机制、重点任务与保障措施等方面作出明确要求和引导。对此,市级政府以省级政府对数字政府建设的总方案为指导,根据所在地市区的基本情况,提出本市数字政府系统建设方案,从而对下面各县或数字政府建设提出具体要求和指导。县域政府再随之将数字政府建设相关方案具体化和细化,指挥落实到县域政府内部各个相关部门以及镇(街)政府,在"执行"和"下达"过程中,县域政府拥有极大的自主性。

县域治理中有其独特的治理体制——"党政体制"与"条块体制",这是一种典型的"政行合一"体制。县域政府可将党政体制和条块体制的相关优势转化为治理效能,推动县域数字政府建设。一方面,党政体制可以借助党总揽全局的核心领导作用推进县域数字政府建设。习近平总书记指出:"县委是我们党执政兴国的'一线指挥部'。"[①]在县域政府推进数字政府建设过程中,党组织以其"最高权威性""最高的创制权""最高的组织动员力"等优势,有助于县域政府以"中心工作运行模式"大力推动数字政府建设;另一方

---

① 习近平"治县观":建好"一线指挥部" 县委书记须"四有"[EB/OL].(2015-04-08)[2021-05-16].http://www.xinhuanet.com//politics/2015-04/08/c_127668408.htm.

面,条块体制即双重领导体制,"块块"指县乡两级党委政府,"条条"指党政职能部门。因此县域数字政府建设过程中,政府职能部门要接受县委、县政府领导的同时,还需受上级对口部门领导,如其中建设数字政府综合应用模块,县域层面的大数据相关部门受到县委、县政府领导,可以借用党委的"最高权威""最高动员力"推动工作有效、快速开展,同时也受到市级大数据发展局和省大数据局领导,可以在具体数字政府应用建设专业领域,借上级大数据部门的政策资源解决县域数字政府应用建设问题。

2.县域数字政府建设的要素框架

县域政府基于其自身角色的特殊性,在推进县域数字政府建设中也相应呈现出一定的特殊性。在中央、省市级政府关于如何推进数字政府建设的相关领导和指引下,县域政府其态度是否主动表现出"表态型"和"借力型"两种数字政府行为模式。同时,县域政府作为"条""块"资源整合者和矛盾协调者的角色,相对于其他层级政府,县域政府在推进数字政府建设过程中具有极大的行为自主性,对下面的各街道、乡镇级政府推进数字政府进行直接指导和管理。针对县域数字政府建设,本文试图从县域数字政府建设始末所涉及的重要因素入手,从县域数字政府建设的前提、关键要素、基础要素以及最终的目的和表现等方面构建县域数字政府建设的要素结构分析框架。

一是战略思维上,坚持数字化思维与战略,这是县域数字政府建设的前提。德勒提出一个组织的数字化应用程度即数字化成熟度,数字成熟机构的特征包括战略、领导力、员工技能发展、用户专注度、数字文化。战略被列为首要特征,战略规划直接且长期影响了县域政府的领导力及其数字政府建设的方向,若一个县域政府具有明确的数字政府建设的战略规划,那该县域的数字政府建设会更加成熟,更有能力应对数字化转型中遇到的挑战与困境。同时,一定的数字思维是县域数字政府建设的必要因素,共享、开放、包容、协同、精准、敏捷等是数字思维的主要内容,拥有系统性的数字思维,县域数字政府才会建设得更优、发展得更远。

二是技术应用上，运用新兴数字技术打造智慧型政府，这是县域数字政府建设的关键。追根溯源，县域数字政府是基于大数据的驱动机制下而出现的一个产物，在县域政府治理内容和形式实现"数字化"的同时，以云计算、AI 等技术实现县域政府对数据分析评判、最优决策以及科学考评等一系列的治理过程的"智能化"。大数据、物联网、云计算、AI、区块链、5G、VR/AR 等一系列新兴数字技术为县域数字政府建设提供了关键的技术支撑，促使政府自我角色革命，从传统的机械化走向互联网化、数字化再到智能化政府的升级转型。

三是组织结构上，通过跨领域、跨部门、跨业务、跨地区的协同治理，打造整体性政府，这是县域数字政府建设的基础。县域政府的组织结构直接决定了其治理方式。大数据等新兴数字技术的开放、包容和数据的爆炸性增长与错综复杂等特质倒逼县域政府走向开放型政府，其中前提是县域政府内部须是开放的，即基于市场和社会需求，重新梳理业务，实行机构改革，整合部门，打造"政府即平台"，建立统一的涉及多个服务项目的行政中心，通过"多跨协同"实现县域政府的整体性治理。

四是价值取向上，追寻和创造"增进民生福祉、改善公共服务、提升治理效能"的公共价值，打造满意型政府，这是县域数字政府建设的目的。首先，相比其他层级政府，县域政府与民众接触最为直接和频繁，无疑县域数字政府建设的公共价值中最为突出的即以人民为中心，随着社会主要矛盾的变化，县域数字政府建设过程中坚持人民主体地位，最终目的是不断满足民众对美好生活的需要。其次，通过县域数字政府以数字化技术为关键支撑，通过协同治理、"一站式"服务等整体性治理方式为市场主体和社会民众提供更为精准化、个性化的优质服务。最后，从县域政府自身角度出发，县域数字政府建设最终的价值追寻和目的是提升县域政府的治理效能，以大数据、AI 等新兴数字技术进行科学决策、智能化治理、全方位客观公正考评，实现高效、高质、敏捷的现代化治理价值。

五是职能实现上，以数字技术为支撑，以民主、高效、优质的现代化治理价值为导向，实现"有为行政""能动行政""满意行政"，这是县域数字政府建设的最终表现。首先,县域政府对全县域的经济社会进行直接管理,容易出现大包大揽、过度干预的管控行政,县域数字政府则一改传统职能定位,梳理职能清单,以大数据为手段实现"有所为有所不为"职能。其次,在"技术—数据"双重赋能机制下,县域数字政府能够积极主动不断自我调整适应数字时代,同时做到精准、高效回应市场和社会需求,实现了能动性行政职能。最后,以本县域内的"用户需求"为导向,不断升级数字治理和服务效能,形成了治理从"理想设想—实践—反馈—优化改进"的一套良性循环体系,最终实现县域数字政府的"满意行政"。

(三)县域数字政府建设的行为模式框架与要素结构框架的关系

县域数字政府行为模式与县域数字政府建设的要素息息相关,不同行为模式背后的要素占比不同,我们可根据要素占比多少来判定其行为模式类型。最完美的县域数字政府建设是省市级政府权力在场,又对县域有明确详细的导引,县域数字政府在思维、技术、组织、价值和职能等各要素条件都具备,同时对下属的镇(街)政府积极指导,促进镇村范围内的数字化治理。当县域数字政府建设过程中省市级政府权力在场,也对县域数字政府建设作了明确细化的导引,县域政府态度积极,主动推进数字政府建设,此时县域政府极大的自主性发挥了强大的推动力,对下属镇街级数字化治理作出要求并给予支持,这样就形成了县域范围内上下一体的数字化治理,同时,在思维、技术、组织、价值和职能等要素上满足条件,那该县域数字政府建设就属于"完美"的"借力型"模式。

然而,现实中很难完全满足所有条件,县域数字政府建设中各类要素占比不同,我们可以将其行为判定为某种类型的行为模式,其中,思维要素是判定县域政府行为是否主动的关键标准,具体主要有如下几种情况(见表2)。

表 2 县域数字政府建设要素结构与其行为模式的关系

序号	县域数字政府建设的要素结构		县域数字政府 建设行为模式
1	省市级政府详细导引,县域政府积极要求和指导镇(街)	思维、技术、组织、价值、职能	完美"借力型"
2	省市级政府详细导引,县域政府积极要求和指导镇(街)	思维、技术、组织	"借力型"
3	省市级政府导引不明确,县域政府积极要求和指导镇(街)	思维、技术、价值	"学习型"
4	省市级政府详细导引,县域政府对镇(街)要求和指导不够	组织、价值	"表态型"
5	省市级政府导引不明确,县域政府对镇(街)要求和指导不够	职能	"从众型"

第一,当省市级政府明确导引,县域政府积极指导镇(街)等全县域数字政府建设,并满足了数字化思维、先进的新数字技术和彼此协同的整体性组织等三种及以上必备要素的县域数字政府便可认定其行为属于"借力型"模式。

第二,当拥有思维、技术、价值三种要素,但省市级政府导引不够明确,而县域政府对下属镇(街)积极指导,可判定为"学习型"模式。

第三,当仅拥有组织和价值两种要素,省市级政府也有明确导引,但县域政府缺乏数字化思维和理念,同时也无数字技术支撑,不论从主观和客观上都受到了限制和挑战,从而对镇(街)范围指导也不足,但基于上级政府权威,较为"被动"推进数字政府建设,则可判定为"表态型"模式。

第四,当仅拥有一定程度的职能一种要素,只是随"大流"要表现出一种服务型政府,同时,省市级政府导引不足或不明确,存在一定程度上的权力不在场,县域政府不论在主观思维还是目的价值上都缺乏数字化,技术上也因经济等原因受到巨大限制,组织结构上仍维持原有的官僚制不可跨越的层级制组织结构,相应地对镇(街)范围数字化转型也缺乏指导,则可判定为"从众型"模式。

四、县域数字政府建设的实践内容与运作逻辑

全国各地区在大数据数字技术的驱动下,以及中央政府的指导和重视下,数字政府建设如火如荼,其中浙江省数字政府建设成果显著,浙江是全国首个信息经济示范区,也是国内唯一同时承担数字政府领域三个国家级试点任务的省份——国家电子政务综合试点、公共信息资源开放试点、政务信息系统整合共享试点。《省级政府和重点城市网上政务服务能力调查评估报告(2020)》显示,浙江在省级政府网上政务服务能力测评中排名第一位,杭州市在重点城市网上政务服务能力测评中排名第二位。为了更好地理解县域数字政府建设,本文从浙江省选取杭州余杭区、湖州德清县、绍兴诸暨市等三个县域为对象分析县域数字政府的实践内容与运作逻辑(见表 3)。

表 3　县域数字政府建设的实践内容

典型案例	数字政府建设内容	组织机构与领导	制度保障	行为模式
杭州余杭区	"CT"智能应用 全面动态的数字政府综合应用 "一码通行"	1. 区数据资源管理局 2. 区数字化改革领导小组 3. 数字政府科 4. 数字化应急管理工作领导小组	1.《关于推进全面数字化转型推动"数字余杭"高质量发展的实施意见》	"借力型"

典型案例	数字政府建设内容	组织机构与领导	制度保障	行为模式
湖州德清县	城市大脑平台	1. 县大数据发展管理局 2. 县数字化改革领导小组 3. 县数字政府系统建设工作专班	1.《德清县数字政府建设"十四五"规划》 2.《德清县党政数字化项目管理办法》《德清县数字化项目绩效评价实施细则（试行）》 3.《德清县数字化改革"景益求精"计划》 4.《德清县公共数据管理办法》	"借力型"
	提升基础信息设施建设与技术应用能力			
	县域（数字）治理中心			
绍兴诸暨市	"一证办"升级3.0版，走向"刷脸办"	1. 市大数据发展管理中心 2. 市数字化改革领导小组 3. 市数字政府系统建设小组	1.《诸暨市深化"最多跑一次"改革推进政府数字化转型工作实施方案》 2.《关于加快数字诸暨建设的实施意见（2020—2022年）》	首创"一证通办"阶段："学习型"
	构建多部门协同处警场景应用			数字化改革阶段表现出一定程度的"表态型"

（一）县域数字政府建设的实践内容

1. 杭州余杭区数字政府建设

第一，以"CT"智能应用聚焦多跨场景，做好城市安全卫士。CT 应用聚焦道路、管线、桥梁、危房、山体和堤坝六大安全风险重点领域，已归集共 16 余万条基础数据，以及遥感监测、物联传感、人工检测等 1500 余万条监测数据，形成城市安全数据专题库，让群众收获稳稳的安心。通过"全面体检＋重点复诊"，生成全区风险态势"体检报告"，如预警事件该平台可"一键派单"至相关部门快速处置反馈。

第二,以一体化公共数据平台为依托,打造全面动态的数字政府综合应用。余杭区数字政府门户是以政府工作报告板块为核心,搭建"1+6"框架,设置"政府工作报告""数字经济核心产业增加值""R&D 经费支出"等 22 个模块,数字政府科与政府各部门协同更新和监测全区重要数据指标。

第三,以部门协同和资源整合为基础,实现县域范围内"一码通行"。余杭区数据资源管理局牵头协调卫生健康局、退役军人事务局、审管办、民政局等 23 个部门,打通 26 个"码",实现对数字资源的物理整合。此外,余杭区还核减了"数智政协"(委员码)、"家政一键通"(家政码)、"舒心养老"(老龄码)等 7 个项目中相关赋码建设计划。截至 2022 年 2 月,余杭已归集 8 类 54 项约 710 万条数据,聚焦一码出行、一码通办、一码核验、一码入园、一码就医、一码缴费、一码助残、健康申报等 24 个应用场景。

2.湖州德清县数字政府建设

在数字政府领域,德清县位列浙江省县(市、区)纵队领跑榜第一名。

第一,以城市大脑平台助力打造"全国县域第一智城"。2018 年建成德清城市大脑。截至 2020 年 3 月,德清城市大脑已归集全县 58 个部门近 10 亿条数据,实现 70 多个智慧应用,为数字乡村建设以及政府数字化转型、智慧城市建设、数字产业开拓等提供数据、安全、计算、存储、网络等全方位的支撑,初步实现"四个一体化",即数字化基础设施一体化建设、智慧应用一体化监管、公共数据一体化共享开放、数据和网络安全一体化防护。

第二,重视基础信息设施建设与技术应用能力提升。推进 5G 基础设施部署和建设,编制完成德清城区支持自动驾驶的 LTE-V 车联网专网和 5G 试点网络部署方案。建设并通过验收的"智慧德清时空信息云平台",完成各类时空大数据的统一标准,提升了技术应用支撑能力。

第三,建立县域(数字)治理中心。集成矛盾调解、社会治理、应急管理、环境保护等治理领域线上线下平台,实现多部门联动管理。规范县、镇(街)、村社区等多层级县域数字治理联动响应处置流程,实施分级感知、分级监测、分级智治,建立多部门协同的信息化项目管理机制。

3.绍兴诸暨市数字政府建设

第一,"一证办"升级 3.0 版,走向"刷脸办""无证办"。2017 年诸暨市在全省首创推行"一证通办一生事",即以"身份证"为索引,把部门数据仓整合建成公共数据平台,市民凭一张身份证,就能办理从出生至死亡的绝大部分涉民事项,无须提供其他证明材料。同时,"一证通办"信息系统与政务服务网电脑端、"浙里办 APP"移动端、综合自助机服务端全面打通,实现数据实时交换、信息无缝对接。2020 年,"刷脸办"功能与"一证通办"系统对接,政务服务中心大厅所有窗口以及镇村便民服务中心均可同步"刷脸办"应用,全县域 324 个"一证通办"事项也可在市、镇、村三级"无证办"。

第二,突出"小切口、大场景、快应用",探索构建多部门协同处警场景应用。开发并上线数字政府门户上的"一键通"系统,靶向聚焦高频次、高关注度和高获得感的紧急救助事件处置领域,根据职能确定公安、卫健、消防、保险等第一批高频协同部门。在构建评价体系上,形成"接报、处置、反馈、整改"的全周期业务闭环。遁过一条短信,着力打造"群众点单、系统定单、指挥派单、部门接单、后台跟单"的系统运作模式,最终以"微联动"推动"大循环",实现了多部门高效协同。

(二)县域数字政府建设的运作逻辑

第一,行为方式上,县域政府呈现出"学习型""借力型""表态型"三种行为模式,并出现从"学习型"向"表态型"转换现象。县域政府在数字政府建设上的总体框架和战略目标根据省市级数字政府建设指标分解任务,2021年浙江省发布《浙江省数字化改革总体方案》,其中提出了对数字政府建设的系统性方案,在具体建设中的思路与目标、"四横四纵"构建架构、12 个方面的主要任务以及聚焦任务所形成的多场景多业务协同应用,以 V 字模型和业务协同模型与数据共享模型为核心的方法路径,从组织、安全、督查以及项目管理上的保障措施等方面做了明确指示。地市级政府纷纷以此为指导,基于自身情况定出地市级数字政府建设的系统性方案,县域政府再以省市级建设方案为指导,结合县域实际,制定出本县域数字政府建设的系统性方案,全面明确本县域数字政府建设的工作思路、工作目标、主要任务、总体框架和保障措施。如诸暨市数字政府系统框架为"1+12+13+X"①。德清县政府出台关于《德清县数字政府建设"十四五"规划》,对德清数字政府建设的总体思路以及通过专栏设定的主要任务及其具体保障措施等进行了详细部署。诸暨市在最初的"一证通办"过程中表现出的是较强的"学习型"行为模式,在近两年的数字化改革中诸暨市由于自身技术因素不足、重视度不够等原因,进入了"瓶颈期",但又因前期"一证通办"改革积累了一定的组织要素做基础,表现出了一定程度的"表态型"行为模式。反观余杭区数字政府建设可以说是"借力型"模式,余杭区具有如阿里巴巴集团等数字技术优势,是县域政府层面较早推进数字化治理的,正需要借"上级之力"更快推进数字政府建设。德清县数字政府建设也属于"借力型"模式,特别在城市大脑建设上,上级政府处于"在场"状态,即湖州市政府推行的"城市数字大脑"是浙江省首个基于政府数字化转型"四横三纵"架构的城市大脑。德清县态度积极主动,立即"借力"启动县域城市大脑并成效显著。

第二,技术应用上,县域政府采取"合作"方式,引进相关数字技术企业或研究机构并签订协议,为县域数字政府建设提供了强有力的技术支撑。如余杭区与阿里巴巴集团较早合作开发城市大脑,2020 年 9 月,余杭区拥有了全球规模最大的全浸没式液冷数据中心、阿里巴巴在杭州的首座云计算数据中心——阿里巴巴浙江云计算仁和数据中心。阿里云智能总裁张建锋:"阿里巴巴浙江云计算仁和数据中心是目前杭州地区已建成的规模最大、技术最先进的绿色数据中心,它的建成投运将打响浙江省百万台服务器

---

① "1+12+13+X"。"1":是建设数字政府综合应用,也是数字政府协同总支撑。"12":是实现省重大任务应用落地贯通,包括打造常态化疫情防控、科技创新、产业发展、双循环、营商环境市场活力、新型城镇化、乡村振兴、区域协调发展、生态文明、民生保障、安全生产、政府效能管理 12 项重点应用。"13":是配合完成绍兴市确定的科创大走廊、制造业园区全域治理、宅基地改革试点、生态环境保护、涉外信息共享、"1+9"政策兑现监管应用等 13 个方面的重大任务和场景应用。"X":是按照"先行先试、逐步推进、精品精致"要求,有计划打造一批市级特色任务和场景应用。

建设攻坚战的第一枪,将成为阿里巴巴集团以浙江为核心的长三角智能数据中心建设的起点和标志。"德清县和浙江数字化发展与治理研究中心合作共建"德清中心",从具体案例、顶层设计和治理体系三个方面与县委政研室等单位开展合作课题研究,为德清县域数字政府建设提供理论依据和实践路径参考。县域政府开启创新数字化项目政企合作模式,以民众需求为核心,主体划分中政府为主导,企业为关键,明确彼此合作关系与责任边界,提高民众的满意度。

第三,组织设立上,通过新设立数字政府机构,从组织体制和机制上,统筹并合力系统性推进县域数字政府建设。在省市级数字政府建设的机构设置导引下,县域政府纷纷成立大数据发展局或大数据发展中心,主要负责一体化公共数据平台建设,综合各场景应用数据,建立健全数据全生命周期治理机制。同时,建立数字政府建设主要领导责任制,在省市级政府成立数字政府建设领导小组的导引下,各县域政府也成立县域数字政府领导小组,县长担任小组长,负责做好顶层设计相关工作,领导县域数字政府建设。如德清县在数字化改革领导小组领导下,组建深化数字政府系统建设工作专班,推行"项目化实施+专班化推进"方式。领导小组本质上是政府治理中的一种协调机制,更容易做好领导和统筹工作,但存在持续性不够、部门"路径依赖严重""因高层频繁担任各小组长而产生的资源分散效应"等短板,在此基础上不少县域政府组建数字政府专班,更为具体地统筹县域数字政府建设,更有县域政府设立专门科室具体负责数字政府建设,相比于"专班""科室"更为固定,使得数字政府建设成为一项常态化的重点工作。如余杭区2021年首创成立"数字政府科",长期主抓数字政府建设工作。

第四,组织结构上,突破科层制组织结构,整合同类部门或业务,通过开发多场景应用,实现多跨协同治理,以整体性治理推动县域数字政府建设。县域数字政府在大数据数字技术的倒逼下,为了实现高效、精准、快速的服务与治理,突破已有的科层制惯有的在纵向上的等级制,实现跨层级、跨地区治理,同时亦突破科层制在横向上的彼此孤立性,实现跨部门、跨业务、跨系统治理。诸暨的"一证通办"和"一键通"系统背后的关键支撑就是不同系统、不同部门之间相互打通,通过数据共享、部门协同治理方式得以让群众共享数据红利,高效迅速处理紧急预警事件,增强群众安全感。德清"城市大脑"是一个集智慧交警、交通、教育以及旅游于一身的云平台,成为德清数字政府建设的基础,同时,县域数字治理中心更是彻底超越科层制组织结构,集中了基层治理、城市管理、矛盾调解、应急指挥等各种功能,以大数据技术消除了"自上而下"与"部门壁垒"问题。通过数据融合与部门协同建立了数字化决策、执行、预警、监管、服务、督查、评价、反馈的闭环管理执行链,推动实现整体智治的现代化政府。

五、结论与讨论

(一)结论

县级数字政府建设是国家治理现代化的重要性的直观体现。本文围绕"县域数字政府建设"核心问题,首先,基于大数据驱动机制,根据县域数字政府建设的态度和省市等上级政府权力两个变量构建县域数字政府建设行为分析模式,并认为我国县域数字政府呈现出"学习型""借力型""表态型""从众型"四种行为模式。其次,基于县域政府"上传下达"的特殊角色与"党政体制+条块体制"的特殊体制,将该体制优势转化为县域数字政府的建设效能。同时,从县域数字政府建设始末所涉及的重要因素入手,从县域数字政府建设的前提、关键因素、基础要素以及最终的目的和表现等方面构建县域数字政府建设的生命周期框架:数字化的战略和思维是前提,新兴数字技术应用能力是关键,部门协同治理的组织结构是基础,公共利益最大化、服务最优化、治理最高效的现代化治理的公共价值是目的,有为、能动、满意的行政是表现结果。县域数字政府行为模式与其数字政府建设的要素相关联,不同行为模式背后的要素占比不同,我们可根据要素占比多少来判定其行为模式类型。浙江省作为全国数字政务相关的三个示范点(区),数字政府建设在全国领先,本文从浙江省区域内选取余杭区、德清县、诸暨市三个地区为对象分析县域数字政府的实践内容,并从县域数字政府的行为模式、技术合作型政府、组织上的新设机构和扁平化整体性的组织结构分析县域数字政府运作逻辑。

(二)存在的困境与建议

从浙江省余杭区、德清县和诸暨市三个县市区数字政府建设情况来看,县域数字政府建设均在不同方面取得了不同程度上的成效,如治理和服务的精准化、敏捷化,协同办公的高效化,县域治理现代化整体水平有了质的提升,但在行为方式、技术配套以及组织结构上仍存在一些问题与困境,需要上级政府加强和细化指导,县域政府结合自身县域实际,调整自身行为态度,增强与数字技术企业合作,敢于以数字政府突破组织存在的障碍。

一是对于"学习型"和"表态型"的县域数字政府,其建设过程以上级指导为核心,但出现省市级政府对县域政府的指导不够明确和具体的现象,同时县域数字政府因受到各种客观因素限制,政府数字化转型遇到了挑战,需承担的风险较大,影响其数字化改革的积极性,从而出现了"完全模仿式"建设。如诸暨等一些县市区在推行新一轮数字政府建设过程中表现出"表态型"行为模式,在推动县域数字政府系统建设过程中遇到最多也是最大的困扰就是不明确"怎么干",省市级数字政府系统建设也尚在摸索推进,县域政府与上级政府对接未能得到明确回复,条线上也未开展总体设计、系统架构、业务分解梳理等工作的培训指导。加之"表态型"县域数字政府的积极性不足,以"学习""模仿"式行为展开推进工作,缺乏有效主动的对接。对此建议,一方面,省市级数字政府指导更加具体细化,相关推进文件资料表述更为简洁易懂,方便一些发展不足的县市区"学习、运用和任务分解";另一方面,县域政府应该更为深刻地认识大数据对政府的驱动与倒逼机制,调整自我行为态度,积极主动加强与上级政府部门的对接工作,组织相关操作人员赴上级政府学习交流,了解掌握系统任务驱动工作机制,开始先行任务分解调试,并积极保持与上级系统开发商联系,不断迭代升级数字政府后台任务管理系统,建立定时对接、按点汇报的常态化对接机制。

二是技术等设施配套水平不足,导致县域政府态度偏"被动",缺乏与数字技术企业的合作。从上述三个分析对象看,其中余杭区基于其优势地理位置,拥有阿里巴巴等多家数字技术企业,同时具有较强的经济发展水平,加之其自身积极主动的态度,其数字政府建设成果显著,但像德清和诸暨这类县域在地理位置和经济发展上均不如前者,也导致县域政府态度不同,如诸暨在数字政府建设上主动性不足,在引进大数据等新兴数字技术企业上存在困难,与其合作数量较少或合作程度不够充分。对此,一方面,建议市级部门对市域内经济发展不足的县市区给予数字技术方面的支撑,助力其引进数字技术企业;另一方面,县域政府领导需强化数字理念,从顶层设计上加强数字化战略,增强开放机制,积极主动与数字技术企业沟通合作,数字政府建设是系统性工作,政府需要一改传统的"封闭式管控机构"定位,向"合作型政府"转型。

三是组织结构上协同度和专业性不高,治理仍有碎片化现象。首先,从组织结构视角看科层制目前仍是现代政府运行的组织基础,科层制与我国县域政府特有的"党政体制"和"条块体制"相结合,致使县域数字政府建设中部门协同较为困难,机构调整阻力较大,县域"条块"体制问题更为突出。其次,大部分县域缺乏专设机构,数字政府推进工作较为零散,统筹度不高。从三个分析对象看,余杭区专门设立了"数字政府科",其他浙江更多的县域政府并无专有的数字政府建设对应科室,大多只是包含在了党政机关、数字政府、数字经济、数字社会和数字法治等综合数字化改革领导小组中,或设立数字化改革专班,只是临时调取几名相关部门人员负责数字政府模块,缺乏专门的、持续性的数字政府推进机构和团队。对此,一方面,要充分发挥县域党委政府的权威性以及县域政府行为极大的自主性等优势,进一步推动和深化县域政府机构改革,以整体性治理替代碎片化治理,以数字真正赋能政府,实现"以数字政府建设突围科层制政府治理短板";另一方面,强化数字政府建设在县域推进工作体系中的重要性,因为在大数据时代,数字政府建设的水平直接影响了全县域经济社会的发展,影响了老百姓在数字化改革浪潮中的获得感。强化和凸显其重要性的最直接方式就是成立专有的推进数字政府建设的部门机构,更好地做好持续性的统筹推进工作。

(三)不足与未来的研究方向

县域数字政府是数字技术与县域政府治理相互深度融合的产物,鉴于县域政府自身的特殊性角色和体制机制,县域数字政府建设是一项长期性、系统性、深刻性、复杂化的历程,需要自身加强建设的同时也需上级政府与下属镇(街)合力共促推动数字政府建设。县域政府在我国行政体制中占有极大比重,"上传下达"的过渡型政府角色在推进治理现代化过程中至关重要,县域数字政府建设具有重要意义,是国家治理能力和治理体制现代化的重要体现。鉴于笔者自身学术功底有限,调研数据资料不深,本文在分析过程中仍存在一些不足和可待进一步研究的空间。

一是县域数字政府建设行为类型还可扩充,框架建构不够深入,如大数据驱动下省级政府权力是否在场、市级政府态度是否主动与县级态度是否主动理应形成六种不同类型,可更为全面深入剖析县域数字政府行为。

二是县域数字政府建设的四种行为模式之间相互转换的条件要素可进一步研究。文章中仅描述了"学习型"转向"表态型",对于其他类型之间的相互转换,特别是县域数字政府建设如何从"学习型"转向"借力型",从"从众型"转向"学习型"等在理论和实践上均具有相当大的学术价值和实践意义,可针对县域政府具体实践中表现的动态形态进一步展开实证研究。

三是县域数字政府的四种行为模式背后的内在根源、每种模式所呈现的外部特征以及对应的绩效情况等问题还可进一步深入分析和提炼。文章中仅对县域数字政府建设的要素结构与行为模式之间的关系作了简单说明,缺乏深度剖析,相应的各种行为模式背后的根源、特征与产生的效果表现等研究特别具有现实意义,对县域政府数字化转型的具体实践具有很大的参考价值。

四是样本选取上的局限性。选取的样本数较少,因疫情影响,均是来自同一省份,有一定的区域限制性,且实地调研有所中断,案例分析不够深入,对中西部地区县域数字政府建设借鉴意义不强,如果能增加中西部地区某些县区案例,可能会出现"从众型"行为模式,也能较完整分析县域数字政府行为模式。因此,需要更多的学者用更多视角、更全面的理论、更多不同地区的具体案例进一步深化和推进县域数字政府建设研究。

参考文献

[1] 阿里巴巴浙江云计算仁和数据中心正式开服[EB/OL].(2020-09-17)[2022-03-29]. http://www.yuhang.gov.cn/art/2020/9/17/art_1532128_57705067.html.

[2] 鲍静,范梓腾,贾开.数字政府治理形态研究:概念辨析与层次框架[J].电子政务,2020(11):2-13.

[3] 鲍静,贾开.数字治理体系和治理能力现代化研究:原则、框架与要素[J].政治学研究,2019(3):23-32,125-126.

[4] 陈水生.政府职能现代化的整体性建构:一个三维分析框架[J].探索,2021(2):37-49.

[5] 戴长征,鲍静.数字政府治理——基于社会形态演变进程的考察[J].中国行政管理,2017(9):21-27.

[6] 德清县人民政府.《德清县数字政府建设"十四五"规划的通知》[EB/OL].(2021-09-10)[2022-09-02]. http://www.deqing.gov.cn/hzgov/front/s134/zfxxgk/ghjh/sswgh/zxgh/20210923/i3045741.html.

[7] 方敏.一"码"当先 推动数字化改革[N].人民日报,2022-03-28(5).

[8] 《国务院关于加强数字政府建设的指导意见》国发〔2022〕14 号[EB/OL].(2022-06-23)https://www.gov.cn/zhengce/content/2022-06-23/content_5697299.htm.

[9] 何花,卢福营.基于大数据驱动下的政府治理与角色转型[J].贵州省党

校学报,2020(6):46-54.

[10] 贺华丽,何显明,潘宇峰.县域治理及其创新实践的制度逻辑:基于地方政府自主性的视角[J].浙江社会科学,2021(12):31-36.

[11] 黄璜,孙学智.中国地方政府数据治理机构的初步研究:现状与模式[J].中国行政管理,2018(12):31-36.

[12] 黄璜.数字政府:政策、特征与概念[J].治理研究,2020(3):2,6-15.

[13] 黄建伟,陈玲玲.中国基层政府数字治理的伦理困境与优化路径[J].哈尔滨工业大学学报(社会科学版),2019(2):14-19.

[14] 何圣东,杨大鹏.数字政府建设的内涵及路径——基于浙江"最多跑一次"改革的经验分析[J].浙江学刊,2018(5):45-53.

[15] 蒋敏娟.地方数字政府建设模式比较——以广东、浙江、贵州三省为例[J].行政管理改革,2021(6):51-60.

[16] 蒋敏娟,黄璜.数字政府:概念界说、价值蕴含与治理框架——基于西方国家的文献与经验[J].当代世界与社会主义,2020(3):175-182.

[17] 江文路,张小劲.以数字政府突围科层制政府——比较视野下的数字政府建设与演化图景[J].经济社会体制比较,2021(6):102-112,130.

[18] 刘银喜,赵淼.公共价值创造:数字政府治理研究新视角——理论框架与路径选择[J].电子政务,2022(2):65-74.

[19] 米加宁,章昌平,李大宇,等."数字空间"政府及其研究纲领——第四次工业革命引致的政府形态变革[J].公共管理学报,2020(1):1-7,168.

[20] 孟天广.政府数字化转型的要素、机制与路径——兼论"技术赋能"与"技术赋权"的双向驱动[J].治理研究,2021(1):2,5-14.

[21] 全新组建数字政府科 余杭全速推进数字政府建设[EB/OL].(2021-09-02)[2022-09-02].http://www.yuhang.gov.cn/art/2021/9/2/art_1229574972_58996813.html.

[22] 谭必勇,刘芮.数字政府建设的理论逻辑与结构要素——基于上海市"一网通办"的实践与探索[J].电子政务,2020(8):60-70.

［23］唐曼,王刚.行为模仿:地方政府行为的一个分析框架——基于多案例的研究[J].公共行政评论,2021(3):158-175.

［24］沈费伟,叶温馨.政府赋能与数据约束:基层政府数字治理的实践逻辑与路径建构——基于"龙游通"数字治理的案例考察[J].河南社会科学,2021(4):86-93.

［25］王益民.数字政府[M].北京:中共中央党校出版社,2020:40-41,46-49.

［26］夏义堃.试论基层政府数据治理模式的选择:吴中模式的建构与启示[J].电子政务,2019(2):17-26.

［27］杨华.治理机制创新:县域体制优势转化为治理效能的路径[J].探索,2021(5):63-77.

［28］张成福,谢侃侃.数字化时代的政府转型与数字政府[J].行政论坛,2020(6):34-41.

［29］中华人民共和国国民经济和社会发展第十四个五年规划和 2035 年远景目标纲要[EB/OL].(2021-03-13)[2021-08-16].http://www.gov.cn/xinwen/2021-03/13/content_5592681.htm.

［30］周望.超越议事协调:领导小组的运行逻辑及模式分化[J].中国行政管理,2018(3):113-117.

［31］郑跃平,杨学敏,甘泉,等.我国数字政府建设的主要模式:基于公私合作视角的对比研究[J].治理研究,2021(4):38-50.

［32］翟云.整体政府视角下政府治理模式变革研究——以浙、粤、苏、沪等省级"互联网＋政务服务"为例[J].电子政务,2019(10):34-45.

以数字经济赋能共同富裕的理论与实践研究

——以山区 26 县为例

吴雨馨[1]　邱　靓[2]　林崇责[1]

（1.浙江省经济信息中心；2.浙江省产业发展中心）

数字经济事关国家发展大局。浙江省是全国数字经济先行省，今年全面实施数字经济创新提质"一号发展工程"，同时承担着高质量发展建设共同富裕示范区的历史使命，要充分发挥数字赋能作用，以山区 26 县跨越式高质量发展为切入点，探寻数字赋能机理路径，以高质量发展数字经济赋能共同富裕，为加快建设数字中国、奋力推进中国式现代化提供理论支撑和"浙江实践"。

一、数字经济与共同富裕的逻辑内涵

（一）数字经济的内涵外延体现共同富裕的基本要求

2016 年 9 月，G20 峰会通过《二十国集团数字经济发展与合作倡议》。自此，区别于信息经济、网络经济、智能经济等概念莫衷一是的阶段，数字经济的提法成为共识，但其内涵外延顺应国家战略导向、经济社会发展需求而不断演进。

2017 年,浙江省正式部署实施数字经济"一号工程",聚焦"两化"(数字产业化、产业数字化),重点关注数字技术对生产力提升的作用。2020 年,《浙江省数字经济促进条例》发布,聚焦"三化"(数字产业化、产业数字化、治理数字化),新增关注适应数字经济发展的治理体系建设。2021 年,《浙江省数字经济发展"十四五"规划》发布,聚焦"四化"(数字产业化、产业数字化、治理数字化、数据价值化)协同发展,新增关注数据作为新型生产要素的作用和价值。同年 5 月,党中央赋予浙江高质量发展建设共同富裕示范区的新使命,也正是浙江数字经济五年倍增计划面临收官、谋求创新提质升级发展的关键节点。2022 年,《关于打造数字经济"一号工程"升级版的实施意见》提出"五化"(数字产业化、产业数字化、治理数字化、数据价值化、数字普惠化)协同推进新思路,新增关注数字经济发展对共同富裕的赋能作用。

从此意义上,数字技术的普惠、共享优势与共同富裕的共享公平基本要求目标一致。数字经济内涵外延的演进逻辑,是浙江高质量发展建设共同富裕示范区新使命的必然要求和必然趋势。

(二)数字经济的特征属性契合共同富裕的发展目标

习近平总书记强调,"数字经济具有高创新性、强渗透性、广覆盖性,不仅是新的经济增长点,而且是改造提升传统产业的支点,可以成为构建现代化经济体系的重要引擎";同时,"数字技术、数字经济可以推动各类资源要素快捷流动、各类市场主体加速融合,帮助市场主体重构组织模式,实现跨界发展,打破时空限制,延伸产业链条,畅通国内外经济循环"。[1] 这一系列论述,暗含着数字经济从其自身特性看,兼具着效率提升和普惠共享的双重特征,具有能够创造财富和共享财富的双重属性,是一种能够促使公平与效率更加统一的新经济形态。

习近平总书记指出,共同富裕是全体人民的富裕,是人民群众物质生活

---

① 习近平.不断做强做优做大我国数字经济[J].求是,2022(2).

和精神生活都富裕,不是少数人的富裕,也不是整齐划一的平均主义,要分阶段促进共同富裕。[①] 直观来看,中国特色社会主义的共同富裕是高质量发展的共同富裕,既要关注效率,鼓励勤劳创新致富,先做大"蛋糕",更要兼具公平,构建好初次分配、再分配、三次分配协调配套的基础性制度安排,进一步分好"蛋糕"。

从此意义上,数字经济的效率提升特征能够加速社会财富的创造与积累,做大共同富裕的"蛋糕";而其普惠共享特征有助于推动社会财富的共享与普惠,进一步分好共同富裕的"蛋糕",与共同富裕的发展目标高度契合。

(三)数字经济的发力重点映射共同富裕的落子关键

从数字经济发展现状看,2017 年以来,浙江省以"八八战略"为统领,大力实施数字经济"一号工程",全省数字经济发展取得显著成效。2022 年,浙江省数字经济核心产业增加值达到 8977 亿元,比上年增长 6.3%,较"十三五"初期实现翻番,占 GDP 比重提升至 11.6%;产业数字化指数连续 3 年位居全国第一。但从全省大局看,区域发展协调性不足,尤其山区 26 县的数字经济整体偏弱,成为当前薄弱环节。与此同时,数字经济其具有的高创新性、强渗透性、广覆盖性特征,能够为山区 26 县深挖潜力、实现跨越式发展提供动力,山区 26 县将成为数字经济实现普惠共享跃升的关键着力点之一。

与此同时,实施"八八战略"以来,历届浙江省委、省政府高度重视山区 26 县发展,定期出台总体推进方案或配套政策,着力推动山区 26 县与全省同步建成高水平全面小康。自被赋予高质量发展建设共同富裕示范区的新使命以来,更是在"十四五"规划和 2035 年远景目标谋划之时,把推动山区 26 县跨越式高质量发展摆在了更加突出的位置。可以说,推动山区 26 县跨越式高质量发展,是推动我省高质量发展建设共同富裕示范区的必然要求,是推进城乡区域协调发展先行示范的关键。

---

① 习近平.扎实推动共同富裕[J].求是,2021(20).

从此意义上，瞄准山区 26 县数字经济短板弱项，遵循普惠共享跃升路径，不断助推山区 26 县跨越式高质量发展，构建"数字共富"新图景，是推动我省高质量发展建设共同富裕示范区的短板，也是"落子活全盘"的关键。

二、数字经济赋能山区 26 县共同富裕的作用机理

（一）赋能逻辑

1.新生产要素

数字时代的经济发展范式发生变化，数据成为新的生产要素和生产资料，算力成为更前沿的生产工具。数据与传统生产要素融合优化，依托算法、算力，冲击并重塑传统经济形态和价值创造过程。一方面，数据要素与土地、劳动力、资本、技术等传统生产要素叠加融合，产生放大、叠加、倍增效应；另一方面，数据要素通过充分连接各项经济活动，推动土地、劳动力、资本、技术等传统要素进行变革重组、优化配置，进一步提高资源配置效率和全要素生产率，最终促进生产力发展。

2.低交易成本

数字经济可以有效降低供需两侧的交易成本和服务成本，通过应用数字创新技术、构建即时沟通交流平台、快速回应诉求等多种方式，缓解交易双方的信息不对称问题。一方面，可以有效解决供给侧的信息匹配问题。数字赋能信息规模的扩大化和信息采集的可用性，并提供了交互式参与可能，有利于提高有效供给水平和效率。另一方面，可以有效缓解需求侧的信息需求问题。数字赋能信息泛滥，人们能够以几乎零成本的方式，平等地享有数据、信息和知识，及时反馈诉求信息，实现需求的精准对接。

3.零边界赋能

数字经济依托其互联性和无边界渗透性，逐步消弭传统经济范式下存

在的时空、区域、产业等既有边界,推动创新、知识流动呈现跨链条、跨区域、跨行业融合渗透,无限拓展赋能空间。一方面,着力于消弭产业边界,深刻改变传统经济范式下的产业逻辑,持续催生新业态新模式,形成经济增长新动力和大众就业新空间;另一方面,着力于消弭时空、区域边界,显著增强经济活动、公共服务供给等关联的广度和深度,形成多样的带动模式,提高发展的平衡性和协调性。

(二)作用路径

1.生产:拓展产业发展可能性

一方面,遵循产业数字化发展路径,数字技术持续创新突破,对生产、流通、交换和消费等各个环节进行改造,实现以更少的要素资源投入获得更多、更高品质的产出,能够有力推动传统产业转型升级,有望改变山区 26 县产业能级不高、产出效率偏低等现状。另一方面,数字经济将不断弱化产业和时空边界,一、二、三产业边界日益消融,地理区位和距离对产业发展的影响日益弱化,山区 26 县特色产业的定位空间将进一步拓展,跨时空分工协调、内在互联的高效网络体系将逐步形成,"飞地经济"等模式有望助力山区 26 县产业提能升级。

2.生活:提高公共服务可及性

数字时代,公共服务决策模式发生巨变,政府通过分析掌握的海量数据能够快速发现事物潜在的变化趋势,推动公共服务决策过程智能化。在数字技术与公共服务融合发展的过程中,数字赋能推动公共服务的供给模式从单一转向多元、供给动因从管理转向服务、供给内容从粗放转向精细、供给方式从被动转向主动、供给绩效评估从封闭转向开放。数字经济以几乎零成本实现教育、医疗等优质公共信息共享,实现公共服务需求端与供给端的精准对接,实现公共服务均等可及。

3.生态:提升生态资源转化性

一方面,在生态产品价值转化为生态资产的过程中,数字技术可以有效破解制约生态产品价值实现的"度量难、交易难、抵押难、变现难"等突出难题,助力生态资源定价,准确核算生态产品的价值量,实现生态资源向生态资产转化,继而向生态产业延伸。另一方面,在推动传统产业转型升级上起到助力作用。生态山区 26 县的经济长期以传统产业、"低小散"企业为主。数字赋能生态产业转型,推动传统制造业转型升级、历史经典产业挖掘提升、新兴产业培育壮大,带动山区县生态农业、生态工业、生态服务业发展,是缩小山区 26 县与发达县市差距,强化自身造血能力的重要手段,是山区 26 县做大产业、扩大税源的必由之路(见图 1)。

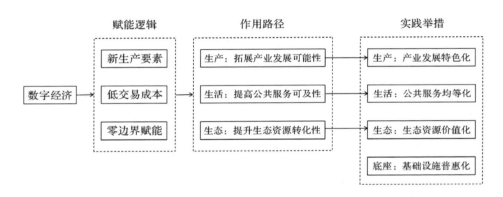

图 1 数字经济赋能山区 26 县共同富裕的作用机理

三、数字经济赋能山区 26 县共同富裕的现实基础

(一)优势

1.综合实力看,浙江县域经济均衡发展走在前列

2022 年,山区 26 县规上工业增加值 1746.8 亿元,接近提前一年完成三

年计划年度目标,占全省比重为 8%,比 2021 年提高 0.4 个百分点,拉动全省规上工业增长贡献率为 9.5%;规上工业增加值增速为 5%,比全省增速高 0.8 个百分点。如衢州市,2022 年数字经济核心产业增加值 99.17 亿元,占 GDP 的比重为 5.0%,较全省平均多提高 0.5 个百分点。其中,数字经济核心产业制造业增加值 81.65 亿元,按可比价计算,比上年增长 32.1%,增速高于规模以上工业 22.5 个百分点,比全省高 25.8 个百分点,排名第一。磐安以加快数字化中医药产业发展为核心,推动新城区千亩中医药健康产业园连片成形,获批全国首个中药材产业产地初加工和饮片生产一体化试点。

2.发展理念看,创新提质"一号工程"成为普遍共识

自 2017 年确立"一号工程"以来,全省上下贯彻落实党中央、国务院有关数字经济发展决策部署,掀起数字经济发展热潮,因地制宜、积极探索新路径、新模式,总体基本形成"一湾引领、双城联动、全域协同"的发展格局。"十四五"时期,全省各地更是纷纷加强数字经济规划部署。据不完全统计,从市域层面看,有 9 个设区市出台了数字经济专项发展规划(见表 1)。其中,全域山区县的衢州、丽水两地,分别定位于打造全国数字经济第一城副中心城市、四省边际数字经济发展高地,以及全省数字经济跨越式发展示范区、数字赋能生态经济先行区和数字提升治理能效样板区。从县域层面看,山区 26 县中,永嘉、平阳、衢江、天台、龙泉等地已出台数字经济发展专项规划(见表 2),其他地区则以嵌入科技创新、产业发展等专项规划形式,明确数字经济发展导向。

表 1　9 个设区市数字经济专项发展规划

序号	地区	目标定位	规划文件
1	杭州	建设全国数字经济理念和技术策源地、全国数字经济企业和人才集聚地、全国数字产业化发展引领地、全国产业数字化变革示范地、全国城市数字治理方案输出地,打造"全国数字经济第一城"	《杭州市数字经济发展"十四五"规划》

续表

序号	地区	目标定位	规划文件
2	宁波	打造工业互联网领军城市、特色型中国软件名城和智能制造新高地,建设具有国际影响力的数字经济先行区	《宁波市数字经济发展"十四五"规划》
3	温州	做大做强全省数字经济"第三极"	《温州市数字经济发展"十四五"规划》
4	湖州	建成全国万物智联强市、全国绿色智造名城	《湖州市数字经济发展"十四五"规划》
5	嘉兴	建成全国数字技术创新高地、全国数字产业发展高地、全国产业数字化转型标杆区、全国数字化治理先行区	《嘉兴市数字经济发展"十四五"规划》
6	衢州	打造"全国数字经济第一城副中心城市"和"四省边际数字经济发展高地"	《衢州市数字经济发展"十四五"规划》
7	舟山	打造数字海岛新样板	《舟山市数字经济发展"十四五"规划》
8	台州	打造成全省数字经济新增长极、全国智能制造先行区、长三角新兴光电产业高质量集聚区	《台州市数字经济发展"十四五"规划》
9	丽水	打造全省数字经济跨越式发展示范区、数字赋能生态经济先行区和数字提升治理能效样板区	《丽水市数字经济发展"十四五"规划》

表2　部分山区县数字经济专项发展规划

序号	地区	目标定位	规划文件
1	永嘉县	全省产业数字化赋能示范区、全市物联网产业创新中心、全市数字化治理应用高地	《永嘉县数字经济发展"十四五"规划》
2	平阳县	全省数字产业智造高地、全省产业数字赋能示范区、全省数字社会融合践行区	《平阳县"十四五"数字经济发展规划》
3	衢江区	四省边际数字枢纽、衢州东部数字产业新城、地区数字化转型示范区	《衢江区数字经济发展"十四五"规划》

序号	地区	目标定位	规划文件
4	天台县	地区数字经济高质量发展示范区、台州数字化改革实践高地	《天台县数字经济发展"十四五"规划》
5	龙泉市	全市数字经济总量突破 100 亿元,数字经济增加值占 GDP 比重达到 50% 等	《龙泉市数字经济发展"十四五"规划》

3.既有成效看,数字经济特色发展模式亮点纷呈

近年来,山区 26 县立足本地产业、区位、资源、政策等特色,精准谋划、深入实践,摸索形成了一批具有区域特色的实践经验。如,遂昌县作为省级数字经济创新发展试验区中唯一的山区县,抢抓数字化转型机遇,以打造"天工之城——数字绿谷"为抓手,加快构建"生态+""文化+""数字+"相互促进的数字生态产业体系。衢州市作为全域山区县的浙西山区市,坚持走数字"新路",聚焦数字产业化、产业数字化和治理数字化主线,实现国家级数字化试点示范项目、省电子信息"百强榜"企业零的突破。丽水市坚持生态、数字双向赋能,挖掘"绿水青山就是金山银山"转化通道,推动农村电商创新活跃发展,缙云、松阳、遂昌、龙泉、青田入选全国电子商务进农村综合示范县。

4.服务供给看,数字赋能优质公共服务持续下沉

近年来,山区 26 县公共服务设施呈现"量增、面扩、质提"趋势,形成涵盖体育、养老、教育、卫生、托育、文化、助残等领域的"县(区)—乡镇—农村"三级公共服务设施体系。在公共教育、医疗卫生、就业服务等部分公共服务领域的供给能力不断提高,尤其每千人口拥有 3 岁以下婴幼儿托位数、公办幼儿园在园幼儿占比、每千人口拥有执业(助理)医师数、城乡居民收入比等关键指标,分别有 9 个县、5 个县、10 个县、14 个县超过全省平均水平(2021年数据)。依托全省数字社会系统,围绕群众高频需求和共性需求,山区 26 县相继开发了一批地方特色应用,进一步推动公共服务普惠共享,提升山区

群众便捷获取优质公共服务水平。如，丽水山区县上线"救在丽水""银龄卫士""缙情帮"等一批特色应用；衢州山区县上线"就业创业致富衢""公共服务券""暖心教育"等一批特色应用。

（二）不足

1.产业体量能级不足

第一，整体发展水平不高。《2022 浙江省数字经济发展综合评价报告》显示，山区 26 县数字经济发展水平总体处于全省第四到第六层级，相对靠后。山区 26 县中水平最高的柯城区，也仅为滨江区发展指数的约 60%。第二，核心产业体量偏小。2022 年，山区 26 县规上数字经济核心产业制造业增加值、战略性新兴产业增加值占全省比重仅为 4.8% 和 6.4%。第三，产业能级不高。数字经济核心产业研发投入少，创新能力弱。山区 26 县规上工业增加值前 5 地区的规上工业企业每百亿元营业收入有效发明专利数仅 75.9 件（2020 年数据），与同期全省平均水平 127 件差距明显。

2.产业数字化进程偏慢

第一，产业数字化水平偏低。山区 26 县的数字化转型仍相对落后。以 32 个省级"未来工厂"建设主体为例，仅有柯城区、龙泉市的共计 3 家入选，占比不到 10%。第二，治理数字化能力不足。山区 26 县整体数字素养不高，政府、企业等从业人员对数字化的系统性、全局性认识还不够深刻，导致各部门配合联动不足，政策支持力度、宣传力度和氛围营造不足等，较难形成推进全方位、系统性的治理合力。

3.公共服务数字化普惠水平偏低

第一，公共服务数字化改革力度不足。当前，山区 26 县公共服务数字化改革仍是材料数字化、服务在线化居多，缺乏实质性流程再造、场景多跨协同、固有模式突破，跨平台、跨部门、多环节的系统联动性仍显不足。第二，公共服务数字化应用推广不足。当前山区 26 县公共服务领域数字化应用利用率较低,公共服务集成落地未来社区(乡村)不够,对应用的贯通推广不够、运维不足,淳安、平阳、泰顺、龙泉、青田、云和、庆元、遂昌、景宁等9个县(市)日均访问量不足10人次(2022年数据)。同时,受人口老龄化、受教育程度等因素影响,山区26县"数字鸿沟"现象突出,增加了数字化应用推广难度。第三,公共服务供需精准对接机制尚待完善。山区26县普遍存在问需于民不足,群众诉求数字化反馈渠道尚未多跨联动的问题。比如,已有的问需于民数字化应用,没有与12345政务服务便民热线、信访平台等多跨联动,缺乏系统化提升与完善机制,致使供需对接机制不够精准。

4.数字基础设施建设偏慢

第一,建设水平滞后。全省固定宽带端口平均速率201.3Mbps,仅3个山区县达到全省均值(2020年数据)。受制于技术、人才、能耗等限制,在5G、物联网、数据中心等新型基础设施建设方面的布局更显乏力。第二,普及应用不广。全省固定互联网普及率为45.4%,山区26县中最高的柯城区也仅为50.52%,最低的文成县仅26.3%(2020年数据),提升空间较大。

四、数字经济赋能山区26县共同富裕的实践举措

(一)产业发展特色化

坚持特色化、差异化发展,围绕产业"链式互补""区域共建",推动数字经济与实体经济融合,做强做优做大山区26县数字经济,扩大就业、增强税源。

1.培育数字特色产业平台

以山区26县特色产业大脑为核心,以开发区(园区)为重点,加快培育数字化新业态、新平台。利用互联网整合线上线下资源,支持平台经济、共享经济、个性化定制和柔性化生产。推广磐安中药材产业数字化平台和仙

居"仙品牛选"等模式,建设线上线下深度融合的产业数字化平台,完善数据采集、处理、整合、交易等服务功能。

2.突出统筹区域协调发展

把数字产业链合作作为山海协作新重点,积极探索共建数字经济下的新飞地经济模式,谋划建设新一批"产业飞地""科创飞地""消薄飞地",促进资源要素跨区域流动。借鉴"杭州-丽水数字大厦""杭州-柯城科创园"等经验做法,开展数字产业培育与数字项目孵化,形成总部科研在外、生产基地在当地的格局。

3.推动传统制造业数字化改造

实施山区 26 县"智造攀登"计划,支持山区 26 县聚焦特色制造业,实施"一县一业"数字化技术改造。加快探索"轻量化智改＋样板化推广"新路径,总结推广嘉善泵阀、江山门业等典型经验,赋能制造业数字化水平全面升级,推动山区 26 县规上工业企业、重点细分行业中小企业数字化改造。

(二)公共服务均等化

围绕群众品质美好生活需求和期待,查不足、补短板、促均衡、提质效,不断提升山区 26 县公共服务整体供给水平。

1.制定公共服务标准规范

在全省"1＋11＋N"基本公共服务标准体系架构下,加强与省级标准、市级标准充分衔接,推进山区 26 县制定出台基本公共服务标准,数字赋能公共服务决策科学性,结合各地实际,明确服务领域、服务内容、服务对象、服务标准和支出责任,切实保障山区群众享有基本公共服务的权益。

2.绘制公共服务"精准画像"

按照"因地制宜、一县一策"原则,绘制山区 26 县公共服务"精准画像",编制山区 26 县分类施策、补短强弱方案,为每个山区县量身定制整体提升方案和政策工具箱,推动共性问题共同解决、个性问题个别解决,全方位提升山区 26 县公共服务优质共享水平。

3. 迭代公共服务集成应用

紧抓山区 26 县民生突出矛盾和问题,迭代"浙里民生关键小事"智能速办、"浙里基本公共服务"等综合集成重大应用,推动高水平公共服务机构对接山区农村、边远和欠发达地区,打造泛在可及、智慧便捷、公平普惠的数字化公共服务体系,不断提升公共服务均等化、普惠化、便捷化水平。

(三)生态资源价值化

充分发挥数字技术对生态资源的放大、叠加、倍增作用,进一步拓宽"绿水青山就是金山银山"转化通道,在持续保持生态优势领先的前提下,推动产业跨越式高质量发展,真正让"绿水青山"转化为"金山银山"。

1. 推进农业智能化发展

深入实施"数商兴农"工程,大力推广农产品直播带货、网上农博等新模式,培育乡村经济新业态。深入推广"农业产业大脑＋未来农场"发展模式,鼓励山区 26 县因地制宜,积极探索或借鉴迭代畜牧业、种植业等行业产业大脑,为生产经营提供数字化决策支撑。

2. 加快农文旅数字融合发展

支持山区 26 县深入挖掘传统文化底蕴,创新发展"文旅＋农业",推进智慧景区、智慧酒店(民宿)建设,创新运用社交网络、在线旅游等渠道,带动乡村旅游、民宿等产业高质量发展,驱动一、二、三产业协同发展,促进农民创业增收。

3. 完善绿色金融支持政策

支持衢州深化国家绿色金融改革创新试验区建设,推广丽水等地"两山银行"经验,积极运用大数据、人工智能、物联网、区块链等数字技术,创新绿色金融服务产品,打造生态资源集中转化的"数字化两山银行",促进生态资源价值化、资本化。

（四）基础设施普惠化

数字信息基础设施是山区 26 县数字经济发展的基石。加强战略布局，强化基础设施资源整合，加快补齐山区 26 县数字设施短板，有助于塑造发展新动能、新优势。

1. 统筹设施资源布局

统筹推进网络、算力、新技术、终端类、融合类等数字基础设施建设，抓好、谋好、布局好重大基础设施项目。聚焦关键信息基础设施等，加快建设全面覆盖山区 26 县乡镇以上地区和有条件行政村的"双千兆"网络基础设施。

2. 强化设施融会贯通

增强山区 26 县数字基础保障，推动交通、能源、水利、市政、文教卫体等传统基础设施数字化改造升级，提升重点领域基础设施智能化水平。加快建设智慧物流园区等一批标志性重大项目。推动开发园区、新兴产业集中区、创新基地"触网登云"。

3. 筑牢信息安全屏障

统筹发展与安全，推动数据开放共享更加安全，加强重要数据资源和个人信息安全保护，强化关键信息基础设施安全可控水平。加强数据安全监管监测能力，进一步强化敏感数据快速识别、数据风险实时感知、数据风险溯源等技术防护能力，确保数据安全风险可管可控。

"八八战略"指引下影视文化产业数字化的横店实践与探索①

陆 昇

（中共金华市委党校社会文化教研室）

2003 年 7 月,习近平同志在浙江工作期间提出"八八战略",强调要发挥人文优势,加快建设文化大省。20 年来,横店影视文化产业在"八八战略"的指引下,锚定"东方好莱坞"的目标,建成了全球最大的影视实景拍摄基地、首个国家级影视产业试验区和浙江省唯一文化产业集聚区,实现了从单一的造景卖景的影视拍摄基地向全产业链齐全、全生产要素集聚的影视产业基地转型升级,成为引领影视改革发展的"风向标"。2017 年以来,浙江省委、省政府把数字经济作为深入实施"八八战略"的关键举措,提出数字经济创新提质"一号发展工程"。横店影视文化产业抢抓国家文化数字化战略的新机遇,积极推进文化产业数字化,探索形成了一条"连接—赋能—优化"的影视文化产业数字化的实践进路,开启了影视文化产业的新时代。

一、横店影视文化产业数字化的连接形式

横店影视文化产业集聚区积极推进大数据、云计算、物联网、人工智能

---

① 本文为金华市社科重点课题"国家文化数字化战略下金华宋韵文化'双创'路径探索"（ZD202301）阶段性研究成果。

等数字技术在影视文化生产、消费和传播中的运用,改变了影视文化产品的生产方式、消费模式和传播格局,大大提高了影视文化产业的生产力,推动影视文化产业逐步迈入"全产业链"智能迭代新时代。

(一)影视文化生产数字化

横店影视产业集聚区作为国家文化和科技融合示范基地,不断革新影视剧的生产制作方式,以数字处理技术取代传统物理处理技术,建成全国首个涵盖影视拍摄全产业链的数字化应用,实现了影视生产方式的变革。

超空间的影视拍摄技术。集聚区拥有国际领先的数字化摄影车间,具有实时数字布景和空间模拟能力,取代了传统影视剧的实体布景,不仅提高了布景转换效率、降低了对传统布景的依赖度,而且加强了影视剧的立体感和丰富性,使影视剧的视觉呈现更为逼真,并大大降低了制作成本。

超时间的后期制作水平。集聚区拥有 29 个大型高科技摄影棚,能有效提高对影视拍摄的全过程掌控能力,加速影视系统内部数据之间的互联互通。同时,智能技术在影视文化生产流程中的应用愈发广泛和深入,特别是超真实、高速度的数字技术,满足了虚拟拍摄的需求,提升了影视后期制作的效率和质量。如数字影像合成技术可以模拟真实场景、三维空间和虚拟人物的创作;数字影像处理技术,能进行降噪、复原、提取、影视特效、实时动态捕捉技术、渲染等等,消解真实与虚拟的边界。

超现实的影视内容创作。数字技术拓展了影视文化创作的边界。在影视产品的题材选取方面,根据大数据分析历史上同类型、同系列的影视剧的票房数据,为题材需求提供科学精准的判断。在影视文化内容生产方面,利用数据技术将文化创意进行数字化解构后转化为影视剧剧本,如电视剧《庆余年》就实现了 IP 网文的影视化,使影视文化产业真正步入实时连接的新时代。

（二）影视文化消费数字化

横店影视产业集聚区作为国家旅游科技示范园区、国家 5A 级旅游景区，通过"文化＋旅游＋科技"三融合，推进了影视文化消费场景逐渐走向全景式演绎、沉浸式体验、全方位互动、数字化游览等形式，让人们游在电影里、学在电影里、玩在电影里，构建起了影视文化消费的新途径，开辟了数字景区新样式。

全景式演绎带来全新视听感受。集聚区努力开发夜游经济，集成 3D 动影成像、光影叠加、全息呈现、数字孪生等高逼真、跨时空的新兴体验技术，营造身临其境的"现场感"。在圆明新园开展《火烧圆明园》大型夜间实景演出和科技水秀《梦幻圆明》。引入新兴媒体影音感知技术，在秦王宫开展《帝国江山》室内虚拟全息演出，演出通过 360 度全视角呈现，利用光影、声音、气味装置，完整表达出实景物理环境，真实还原人体对实景的感受，提升旅游文化产品的视觉冲击力和听觉震撼力。

沉浸式体验创造虚实结合的空间。集聚区利用互动投影、全息投影、智能中控等高新技术，深挖可体验的元素，大力发展线上线下一体化，在线在场相结合的数字化演艺或演出。如打造明清宫苑景区的"影视嘉年华"、广州街·香港街景区的《走进电影》、梦外滩"非遗沉浸式体验文旅市集"等沉浸式体验品牌，通过诠释东方浪漫打造引人入胜的审美空间。

全方位互动打造以人为核心的消费场景。集聚区针对消费者，特别是 Z 时代青年消费者品质化、个性化、定制化文化需求，在文旅产品开发中注重游客的主体意识和交互意愿。开发了《游戏江湖》《蒙太奇电影之旅》《我在横店当群演》《后宫升职记》《在逃公主》等剧本杀为载体的沉浸式体验产品，让游客从影视见生活。

数字化游览营造虚实穿梭的奇妙感觉。集聚区将现实场景虚拟化，通过智慧化设施、智能化的导览牌，在云端构建一个虚拟世界，游客在全景漫游过程中可以在线跟随虚拟导游完成线上游览，实现交互沉浸，降低游览的成本,增强时间的灵活性。集聚区还将虚拟信息叠加现实场景,在梦外滩打造《生死营救》游乐项目,为游客打造"元宇宙"数字新空间。

(三)影视文化传播数字化

横店影视文化产业集聚区作为国家电影产业创新示范基地、国家广播电视和网络视听基地,通过搭建数字宣传矩阵、运用数字传播分析工具、进行海外影视需求匹配等形式,拓展了影视文化产品的传播渠道,提升了影视文化产品的服务和价值品质。

搭建数字宣传矩阵。集聚区建立了长短视频、电商直播、游戏、线下互动等宣传体系,大大缩小影视剧的传播距离感。例如,在电影《你好,李焕英》的宣传过程中增加影院观众的实时观感,《囧妈》尝试免费网络首播的宣发模式。此外,集聚区还将微博、微信、抖音、豆瓣、B 站、抖音、快手等平台纳入影视作品宣传矩阵,通过这些社交软件的热门话题、评论和转发功能使更多的大众被带动、被感染,使更多的潜在受众走进影院、走进"横店出品"。

运用数字传播工具。集聚区利用移动端影视播放平台和大数据、人工智能、云计算为支撑的后台数据分析技术,实时掌握观众在点播过程中何时快进,何时回放,以及输入的弹幕内容。通过及时反馈分析观众访问数据,帮助创作者科学研判市场效应、精准刻画用户画像,完善作品情节演绎、创排作品后续情节和调整播放节奏,为作品赢得更好收视口碑和效应,有效降低创业成本和商业风险,并为策划下部作品提供数据参考。

推动影视剧海外传播。数字技术的创新提升了"横店出品"的国际市场影响力,形成了出口竞争优势。近年来,集聚区通过对中国故事的模块化分析,精准研判各国文化需求,并做出快速响应与匹配处理,提高影视作品的出口服务。截至 2022 年,横店出品的《开端》《尚食》《传家》等已在全球 90 余个国家和地区播出,其中《珍馐记》是第一部在美国迪士尼频道上线的华语剧,《传家》是首部登录 HBO(Home Box Office,美国纽约的有线电视网络媒体公司)的华语原创剧集。近年来,"横店出品"的电影占全国出口电影的一半左右(2021 年占 52.7%,2022 年占 46.4%),不断推动"华流出海"。如《万里归途》《独行月球》《人生大事》等都在海外市场赢得了不错的口碑,展示中华文化的魅力。

二、横店影视文化产业数字化的赋能范式

随着横店影视文化产业数字化向全产业链扩展,影视文化产业的生产关系也带来了深度的调整,形成了以"影视文化创新中心+影视未来工厂+影视文化大脑+影视文化新业态"为核心架构的新型数字生产关系,实现了影视文化产业内容层、技术层、服务层、交叉层等领域的系统性赋能,打造出了新的应用场景。

(一)影视文化创新中心串联内容层

集聚区充分发挥先发优势、集聚优势、政策优势,打造影视文化创新中心,中心将数字化技术融入剧本创作、拍摄、制作、审批、发行、交易、放映等产业链各环节,并不断推进强链、补链工作。

在产业链上游,成立横店影视制作有限公司。通过数字内容生产技术,重点补强前端影视剧本创作、后期影视剧特效制作、影视剧发行、设计影视文创产品等相关衍生品;建设全省首家以影视为主题的职业技术学院,培养数字影视专业人才;建设影视道具产业园,通过数字化分发技术,为影视企业提供一键式的道具服务。

在产业链下游,成立横店影视产权交易中心,为市场参与者提供影视版权、影视项目等全方位的数字化专业服务。横店电影院线填补了横店影视全产业链中下游发展空白:自 2009 年院线成立以来,覆盖了全国 200 多个大中型城市,成为继万达院线之后的全国第二条民营跨省院线,目前院线拥有最新的 DR 影院新技术,市场占有额位列国内院线第八。

（二）影视未来工厂迭代技术层

未来工厂是数字产业体系的核心单元。在横店影视未来工厂，数字技术颠覆并重构了传统影视剧的拍摄方式，改变了原有影视剧的呈现方式和叙事风格，使影视作品的生产流程发生革命性转变，提升了规模生产的可能性。

影视特效技术拓宽电影表现的边界。虚拟数字影像技术和 3D 影像处理技术能够完整、有效呈现创作者的思维和想象，突破常规影视创作的局限，再现并复刻经典影视作品。升级迭代三维动画技术、AI 图像处理技术、视频剪辑技术，使影视特效镜头打破思维局限，打造美轮美奂和震撼人心的影视画面，使那些难以实现以及超现实的表演手法成功地展现在受众面前，从而弱化影视创作对自然环境和人力资源的依赖。

影像修整技术缩短影视制作周期。数字化摄影棚的智能导播系统可以在录制的过程中就解决一部分制作难题，直接将工作量分配至后期特效。后期剪辑的"防抖动"处理技术能够准确处理镜头摇动，避免因镜头颤抖重新拍摄。"抠像"处理技术可以对影视作品进行动态抠像，在移除某些片段中需要剔除的元素基础上，通过亮度补偿重新绘制所需要的背景，还可以将抠出的前景元素与其他背景合成输出一段新的素材。

影像跟踪技术弱化与观众间的"幕布感"。3D 跟踪技术是无形的 CG 特效技术，即把三维动画或物体与实际拍摄时的相机位置、焦距以及运动轨迹等要素保持一致，能有效增强视听效果和情节感染力。实时的动态捕捉技术包含动作捕捉、面部驱动、底层算法等多项高新技术，不仅能实时做出表情，而且能让头发、衣服，以及相关配饰像现实一样自然运动，拉近与观众的心理距离。

（三）影视文化大脑重塑服务层

集聚区为聚焦制约产业发展的深层次体制机制问题，创新开发影视文化大脑实现产业流程再造、制度重塑和生态重塑。横店影视文化大脑是全国首个贯通影视生产制作全流程的数字化运用,贯通影视作品全生命周期的全产业链服务系统,实现产业服务从被动应对到主动匹配,从事后了解到主动推送,从面上指导到精准帮扶,从单一对接到联动服务,全面提高影视文化产业配套服务能力。产业大脑按照"V"字模型,搭建"1 个数据中心、8大应用场景、N 个理论和制度成果"的"1＋8＋N"架构。

1 个数据中心。一张数字地图全面归集了产业运行、剧组拍摄、人才匹配等影视文化关键技术,并运用大数据分析、数字孪生等手段,实时掌控产业动态,对产业发展短板精准指导。

8 大应用场景。"横影通""云勘景""政企通""影视制作""服化道供应链""版权区块链交易""产业综合智治""衍生品交易"等应用场景涵盖影视产业全流程。如"横影通"贯通职业身份认定、演员培训、演员报戏、入组拍摄、工伤保险等全职业生命周期场景,实现演员工作一生活全闭环管理,"横影通"注册人数超 10 万,积累产业数据超过 1300 万条。"云勘景"通过 720度 VR 全景拍摄,为剧组提供集聚区内的 130 个摄影棚、36 个实景基地、60个省内外外景基地的实景资料,并可以通过颗粒化剧本和分镜头剧本,为剧组推送贴合场景的拍摄基地。据测算,"云勘景"可帮剧组缩短前期筹备时长30％以上,降低拍摄成本 10％。"服化道供应链"可以为剧组智能化匹配前期筹备、现场拍摄到杀青的全流程的服装、化妆和道具服务。"产业综合智治"打破过去条块化、层级化的治理模式,跨部门、跨系统、跨业务汇集了消防、通信、民政、文广旅体等 17 个部门数据,实现数据的"破圈"和业务的跨界。

N 个理论和制度成果。依托影视文化大脑的业务流和数据流,同步制定《横店影视文化产业综合调查制度》《文明剧组标准》《摄影棚消防安全建设技术标准》等标准化规范,推动影视文化产业提质升级。

(四)影视文化产业新业态开辟交叉层

数字化技术使横店摆脱了依靠几个摄影棚、一条街、"拍照＋旅游"的单一的产业链,按照"影视为表、旅游为里、文化为魂"的产业联动思路,积极延伸产业链,扩大产品供给,培育影视文化产业新业态,打造影视旅游第一品牌。

延伸产业链。集聚区积极顺应"影视＋互联网"趋势,大力发展网络影视剧、网红直播、短视频等新业态,积极推进爱奇艺、腾讯视频等平台型企业项目实体落地横店。横店"电影节"开辟网络直播新赛道,创建意见领袖和粉丝的线上引流和游客的线下体验相互动的模式,实现"直播＋场景"双向赋能。

扩大产品供给。集聚区开发出一系列文旅融合新项目,如开辟"5G＋8K"演艺新模式,实现传统演艺、展演活动的数字化转型,打造影视旅游第一品牌。研发沉浸式剧本杀,如在广州街·香港街景区成功打造红色剧本杀《自我觉醒》,全国首个青少年禁毒题材剧本杀《虎门风云》。

探索跨界融合。集聚区积极挖掘消费者的需求,延伸应用场景,推进与不同文化产业的跨界融合,如引导欢娱影视发挥《延禧攻略》剧中服饰的"直播带货"效应,开发文创积木、化妆品、床品等衍生品。

三、横店影视文化产业数字化的优化方式

横店影视文化产业数字化还存在顶层设计不够、技术应用不强、人才支撑不足等短板,迫切需要以科技支撑和文化赋能为新思路,实现从数字技术向影视文化产业的单项赋能转向双向创新融合,提升影视文化产业能级、优化影视文化生态、打造影视文化枢纽,促进生产要素、产业生态的变迁和重构。

(一)提升产业能级,形成影视磁场

集聚区要在文化支撑、科技创新等领域发力,形成成熟的产业链、先进的技术链,从而提升横店影视文化产业的品牌形象,巩固横店"中国影视梦

工厂"的地位。

增强影视文化数字化的文化支撑力。对中国文化产业而言,传统文化是有待挖掘的富矿,是重要的文化产业资源。集聚区要发挥正午阳光、博纳影业等头部影视文化企业的优势,加大对中华优秀传统文化的研究和转化,将中国精神植入 IP 人设、口华文化融入故事情节、中国元素植入游戏玩法等进行有效传递,使观众在体验科技沉浸感的同时找寻到文化的归属感。同时,要加强数字化技术与影视艺术的融合,提高影视剧的美学审美和文化品质。

提高横店影视 IP 的品牌影响力。集聚区要重新整合横店影视的 IP 资源,统筹结合"横店出品"的热门剧集,设计蕴含中华文化和中国精神的文化IP,进行故事开发和产品生产。通过数字音乐、数字影视、沉浸式舞台剧、文化产品等形式推进影视 IP 上线入云和落地转化,提升 IP 的产业承载力和传播能力。积极推进影视数字化平台铺设,效仿迪士尼在 IP 研发和推广中的做法,建设横店影视频道,或者借助第三方平台,加深用户对"影视之都"的形象体悟。

提高影视技术创新和研发能力。集聚区要发挥影视未来工厂优势,加快"虚拟拍摄""数字艺人"等实验室建设,加强与国内外知名科研机构的产学研合作,引进和培育一批国家级实验室,推进影视数字技术创新。要加大对数字技术研发的财政金融支持,引导优质多样的数字文化产品生产,加强对数字技术的知识产权保护,力求为制约影视内容生产、影视后期制作的"卡脖子"的问题提供关键性的数字支撑,有效解决科技和产业两张皮的问题,提升影视企业的核心竞争力。

(二)完善文化治理,优化影视生态

发挥科技第一生产力和人才的第一资源的作用,构建具有良好生态系统的影视文化产业结构,推进影视文化产业高质量发展。

优化影视产业功能布局。集聚区谋划建设横店影视创意城,创意城犹如影视航母,集影视生产、内容制作、休闲娱乐为一体,是入区企业的总部中心。总部中心内设泛影视中小企业孵化中心和影视科技的研发中心,补足当下影视文化产业的短板。同步谋划影视道具交易城和影视产业园,继续建设高科技摄影棚。继续推进影视未来工厂建设,以产业链数字化推进产业链现代化。

品牌化运作影视体验产品。集聚区要加强与行业内的专业机构合作,开拓影视研学、历史研学、科技研学的新领域,不断强化研学课程的专业度,以圆明新园国际研学营地为抓手,深入构建线上、线下相结合的研学产品体系,打造全国性的研学教育品牌。组建专业团队,将热播剧与游戏产品结合,形成"影视文化+"全沉浸的产品体系。突出各景区的影视文化主题,融合最新的科技手段,提升演艺活动的艺术性、故事性、互动性和观赏性。组建专业化的 MCN(Multi-Channel Wetwork,网红经纪)机构,挖掘和培育优质"网红"群体,尝试培育影视虚拟偶像。积极打造本地探店、本地导游、专业领域自媒体账号,构建完整的自媒体矩阵。以中国计算机学会计算机博物馆项目在横店落地建设为契机,串联景区内的各类博物馆,开发"云游"博物馆体验产品。

迭代升级影视决策体系。集聚区要迭代升级影视文化大脑,实现与省级部门相关应用贯通。发挥数据资产的价值创造作用,为产业大脑提供产业链、供应链、创新链、人才链、资金链等生态资源供给。从 2021 年起,集聚区与清华大学、浙江工商大学联合研发编制了具有影视产业风向标意义的"横店指数",以集聚区指数、发展环境指数、影响力指数、国际化指数、创新指数、景气指数等六个指数对横店影视文化产业进行观察和研究,从而优化产业决策。

壮大影视数字技术人才队伍。集聚区要积极探索本土人才自主培育之路,与英国创意艺术大学、上海戏剧学院展开合作办学,筹建横店影视职业学院,培养数字技术人才、影视创意人才。实施横店"DREAM"计划,健全人才培养机制,推出海外留学归国人才影视创业扶持计划。要引进数字技术创新队伍,为高端人才提供资金支持,建立人才选拔机制,培养一批具有文化艺术素养和数字技能的复合型专业技术人才。搭建入区企业技术人才到高校、研究机构学习的平台,提升他们的审美趣味和数字素养。

加强数字文化新业态的监管。集聚区要完善文化产业相关政策体系,加大对数字影视新业态的监管、对数字文化资源和数字板块的法律保护。严格开展网络剧审片,杜绝粗制滥造的数字文化产品。积极引导文化企业的数字化转型。

(三)着力文化输出,打造影视枢纽

习近平总书记指出:"文化产业既有意识形态属性,又有市场属性,但意识形态属性是本质属性。"[①]因此,要擦亮横店世界级影视文旅"金名片",让影视成为世界了解中国的重要窗口。要发挥头部影视文化企业集聚度高的优势(全国排名前十的影视企业有八家入驻横店),落实区域协调发展战略。

建设国际人文交流高地。集聚区要继续办好横店影视文化博览会品牌,搭建行业数字化合作交流平台,为产业发展集智聚才,助推影视文化产业蓬勃发展。依托省级文化出口基地平台,鼓励影视文化企业积极融入共建"一带一路"大格局,深化与香港贸发局战略合作,搭建与戛纳、威尼斯、柏林等国外知名影视节会、影视机构、影视企业的推广和销售渠道,申报国家文化出口重点企业和重点项目,设立海外推广和数字化交易平台。

加大影视作品国际传播。数字影视较之于文字传播更有利于跨文化传播,成为推进中华文化全球流动的有效手段之一。集聚区要深挖中华文化中最具形象传播的文化资源,打造真实、形象、高品质的影视文化作品,在影视作品输出的同时提升中国文化元素在全球的传播力和价值感召力,从而提升中华文化的影响力。

促进区域文化产业协同发展。集聚区要积极落实国家区域协调发展战略,与山西平遥文化产业园、陕西理想共创文化科技创业产业园等园区推行

① 张晓松,朱基钗,杜尚泽.坚守人民情怀,走好新时代的长征路——习近平在湖南考察并主持召开基层代表座谈会纪实[N].人民日报,2020-09-21(1).

协作工作机制,开展产业发展、旅游、人才方面的交流协作。主动融入"长三角"一体化发展战略,探索建立跨区域产业合作协同和资源共享机制。积极发挥区域带动作用,深化金华市域内拍摄基地建设与合作,差异化布局影视产业项目,加强交通基础设施互联互通,完善民宿、宾馆、星级酒店等配套设施,发挥影视文化产业对全市经济社会发展的带动作用。

综上而言,横店影视产业数字化实践与探索既践行了产业数字化国家战略目标,又破解了产业现代化进程中面临的问题和困难,重塑了影视产业格局。数字化技术与影视文化产业的连接,为横店影视文化产业的发展开辟了新赛道;数字化技术对影视文化产业的赋能,为横店影视文化产业提供了新动能,数字技术与影视文化的进一步创新融合,将有力推进影视文化产业的空间生态重构和价值体系重塑,为深入推进"八八战略",建设文化强省,谱写中国式现代化浙江篇章做出贡献。

参考文献

[1] 范周,孙巍.国家文化数字化战略的发展脉络与路径探索[J].华中师范大学学报(人文社会科学版),2023(1):76.

[2] 罗兰.数字文化产业高质量发展的现状、重点与对策[J].电视研究,2022(2):69.

[3] 倪明亮.试论影视文化产业与互联网的融合发展——以横店影视文化产业实验区为例[J].文化创新比较研究,2022(7):128.

[4] 潘爱玲,王雪,刘昕.新发展格局下中国文化产业高质量发展的战略思路与实现路径[J].山东大学学报(哲学社会科学版),2022(6):19.

[5] 郑自立.新时代中国数字文化产业高质量发展研究[M].北京:中国社会科学出版社,2022.

浙江省"数实融合"多元驱动路径提升研究

方金燕

（中共永康市委党校市情研究中心）

一、问题提出

5G、大数据、云计算、人工智能、区块链、物联网等新一代数字技术作为第四次工业革命的产物，催生了新产业新业态新模式，赋能传统产业，为传统产业转型升级、实现高质量发展提供了条件。新一代数字技术是典型通用目的技术，具有广泛的扩散性、技术改进的内在潜力、创新的互补性这三个特征，而且当前正处于极速扩张与深度融合其他行业的进程中，各行业也十分重视新一代数字技术的应用，新一代数字技术已然成为推动国民经济各行业发展的关键力量。

党的二十大报告中再一次提及新一代数字技术对各行业的赋能作用："坚持把发展经济的着力点放在实体经济上，推进新型工业化，加快建设制造强国、质量强国、航天强国、交通强国、网络强国、数字中国。加快发展数字经济，促进数字经济和实体经济深度融合，打造具有国际竞争力的数字产业集群。"在以中国式现代化实现中华民族伟大复兴的元年，国家再一次将数字经济与实体经济融合（文章简称"数实融合"）上升为国家重要战略。数实融合是在 2016 年中央网络安全和信息化工作座谈会上首次提出的："着力推动互联网和实体经济深度融合发展,以信息流带动技术流、资金流、人才流、物资流,促进资源配置优化,促进全要素生产率提升。"由于当时推动国民经济发展的数字技术主要是互联网,所以彼时"数实融合"仅仅是互联网与实体经济的深度融合。但伴随我国数字技术的不断创新发展,党和政府也在不断强化涵盖 5G、大数据、云计算、人工智能、区块链、物联网等新数字技术与实体经济的融合发展。2021 年 12 月国务院印发的《"十四五"数字经济发展规划》(国发〔2021〕29 号)中提出:"以数据为关键要素,以数字技术与实体经济深度融合为主线,加强数字基础设施建设,完善数字经济治理体系,协同推进数字产业化和产业数字化,赋能传统产业转型升级,培育新产业新业态新模式,不断做强做优做大我国数字经济,为构建数字中国提供有力支撑。"

纵观党中央"数实融合"政策演变历程,主要表现为四个方面:一是"两个融合",即数字技术与实体经济深度融合、数字经济与实体经济深度融合;二是凸显数据要素作为数实融合关键要素的作用,数实融合成为数字经济发展的主线;三是数实融合强调新数字技术与产业的深度融合,促进技术、数据和场景的多元融合,打造出应用数字技术融合产品创新的新型应用场景;四是提高全要素生产率、不断做强做优做大我国数字经济是数实融合的目标,最终实现国民经济高质量发展。虽然政策上或学术界、产业界近年来都多次提及"数实融合",但实际上当前理论界、产业界并没有对"数实融合"做出明确的概念界定,基本认同的观点是数字技术(数字经济)与实体经济(实体技术)相互促进,催生新产业新业态新模式,在经济增长方面发挥倍增效应和乘数效应,较传统产业模式更高效、更快地推动国民经济发展速度及规模。至于"数实融合"具体是"数字经济"与"实体经济"的融合,还是"数字技术"融入"实体经济",也未有明确说法,甚至连"数字经济"的概念及范围、实体经济的概念和范围在政策和理论上也未能达成共识。

在政策中的"实体经济"惯常指的是传统产业形态,而"数字经济"是历经农业经济、工业经济后所形成的新型经济,虽不能简单地将数字经济全部划入或者全部划出实体经济,但归根究底数字经济与实体经济应该是交集关系,数字经济仍有部分属于实体经济范畴,所以也不能简单地将数实融合界定为数字技术与实体经济的融合或者数字经济与实体经济的融合。

从前述分析中也可得知,不论是党的二十大报告还是《"十四五"数字经济发展规划》,数实融合都是为发展数字经济而进行的战略部署,所以本文认为"数实融合"的最终目标是发展数字经济,数字经济是"数实融合"的结果。因此本文认为"数实融合"是将以 5G、大数据、云计算、AI 人工智能、区块链、物联网等为代表的新一代数字技术深度应用于传统产业,使数据成为关键生产要素,始终贯通生产、流通、消费、分配等各环节,推动农业、工业、服务业数字化变革,催生新产业新业态新模式,以促进数字经济的高质量发展。

习近平同志在浙江工作期间就前瞻性地部署了数字浙江的建设工作,之后历届省委、省政府"一张蓝图绘到底、一任接着一任干",数字经济现今已然成为浙江经济的主引擎。2021 年数字经济占浙江 GDP 的 48.6%,该比例为全国各省(区)首位。数字经济增加值 3.57 万亿元,其中数字经济核心产业增加值 8348.3 亿元,五年年均增长率 13.3%,两倍于 GDP 年均增速。数字经济稳定浙江全省经济基本盘、引领全省经济增长的作用明显,具有数字科创动能更加强劲、数字产业集群做大做强、数字产业变革全面深化、数字治理能力显著提升、数字经济系统建设破题见效、数据价值红利加速释放、国际国内合作持续深化、数字基础设施优化升级的特点。据《浙江省数字经济发展白皮书(2022 年)》规划:"到 2027 年,浙江数字经济增加值和核心产业增加值将分别突破 7 万亿元和 1.6 万亿元。"这也意味着相较于现在,5 年后数字经济增加值和数字经济核心产业增加值均需要翻番,为达成此目标,"数实融合"发展之路是浙江完成"两个先行",实现高质量发展的必然选择。

由于浙江省内 11 个地级市数字经济的发展程度不同,有走在全国前列的城市如杭州,也有发展不尽如人意的城市如舟山、丽水,本文将着眼于浙江各市的"数实融合"的成效及影响因素,构建"技术—组织—环境"(TOE)研究框架,利用 fsQCA 模糊集组态研究方法对其进行实证分析,以期梳理出目前浙江"数实融合"的驱动路径,并进行相关研究。

二、研究设计

(一)TOE 框架变量设计及 fsQCA 研究方法

TOE 框架(Technology-Organization-Environment Framework,简称 TOE)即"技术—组织—环境"理论框架,指技术、组织、环境三个方面的因素直接影响了企业或组织的技术创新及技术采纳。IDC(腾讯研究院和互联网数据中心)提出,数实融合正处于系统化、多方位融合关键时期,应以"技术、产业、社会"三位一体的系统性思维推进数实融合,因此本文构建了"技术—组织—环境"(TOE)研究框架,刚好契合"技术、产业、社会"三位一体的系统性要求。

根据 2018 年 12 月 29 日浙江省统计局印发的《浙江省数字经济发展综合评价办法(试行)》(浙数办发〔2018〕3 号),本文选取相关的 TOE 框架考察变量。一是数实融合的技术因素,本文所选取的指标变量是数字基础设施建设,主要包含网络基础设施建设、数字网络普及两个考察变量;二是数实融合的组织要素,本文所选取的指标变量是数字产业化、产业数字化、新业态新模式三个考察变量;三是数实融合的环境要素,本文选取政府与社会数字化作为考察变量,如表 1 所示。

表 1 数实融合 TOE 研究框架

框架	考察变量	一级指标	二级指标(单位)	指标类型
技术要素(T)	数字基础设施建设	网络基础设施	城域网出口带宽(Gbps)	约束性
			FTTH/O 宽带接入率(光纤宽带用户率)(%)	约束性
			固定宽带端口平均速率(Mbps)	约束性
			每平方公里拥有移动电话基站数量(个)	约束性
		数字网络普及	固定互联网普及率(户/百人)	约束性
			5G 套餐用户数普及率(户/百人)	约束性
			付费数字电视普及率(含 IPTV)(户/百户)	约束性
组织要素(O)	数字产业化	创新能力	数字经济核心产业 R&D 经费相当于营业收入比重(%)	约束性
			人均拥有数字经济核心产业有效发明专利数(件/万人)	约束性
			数字经济核心产业制造业新产品产值率(%)	约束性
		质量效益	数字经济核心产业增加值占 GDP 的比例(%)	约束性
			数字经济核心产业劳动生产率(万元/人)	约束性
			数字经济核心产业制造业亩均税收(万元)	约束性
	产业数字化	产业数字化投入	企业每百人中信息技术人员数量(人)	约束性
			数字经济投资占全部固定资产投资的比例(%)	约束性
			信息化投入占营业收入比例(%)	约束性
		产业数字化应用	企业使用信息化进行购销存管理普及率(%)	约束性
			企业使用信息化进行生产制造管理普及率(%)	约束性
			企业使用信息化进行物流配送管理普及率(%)	约束性

续表

框架	考察变量	一级指标	二级指标（单位）	指标类型
组织要素（O）	新业态新模式	电子商务	人均电子商务销售额（元）	约束性
			网络零售额相当于社会消费品零售总额比例（%）	约束性
			工业企业电子商务销售额占营业收入的比重（%）	约束性
		数字金融	移动支付活跃用户普及率（%）	约束性
			人均移动支付业务量（笔）	约束性
环境要素（E）	政府与社会数字化	数字民生	人均移动互联网接入流量（GB）	约束性
			高速公路入口 ETC 使用率（%）	约束性
			生均教育信息化经费投入（元）	约束性
			区域医院门诊智慧结算率（%）	约束性
		数字政府	人均数据共享接口调用量（次）	约束性
			依申请政务服务事项"一网通办"率（%）	约束性
			浙政钉应用水平（分）	约束性

QCA（qualitative comparative analysis，简称 QCA）是 Ragin 创建的定性比较分析方法，是社会研究方法的新范式，它基于布尔运算集合理论，有效整合定性、定量研究方法的优势，弥补传统社会科学研究视角的还原论中普世视角和权变视角、整体论中组态视角难以有效分析具有"组合特征"创新现象的不足，利用整体论和组态思维，可以用来评估非常复杂的组态原因（INUS），如产生同一结果的不同前因组合。

本文采用 QCA 方法的原因如下：第一，导致数实融合的因素并不单一，是多种因素复杂组合作用的结果，利用传统的定量研究进行单一自变量或其交互项对因变量的影响分析是无法覆盖全部变量的，必须采用整体视角,这样 QCA 更适合;第二,数实融合的建设路径是多样的,可能存在多种路径导致同一种良好结果,并不是仅有唯一路径解,QCA 分析可以得出不同路径的因果关系;第三,QCA 更适合小样本的研究,由于本文研究对象是浙江省的数实融合,以浙江省的地级市为研究样本,传统的定量分析需要大规模样本量,11 个样本量显然不够,而 QCA 方法分析结果的稳健性取决于样本是否涵盖代表性样本个体,所以更为适合。

QCA 研究方法根据变量类型可以分为三类:csQCA(清晰集)、mvQCA(多值集)、fsQCA(模糊集),由于清晰集和模糊集的分析基础是清晰集和真值表,更适合处理类别问题,模糊集可以定比定量,除类比问题外还能处理部分隶属和程度变化问题。因此本文采用的是 fsQCA 模糊集定性研究法。

(二)指标处理与数据校准

1.指标处理

本文根据专家调查法决定各评估指标的百分比,并采取综合加权法测算出最终的分数,其中方法包括:首先,对各市的评估指标实行无量纲化管理,然后将其与全国平均值加以比较,以决定最终分数。为了确保单项指标的准确性,最大不得超出此项技术指标的二倍,并且在此基础上,对无量纲化处理后的数据实行合并加权计算,以确保评价结果的可靠性和可信度。由于数据收集具有时滞性,本文均采用的是 2021 年的数据。

2.数据校准

fsQCA 校准程序最常用的有四分点法及六分点法,本文所采取的是四分点法,即根据隶属阈值赋值 1、0.67、0.33 和 0。隶属阈值有 full-in(完全隶属)、cross-point(交叉点)、full-out(完全不隶属)三个阈值,根据 Fiss(2011)发表在《美国管理学学会期刊》上的研究,full-in 阈值设定为样本变量数值的 95%,fross-point 阈值为样本变量的均值,full-out 阈值为样本数值的 5%。由于浙江 11 个地级市的数字经济发展状况中杭州数字经济发展过于超前,而丽水市除新业态新模式外其他因素发展过于落后,如果采用

Fiss 的标准作为阈值的话会造成组态路径覆盖不够全面,所以本文所采取的完全隶属阈值点设定为样本变量数值的 90%,交叉点阈值设定为样本变量的均值,完全不隶属阈值设置为变量的 10%。具体阈值如表 2 所示。

表 2　阈值具体数值

	研究变量	完全隶属阈值	交叉点阈值	完全不隶属阈值
结果变量	数实融合	93	85	70
条件变量	数字基础设施建设	103	87	70
	数字产业化	88	78	58
	产业数字化	103	90	70
	新业态新模式	96	75	49
	政府与社会数字化	106	97	89

利用 fsQCA 3.0 软件进行了数据校准(见表 3)。

表 3　浙江数实融合数据校准

地区	数字基础设施建设	产业数字化	数字产业化	新业态新模式	政府与社会数字化	数实融合
杭州	1	1	1	1	1	1
宁波	0.67	0.33	0.67	0.67	1	0.67
温州	0.67	0.67	0.33	0.67	0.67	0.67
嘉兴	1	1	0.67	0.33	0.33	1
湖州	0.33	0.67	1	0.33	0.33	0.67
绍兴	0.33	0.33	0.67	0	0	0.33
金华	0.33	0.33	0.33	0.67	0.67	0.33

续表

地区	数字基础设施建设	产业数字化	数字产业化	新业态新模式	政府与社会数字化	数实融合
衢州	0	0	1	0.33	0	0.33
舟山	0.67	0	0	0	0.33	0
台州	0.33	0	0	0	0.33	0
丽水	0	0	0	1	0	0

三、实证结果

(一)单项前因条件必要性检测

进行单项前因条件必要性检测(见表 4)发现,数字基础设施建设、产业数字化、数字产业化、新业态新模式及政府与社会数字化必要性分析的一致性都小于 0.9,因此五个条件变量均不是数实融合的必要条件,浙江数实融合是这五个条件变量不同条件组合的结果。

表 4   数实融合单项前因条件必要性分析

前因条件	一致性	覆盖率	前因条件	一致性	覆盖率
数字基础设施建设	0.866	0.812383	新业态新模式	0.732	0.732
～数字基础设施建设	0.464	0.409171	～新业态新模式	0.598	0.498333
产业数字化	0.866	1	政府与社会数字化	0.666	0.714592
～产业数字化	0.464	0.347826	～政府与社会数字化	0.532	0.419558

续表

前因条件	一致性	覆盖率	前因条件	一致性	覆盖率
数字产业化	0.866	0.763668	～数实融合	0.396	0.33
～数字产业化	0.398	0.373358			

注:～表示逻辑非。

(二)数实融合的多元驱动路径分析

根据 Ragin 的建议,本文将频率阈值设置为 1,选择一致性阈值为 0.8,CEDL 一列中一致性大于 0.8 的赋值为 1,其余赋值为 0,并删除了逻辑余项,构建了真值表,如表 5 所示。

表 5　真值表

政府与社会数字化	新业态新模式	数字产业化	产业数字化	数字基础设施建设	数值	数实融合	案例	最低一致性	不一致性的比例减少	系统一致性
0	0	1	1	0	1	1	1	1	1	1
1	1	1	0	1	1	1	1	1	1	1
1	1	0	1	1	1	1	1	1	1	1
0	0	1	1	1	1	1	1	1	1	1
1	1	1	1	1	1	1	1	1	1	1
1	1	0	0	0	1	0	0	0.74	0	0
0	0	1	0	0	2	0	0	0.71	0	0
0	0	0	0	0	1	0	0	0.50	0	0
0	0	0	0	1	1	0	0	0.50	0	0
0	1	0	0	0	1	0	0	0.40	0	0

在真值表的基础上进行了标准分析,得到了数实融合的复杂解、精简解和中间解(见表6)。

表6 实证结果

复杂解			
构型	原始覆盖度	净覆盖度	一致性
～政府与社会数字化* ～新业态新模式* 数字产业化* 产业数字化	0.466	0.202	1
政府与社会数字化* 新业态新模式* 数字产业化* 数字基础设施建设	0.598	0.068	1
政府与社会数字化* 新业态新模式* 产业数字化* 数字基础设施建设	0.598	0.068	1
总体覆盖度	0.868		
总体一致性	1		

中间解			
构型	原始覆盖度	净覆盖度	一致性
～政府与社会数字化* ～新业态新模式* 数字产业化* 产业数字化	0.466	0.202	1
政府与社会数字化* 新业态新模式* 数字产业化* 数字基础设施建设	0.598	0.068	1
政府与社会数字化* 新业态新模式* 产业数字化* 数字基础设施建设	0.598	0.068	1
总体覆盖度	0.868		
总体一致性	1		

精简解			
构型	原始覆盖度	净覆盖度	一致性
产业数字化	0.866	0.134	1

续表

精简解			
构型	原始覆盖度	净覆盖度	一致性
政府与社会数字化 * 数字产业化	0.598	0	1
新业态新模式 * 数字产业化	0.664	0.066	1
政府与社会数字化 * 数字基础设施建设	0.666	0	0.834587
新业态新模式 * 数字基础设施建设	0.666	0	1
数字产业化 * 数字基础设施建设	0.732	0	1
总体覆盖度	1		
总体一致性	0.883392		

注:～表示逻辑非,* 表示逻辑和。

  QCA 软件中用核心条件与非核心条件来区分构型,核心条件是与结果有较强因果关系的前因条件,是本质的且必需的,它同时存在于简约解和中间解;非核心条件是与结果有较弱因果关系的前因条件,仅存在于中间解。相对于核心条件而言,非核心条件是不重要的,可替换。本文五个要素变量均为核心条件,均无法进行替换。

  遵循 Ragin 和 Fiss 的结果呈现形式,实心圆表示条件存在,含叉圆表示条件缺席,空格表示一种模糊状态,即该条件可存在亦可缺席。由表 7 可知,浙江的数实融合路径一共有三条。模型的整体一致性为 1,单个构型一致性为 0.868,均大于理论阈值 0.8,这表明这三条路径均为浙江数实融合的充分条件。而且模型的整体覆盖率为 0.868,表明这三条路径组态有效解释了现实中 86.8% 的案例。总体而言,这三条组态路径均可以较好地解释浙江数实融合发展要素,具有等效性。

表 7　数实融合组态路径

原因条件	数实融合组态路径		
	1	2	3
数字基础设施建设		·	·
数字产业化	·	·	
产业数字化	·		·
新业态新模式	⊗	·	·
政府与社会数字化	⊗	·	·
原始覆盖度	0.466	0.598	0.598
净覆盖度	0.202	0.068	0.068
一致性	1	1	1
总体一致性	1		
总体覆盖度	0.868		

　　路径一(～政府与社会数字化*～新业态新模式*数字产业化*产业数字化)表明数字产业化和产业数字化是数实融合的一体双翼,即使在某个地区缺少数字基础设施建设-新业态新模式也未能发展得很好,政策扶持和社会数字化程度也不高的情况下,只要该地区的产业数字化和数字产业化发展得好,该地区的数实融合程度也会高,这一点在 11 个地级市中超半数均有体现,嘉兴和湖州尤为明显。

　　路径二(政府与社会数字化*新业态新模式*数字产业化*数字基础设施建设)和路径三(政府与社会数字化*新业态新模式*产业数字化*数字基础设施建设)表明在数字基础设施建设完善、新业态新模式发展较好、政策扶持和社会数字化程度高的情况下,产业数字化和数字产业化只要有一项发展较好,该地区的数实融合程度也会较高。路径二和路径三在 11 个地级市中也有超半数城市有体现,其中杭州、宁波和温州表现明显。

四、浙江省数实融合发展路径建设策略

(一)技术驱动数实融合建设路径

在 TOE 分析框架中,从本文模型分析的简约解中可以得知,技术要素无论搭载组织要素还是搭载环境要素都可以较好地促进数实融合(一致性为 0.883)。数字基础设施建设是数实融合发展的基础要素,加强数字基础设施的建设是数实融合的必经之路。近年来,浙江省积极推进数字基础配套建设,推动向高速率、全覆盖范围、智能化方向发展,以 5G、双千兆等网络技术基础建设、信息中心、企业网站等技术基础建设为重点,着力打造数字基础建设标杆省,加速推动 5G 建设和融入发展,率先做到城镇以上区域全覆盖范围、行政村 5G 联网"村村通",为浙江省经济社会进步带来强大的支撑,为全国人民带来更多便利,促进浙江省经济社会发展。随着数字基础设施的持续完善和提升,数实融合能力同时也在持续提升。

由于浙江省数字基础设施建设每个地级市完成情况都比较好,所以数字基础设施建设在三条路径中并未特别凸显,但所有路径均可以包含数字基础设施建设,说明数字基础设施建设是"数实融合"的基础底座,加强"数实融合"赋能经济高质量发展,必须牢牢夯实"地基"。一是应该加快 5G、产业互联网技术、新一代人工智能、大数据分析、区块链等数字基础设施的建立,并建立新型网络系统,如光纤宽带和窄带物联网,同时建立大数据中心和云运算中枢,以促进中国传统基础工程建设的现代数字化、互联网技术和智能,并积极推动社会基础设施的智能化发展。二是通过加强共建共享,构建信息基础设施新生态,积极推动网络通信等领域的合作,与利益相关国家及省份签署合作协议,共同推动网络互联互通的发展,实现信息共享和共赢。

(二)组织驱动数实融合建设路径

从研究结论中可以得知,三条建设路径中均涵盖了组织要素,所有的建设路径都离不开组织要素,无论是数字产业化还是产业数字化,以及新业态新模式都可以纵深推进"数实融合"。浙江省 11.5 万家"四上"中小企业数字化调查结果显示,2021 年我省中小企业数字化投资占营业收入的2.23‰,总投资达 599 亿 6000 万元,这标志着产业创新模式、生产方式、组织形态和服务模式正在迅速转变。

若要推动数实融合向价值链中高端水平持续迈进,则必须聚焦主业精耕细作,激发创新活力,做到以下几点:一是将产业数字化作为恢复经济的重要抓手。伴随产业数字化的发展,各行业已经走出"深化局部环节应用"的企业信息化阶段,向"全面智能协同迈进"。尤其是制造业行业,产业数字化成效更为凸显,有望将传统"微笑曲线"拉平,转型"武藏曲线"。根据本研究的样本,2021 年浙江全省规模以上工业企业利用互联网信息化建设实现商品购销存信息管理、产品制造管理和物流配送信息管理的普及率依次为62.3％、46.3％和 16.7％,这表明产业数字化的应用程度仍然较低,因此,必须持续深化数实融合,推动传统生产方式、生活方式、管理模式等系统性变革。二是持续推进数字产业化。鼓励各行业投资数字技术,发展物联网、智能制造、按需定制、全产业协同等新模式、新应用,加大各行业领域的联合研究和共同发展。三是鼓励发展新产业新模式新业态。利用数字技术发展"云经济",加快平台经济、共享经济、产业链金融、数字教育、数字旅游、数字医疗等数字经济新模式新业态,推动数字合作平台、线上推介会、直播带货等蓬勃发展。

(三)环境驱动数实融合建设路径

数实融合重塑产业、消融产业边界的同时,也在日益挑战政府传统治理模式和理念,数字政府建设、全社会数字化转型迫在眉睫。从模型分析中也可知两条路径中包含政府与社会数字化，也只有数实融合的环境要素进行了全方位变革，才能更好地适应数实融合的新变化。

一是加快探索数字政府治理模式。目前协同化治理、在线化服务和精准化决策成为未来新方向，政府治理模式由单向协同转向双向互动、由纯线下转向线上线下相联动。同时，数字技术赋能数字政府打破时空边界，为政府治理模式创造新可能，提高政府主动、精准、协同、智慧服务的能力，创造更佳的营商环境，以促进数实融合。二是加强数字民生服务功能。数实融合的目标是数字经济的发展，但最终目的是实现人民更加美好的生活。一切为了人民是我国社会主义国家的属性所决定的，数实融合的最终目的也是以中国式现代化实现中华民族的伟大复兴。数实融合应通过先进技术的应用，实现全面、系统性、重塑性的变革，构建综合性、协同性、闭环性的运行机制，深度推动智能医院、智能城市交通、智能培训等服务领域的先进技术应用，进一步提高生活公共服务的民生服务数字化水平，提高人民的生活质量和幸福感。

参考文献

[1] 国务院关于印发"十四五"数字经济发展规划的通知[EB/OL].(2021-12-12)[2023-07-12]. https://www.gov.cn/gongbao/content/2022/content_5671108.htm.

[2] 黄慧群.论新时期中国实体经济的发展[J].中国工业经济,2017(9):5-24.

[3] 李晓华.制造业的数实融合：表现、机制与对策[J].改革与战略,2022(5):42-54.

[4] 欧阳日辉.数实融合的理论机理、典型事实与政策建议[J].改革与战略,2022(5):1-23.

[5] 邵瑶春.新型农村集体经济发展的机制与路径研究[D].长沙:湖南农业大学,2020.

［6］习近平.中国共产党第二十次全国代表大会报告［M］.北京：人民出版社，2022.

［7］习近平.在网络安全和信息化工作座谈会上的讲话［M］.北京：人民出版社，2016.

［8］浙江省数字经济发展白皮书（2022 年）［EB/OL］.（2022-08-30）［2023-07-12］.https：//www.zj.gov.cn/art/2022/8/3/art_1229630150_4049.html.

［9］Fiss P C.Building Better Causal Theories：A Fuzzy Set Approach to Typologies in Organization Research［J］.Academy of Management Journal（AMJ），2011.

［10］Ragin C.The Comparative Method Moving beyond Qualitative and Quantative Strategies［M］.California：University of California Press，1987.

浙江平台经济 20 年发展历程和监管模式研究

——基于浙江省杭州市平台经济发展数据分析

杨晓辉

（中共绍兴市柯桥区委党校社会培训科）

一、平台经济的概念界定

"平台经济"的提出与 20 世纪 90 年代因特网的全球化发展关系密切，随着网络的普及，平台经济也已经成为通用的词，在行政法规、部门规章①中多次被使用，但是条文中对于平台经济的概念内涵却未作出明确界定；同时，平台经济与"知识经济""信息经济""数字经济"这些常用名词存在概念的交叉。为准确理解和把握浙江省杭州市平台经济发展和监管，笔者试图以平台经济的定义和辨析探究平台经济的范畴、阶段和未来的发展。

---

① 如《工业和信息化部关于印发软件和信息技术服务业发展规划（2016—2020 年）的通知》（工信部规〔2016〕425 号）、《网络交易平台合同格式条款规范指引》、《"十三五"市场监管规划》（国发〔2017〕6 号）等。

（一）平台经济定义

1. 平台经济的基础

平台经济是以网络为基础形态的新经济形态，网络是主要的媒介和交易场所。《世界经济学大辞典》中将平台经济界定为"通过建立电子计算机互联网，实现知识和信息迅速传播和共享，以在相互联系和协调中达到高速发展的经济"。《现代汉语新词语词典》将其定义为"以互联网技术和信息技术的运用为主要特征的经济"。

2. 平台经济的特征

跟线下交易的传统经济相比，平台经济有全球化、虚拟性、直接性、高风险等特征，区别于传统经济。它突出地具有"用户锁定性、高渗透性、边际效益递增性、边际成本递减性"等特点。中国信息协会副会长乌家培强调了平台经济的特点是：不受时间限制的全天候运作经济；全方位开放的全球化经济；生产者与消费者直接联系、中间层次作用减弱的直接型经济；在虚拟世界中进行活动的虚拟性经济；竞争与合作并存的竞争合作型或合作竞争型经济；节奏大大加快的速度型经济或高效率经济；技术创新与制度创新紧密结合的创新型经济。

3. 构成平台经济的要素

平台经济包含了商品的生产、交换、分配、消费等经济活动，金融机构和政府职能部门也参与到平台经济的投资和监管等行为中。美国得克萨斯大学电子商务研究中心亦认为平台经济表现为"越来越多地依赖信息网络，不仅要从网络上获取大量经济信息，依靠网络进行预测和决策，而且许多交易行为直接在信息网络上进行"。而在各要素和组成中，电子商务成为平台经济的主要组成部分，甚至出现了"网络基础设施加上电子商务就是平台经济"[①]的论断。

---

① 1999 年，国际数据公司亚太副总裁皮苏新在印度新德里举办的记者招待会上公布了该公司对亚太区域网际网络用户以及电子商务五年内发展的最新统计数据报告，并作了相应的发言。

（二）平台经济相关概念的联系与区别

作为描述经济现象的词语，知识经济强调知识作为要素在经济发展中的作用；信息经济强调信息技术相关产业对经济增长的影响；平台经济强调以网络进行资源分配、生产、交换和消费为主的经济活动；数字经济则突出表现在整个经济领域的数字化。因此，知识经济是基础内容，信息经济、平台经济是促进经济领域发展的催化中介，最终向数字经济的结果形式过渡。四者之间相互联系，又互有侧重。目前从全球整体看，经济形态正处于网络化阶段，但从长远角度看不适宜以网络或者平台经济概论。从近七年来中国信息通信研究院发布的年度系列报告①，以及近年中央、省市文件的标题和内容看，也开始转向使用数字经济这个概念。G20 杭州峰会发布的《二十国集团数字经济发展与合作倡议》已对数字经济做了定义，即"数字经济是指以使用数字化的知识和信息作为关键生产要素、以现代信息网络作为重要载体、以信息通信技术的有效使用作为效率提升和经济结构优化的重要推动力的一系列经济活动"。

综上，平台经济和知识经济、信息经济、数字经济息息相关，但在内涵、外延上又存在较大差异，平台经济是现阶段中国的主要新经济形态，也是知识经济、信息经济、数字经济中的重要细分经济形态。

二、浙江省杭州市平台经济发展历程

浙江省杭州市平台经济发展是中国平台经济发展史上的重要组成部分，亦占据了中国平台经济发展史上的众多高光时段。在目前数字经济作

---

① 参见中国信息通信研究院发布的《2015 中国信息经济研究报告》《中国信息经济发展白皮书（2016 年）》《中国数字经济发展白皮书（2017 年）》《中国数字经济发展与就业白皮书（2018 年）》《中国数字经济发展与就业白皮书（2019 年）》《中国数字经济发展白皮书（2020 年）》《中国数字经济发展白皮书（2021 年）》。

为"一号工程"的视角下反观浙江省杭州市平台经济发展,笔者将浙江省杭州市平台经济发展分为以下三个阶段。

(一)起步定位期(2000—2008 年)

2000 年 11 月,杭州市委、市政府作出实施"一号工程"、建设"天堂硅谷"的重要决策,确定由"旅游天堂"向"硅谷天堂"的城市战略定位转移。2003 年突如其来的"非典"却给电子商务带来意外的机会。2003 年 5 月,杭州市阿里巴巴集团投资 1 亿元人民币成立淘宝网,进军 C2C(消费者对消费者),其免费开店等营销模式一下子争夺了当时中国国内首家 C2C 电子商务平台"易趣网"的市场份额,也开始改变了国内"卖家"(网商)和"买家"的交易、消费习惯和商业格局。2004 年 6 月,"第一届网商大会"在杭州市举办。

2004 年杭州市出台《电子商务发展实施纲要(2004—2010 年)》;2005 年出台《关于促进浙江省杭州市电子商务发展的若干意见》,提出打造"中国电子商务之都"的战略目标;2006 年出台《关于进一步打造"天堂硅谷"推进创新型城市建设的决定》,编写了《浙江省杭州市信息产业第十一个五年发展规划》和《浙江省杭州市国民经济和社会信息化"十一五"规划》,并把打造"中国电子商务之都"纳入《杭州市国民经济和社会发展第十一个五年规划》和《浙江省杭州市国民经济和社会信息化"十一五"规划》;2008 年提出《浙江省杭州市打造"中国电子商务之都"三年行动计划》,同年 5 月 29 日,中国电子商务协会正式批复了浙江省杭州市政府有关申请,决定授予浙江省杭州市"中国电子商务之都"称号。2008 年,"阿里巴巴"发展成为中国乃至世界平台经济的"领头羊",它是全球最大的 B2B(企业对企业)电子商务服务商,其 B2B 市场份额占据国内市场的 53.9%,旗下主营 B2C(企业对消费者)、C2C 业务的淘宝网亦已成为亚洲最大的网络零售商圈,B2C 市场份额占据国内市场的 84.1%,C2C 则占据中国网购市场 70%以上的市场份额。

由于杭州市政府把城市未来定位在发展新科技和新经济,杭州市平台经济在这一阶段比其他城市更早起步,并初步确定了发展定位,也得益于国内互联网经济的复苏和全球资本的投资,典型的标志就是阿里巴巴落户杭州并得到快速发展。这一阶段电子商务在杭州快速发展并成为杭州重要的产业,网络发展为交易和消费带来便利。

(二)高速发展期(2009—2015 年)

2009 年,杭州市将特色园区建设作为加快信息服务业发展的重要抓手,分两批认定了全市范围内 18 个特色软件园(电子商务园),为更广范围、更深层次推进信息服务业发展提供了更好的载体。2010 年初,杭州市委、市政府作出《关于以"一化七经济"为重点转变发展方式的决定》,明确强调要以互联网信息服务和广播电视传输服务等为重点,做大做强通信、软件、集成电路、数字电视、动漫、游戏和电子商务、即时通信、搜索引擎、网游"6＋4"条产业链,加快发展信息服务业,打造"世界电子商务之都"和"互联网经济强市"。2012 年,杭州市出台《关于印发浙江省杭州市电子商务发展"十二五"规划的通知》①和《浙江省杭州市"十二五"电子商务网络安全发展规划》;2013 年,出台《关于进一步加快电子商务发展的若干意见》,要求加快"全国电子商务中心"和"全球电子商务之都"建设;2014 年,出台《关于加快发展信息经济的若干意见》,将打造国际电子商务中心纳入市委、市政府"一号工程"内容,以制度创新、财政扶持、服务完善为着力点,出台多项扶持政策,推动电子商务创新发展。

2009 年起,网上购物、团购、面向电子商务的快递物流业发展迅猛,3G牌照的发放使得移动电子商务成为电子商务发展的新驱动力。2009 年 4月,杭州市 B2B 上市公司"网盛生意宝"宣布"同时在线人数"与"日商机发布量"两大重要指标,双双突破百万大关,参照国内外同行已位居全球领先

---

① 浙江省杭州市电子商务发展"十二五"规划期限是 2011 年至 2015 年。

水平,仅用两年走完了同行近 10 年的历程,创造了我国 B2B 乃至电子商务历史上的又一"中国式速度";同年,当时的"阿里巴巴"旗下"淘宝商城"开启了网购界第一个"双十一"活动。2010 年 3 月,杭州市电子商务产业园开园,它被正式批准成为全国首个"中国移动电子商务试点基地"分园和首个"中国电子商务示范基地",并成为国家级科技企业孵化器、国家软件产业基地拓展区;淘宝聚划算作为阿里巴巴集团旗下的团购网站上线开团,确立国内最大团购网站地位;4 月,阿里巴巴正式推出全球速卖通,让中国出口商直接与全球消费者接触、交易;8 月,手机淘宝客户端推出。2012 年,eBay (易贝,原"易趣网")宣布退出中国市场。2014 年 7 月,阿里巴巴集团与杭州市传统零售商场"银泰"成立合资企业,在中国发展 O2O(线上到线下)业务。

到 2015 年,浙江省杭州市实现网络零售额 2679.8 亿元,占全国的 6.9%,"十二五"期间增长了约 9 倍;形成了以网络零售平台、企业间电子商务平台、金融服务平台、电商服务企业、网商等为主要代表的产业体系;阿里巴巴集团继续引领发展,2016 财年,阿里巴巴集团实现网络零售额超过 3 万亿元,成为全球最大的零售平台,旗下支付宝、阿里巴巴国际站、1688 等平台也引领全球发展;同时,9158、网易考拉、卷瓜科技、网盛科技、浙江盘石等成为国内电子商务的领军企业,全市互联网上市公司达到 7 家。浙江省杭州市电子商务服务指数排名全国第一。2015 年全市电子商务服务业主营业务收入 1262.4 亿元,"十二五"期间增长 11.5 倍;涌现出支付宝、华数、熙浪等代表性企业,涵盖了产业服务全链条。阿里资本、经纬中国等天使投资、风险投资、私募股权投资日益活跃。到 2015 年底,浙江省杭州市共有电子商务产业园 70 余个,入园企业约 8000 家,其中国家电子商务示范基地 3 个,定位于大中型网商集聚、电子商务创业、物流供应链、跨境电子商务等不同领域。电子商务创新创业加速推进,孵化器、加速器建设全面铺开,14 家众创空间纳入国家科技孵化器体系管理,创业企业大量涌现,中高端人才不断集聚,知名投融资机构本地化运营快速推进,杭州市成为与北京、深圳等城市比肩的创新创业高地。①

在杭州平台经济的高速发展期,杭州市委、市政府把城市定位提升到全球视角,立志打造"世界电子商务之都"和"互联网经济强市",网络产业链和规模迅速扩大。在阿里巴巴集团继续引领杭州市平台经济的同时,也带动了其他企业的迅速集聚,移动网络和智能手机的普及也迅速改变了人们的生活方式和交易习惯,团购、竞买和开启线上线下一体化成为这一阶段的主推模式。

(三)融合规制期(2015 年至今)

2015 年 1 月,杭州市施行《浙江省杭州市加快农村电子商务发展工作实施方案》;3 月,国务院正式批复同意设立全国首个跨境电商试验区——中国(杭州)跨境电子商务综合试验区。2016 年,杭州市发布《关于印发中国(杭州)跨境电子商务综合试验区发展规划的通知》《关于印发杭州市电子商务发展"十三五"规划的通知》。2017 年 1 月,出台《关于加快跨境电子商务发展的实施意见》;8 月,出台《2017 年浙江省杭州市农村电子商务扶持项目实施方案》。2018 年,杭州市启动互联网金融和网络借贷风险整治,至2019 年底基本清退全域内网络借贷信息中介机构。2018 年 7 月 27 日,杭州市委十二届四次全体(扩大)会议认真听取和讨论了市委常委会工作报告,审议通过了市委关于打造展示新时代中国特色社会主义的重要窗口,当好"八八战略"再深化改革开放再出发的排头兵的决定。聚焦数字经济"一号工程",全面推进数字产业化、产业数字化、城市数字化"三化融合"行动,争创中国数字经济第一城,成为具有全球影响力的"互联网+"创新创业中心。2020 年的新冠肺炎疫情防控催生了平台经济的新业态新模式,包括学而思等网络教育、钉钉等移动办公、传统商超世纪联华等生鲜日用网络购买和配送等。2020 年 5 月,中国(杭州)直播电商产业基地落户浙江省杭州市

---

① 参见《杭州市人民政府办公厅关于印发杭州市电子商务发展"十三五"规划的通知》(杭政办函〔2016〕141 号),2016 年 12 月 31 日发布。

未来科技城；浙江省杭州市西湖区电商助农直播基地举办落成仪式，为杭州市对口帮扶工作开辟了新渠道；7 月，杭州市出台《关于加快杭州市直播电商经济发展的若干意见》，打造"直播电商第一城"。2020 年 12 月，杭州市召开中国（浙江）自由贸易试验区杭州片区建设推进大会，发布杭州片区建设方案，授牌成立"杭州数字自由贸易研究院"，打造跨境电商"全国第一城、全球第一流"。

2015 年，杭州市临安市（2017 年撤销县级临安市，设立杭州市临安区）白牛村、桐庐县城东村被授予浙江省首批省级电子商务示范村。作为"中国农村电子商务第一村"的临安白牛村，2017 年其电商网销额即达 3.5 亿元，是杭州市农村电商发展的缩影。2020 年，杭州市共有 67 个村被省商务厅授予"浙江省电子商务示范村"。

自 2015 年起，云集、环球捕手、贝店、有赞、如涵、鲸灵集团等一大批依托社交平台发展起来的电商平台在杭州市诞生，其中如涵控股作为"中国网红电商第一股"和云集分别于 2019 年 4 月、5 月在美国纳斯达克上市。而目前风头正劲的另一家社交电商巨头"拼多多"，最早也是起家于杭州市（杭州市埃米网络科技有限公司）。淘宝直播公开数据显示，2018 年底，全国淘宝直播机构有 600 家，其中杭州市占比一半。2019 年淘宝直播盛典获奖名单显示，获奖的 18 个机构有 10 个来自杭州市。截至 2020 年 12 月 31 日的 12 个月内，淘宝直播 GMV（商品交易总额）超过人民币 4000 亿元，对商品供给的全品类覆盖，不仅满足了消费者的多元需求，也带动了商家的增长。①

2017 年，杭州市率先成为"无现金"城市；9 月，"盒马鲜生"在杭州市开出了第一家门店，它集超市、餐饮店、菜市场于一身，既可以到店购买，又可以在 App 下单，快速配送，2022 年底杭州市已有 19 家，覆盖全国 200 余家。2018 年 4 月，阿里巴巴集团、蚂蚁金服集团以 95 亿元完成对"饿了么"的全资收购。根据 2020 年 8 月发布的阿里财报，阿里包括天猫超市、盒马、进口

---

① 参见阿里巴巴集团发布的 2021 财年第三季度财报。

直营和银泰为主的新零售及直营业务表现亮眼,同比高达 80%,甚至超过菜鸟和阿里云排名各业务板块第一。①

2020 年疫情防控期间,杭州市网络零售额逆势增长,2020 年一季度杭州市网络零售额 1285 亿元,同比增长 4.3%,高于全国和全省增幅(全国－0.8%,全省－1.3%);跨境电商零售 43 亿元,同比增长 28%,高于全省增长幅度(8.9%)。2020 年,杭州市年网络零售额已达到 8992.2 亿元,同比增长 19.7%,高于全省同比增长率 14.3%,大大高于全国 10.9%的同期增长率,占全省零售总额 39.8%,占全国的 7.7%;杭州市跨境网络零售出口236.4 亿元,同比增长 40.9%,高于全省(31.6%),占全省跨境总额23.1%。② 而在全国跨境电商进口平台市场中,总部位于杭州市的考拉海购和天猫国际处于竞争第一梯队,领先优势明显,市场份额占比过半;2019年 9 月,阿里巴巴集团以 20 亿美元全资收购网易旗下跨境电商平台考拉;除了第一梯队企业,竞争实力同样突出的跨境电商平台云集、贝贝等同样位于杭州市。截至 2020 年底,浙江省杭州市共有电商平台 175 个,平台网店近 900 万家,网络平台销售额超 7 万亿元,"独角兽"企业 31 家和"准独角兽"企业 142 家。

2021 年,杭州市网络零售额 9951.5 亿元,同比增长 10.7%,占全省零售总额 39.4%。2021 年 2 月,浙江省电子商务促进中心和蚂蚁集团研究院联合发布了《浙江省数字生活新服务指数 2020 年度报告》,杭州市总指数全省第一,且指数值远超第二。4 月,国家市场监管总局对阿里巴巴控股有限公司在中国境内网络零售平台服务市场实施"二选一"垄断行为作出 182.28 亿元的行政处罚;5 月,杭州市委、市政府出台《关于进一步加强平台经济治理 促进规范发展的实施意见》。

这一阶段是杭州市平台经济的创新融合期,在获得国家政策支持以及

---

① 参见阿里巴巴集团发布的 2021 财年第一季度财报。

② 浙江省商务厅.浙江省 2020 年网络零售统计数据[EB/OL].(2021-01-14)[2021-01-14].http://zcom.zj.gov.cn/art/2021/1/14/art_1416807_58928462.html。

杭州市委、市政府争创数字经济第一城和"互联网＋"创新创业中心的大视角下,杭州市平台经济在全产业链上进行了多边突破,范围扩大到农村电商、社交电商、跨境电商、新零售、网红直播经济等领域并占据了全国高地,杭州集聚了全国头部网红、MCN 机构和平台机构,新业态新模式引领杭州消费,杭州市成为"全国数字经济第一城"。但 2021 年第二季度起,也是杭州市平台经济进入合规调整的伊始,平台整治的"大年"督促杭州市平台经济在创新快速发展的同时,审视问题,推动长效、有序、健康发展。

三、浙江省杭州市平台经济发展现状:以直播电商平台为例

近年来,直播电商凭借生动直观的商品展示和实时互动的购物体验,成为广受欢迎的新型网购方式。据第三方机构统计,2022 年全网直播电商 GMV 约 3.5 万亿元,占全网电商零售额的 23％。《2022 杭州直播电商产业发展白皮书》显示,2021 年杭州市直播电商交易额占电商总额的比重高达 68.1％。

(一)直播电商产业规模庞大

杭州现有综合类和垂直类头部直播平台 30 余家,直播相关企业注册数超 5000 家,在播主播近 5 万名,数量居全国首位。2022 年,杭州市在淘宝、抖音、快手三大直播电商平台实现销售总额 1714 亿元。目前,杭州市已形成覆盖直播平台(淘宝等)、主播群体、MCN 机构(多平台内容代理商,多为孵化达人主播的经纪公司或中介机构)、直播电商基地、供应链系统等多个环节的直播电商产业链。部分直播电商已开始由商业领域向工业、农业等领域渗透,Babycare、由莱、艺福堂茶叶、王饱饱麦片、窝小芽宝宝辅食等一批新锐消费品牌迅速崛起并迎来爆发期。

（二）头部 MCN 集聚效应显现

MCN 机构作为主播经纪公司，拥有网红资源、IP 孵化优势、内容优势，聚合供应链管理、直播服务和品牌孵化等多重功能，在直播电商产业链中占据核心地位。今年 3 月，网红辛巴带领 2000 人团队从广州迁入，标志着"淘、抖、快"三大平台的 MCN 头把交椅齐聚杭州。目前国内头部 MCN 机构半数以上已落户杭州。特别是高新区（滨江）集聚了众多头部 MCN 机构，被誉为中国直播电商第一区。过去两年，仅"交个朋友"一家机构就创造了 100 亿元的销售成交额。

（三）跨境直播电商成为新风口

杭州市在阿里巴巴国际站、Amazon（亚马逊）、Lazada（来赞达）、Shopee（虾皮）等跨境电商交易平台和 TikTok（抖音海外版）、YouTube（油管）、Facebook（脸书）等社交媒体平台上的跨境直播电商卖家数量超过 1 万家，并建成 TikTok、起梦、卧兔等三个跨境直播电商基地（园区）。TikTok 首个国内官方运营中心自去年落地杭州后，珠宝直播间单场次已突破 15 万美元，假发、运动内衣等类目单场销售额均突破 3 万美元，增长态势迅猛。阿里巴巴国际站反映，国内大量制造业企业正逐步从幕后走到台前，最初由海外留学背景的"二代"接班企业主、后以外贸学校毕业生为主，在跨境平台开展"探厂直播"，以工贸一体化推动"品牌出海"。除了常规直播形式外，跨境直播电商还发展出"线上线下双线混展""买家洽谈会直播"等多种方式，这为杭州打造 24 小时永不落幕的国际贸易博览会提供了新的思路。

四、杭州市平台经济监管实践：以网络餐饮外卖平台市场监管为例

网络餐饮外卖迅猛发展，市场监管部门随之不断探索对此新业态的监管执法。杭州是"电子商务之都"和国务院首批营商环境创新试点城市，笔者拟以杭州为样本阐述网络餐饮外卖和市场监管的基本情况。

（一）杭州市网络餐饮外卖的基本情况

根据网络餐饮外卖现状，目前网络餐饮外卖服务按照网络交易经营者的标准分，主要分为以下三类：第一类是通过第三方餐饮服务平台从事网络餐饮服务交易，如饿了么、美团外卖等；第二类是通过商户自建网站和应用程序在线订购交易，例如肯德基、麦当劳、必胜客等；第三类是通过店铺微信账号、微信群、抖音号等在线社交软件订购的交易。其中，通过第三方平台进行在线餐饮服务是当前网络餐饮外卖服务的主流交易形式，与其他两种网上订购模式相比，具有商家多、选择丰富、价格低廉等优势。因此，它拥有大量注册用户和消费群体。并且一部分自建的外卖网站、社交餐饮服务网站等经营主体被第三方餐饮服务平台巨大的潜在商机吸引，逐渐加入进来，成为该平台的成员。

截至 2022 年 12 月，杭州市共有餐饮服务经营者 98672 家，其中入网餐饮服务提供者 30385 家，占比约 30.8%。外卖配送平台两家（美团、饿了么），外卖配送点 412 个，网络餐饮的日均接单数超 140 万单。网络餐饮服务的品种基本涉及餐饮行业的各个领域（见表 1）。

表 1 杭州市入网餐饮服务提供者主要经营情况分布

经营模式	类别	代表性商家	主要经营方式
中式	面点类	吉祥馄饨、甘其食等	入驻第三方平台为主
中式	中式快餐类	新白鹿,绿茶等	入驻第三方平台为主
西式	饮品类	星巴克、喜茶等	入驻第三方平台为主
西式	甜品类	可莎蜜儿、汪保来等	入驻第三方平台为主
西式	西式快餐类	肯德基、麦当劳、必胜客等	自建网站自营为主

在网络餐饮外卖业态中,除了涉及上述三类的四个主体外,最重要的主体是网络餐饮外卖骑手。据统计,截至 2022 年 11 月底,杭州市共有周活跃网络餐饮外卖骑手 62449 名(见表 2),涉及"美团""饿了么""肯德基""必胜客""盒马鲜生"五个平台,其中"专送骑手"[①]约占四分之一,"众包骑手"[②]约占四分之三。"美团"外卖的骑手数量在五个平台中是最多的,将近 3.5 万人。

表 2 杭州市网络餐饮外卖骑手基本情况分布

序号	公司品牌简称	专送骑手数量/人	众包骑手数量/人	总计/人
1	美团	6997	27903	34900
2	饿了么	8712	15738	24450
3	肯德基	961	208	1169

---

① 专送骑手:移动互联网平台企业将平台内一定范围的餐饮提供者所需的配送业务以商业合作的形式整体外包给配送企业,由该"配送合作商"对其进行管理的"外卖骑手"。

② 众包骑手:移动互联网平台企业将平台内一定范围的餐饮提供者所需的配送业务以自由自愿的形式外包给非特定的自然人,由自然人在移动终端上注册 APP 并获得通过后上岗的"外卖骑手"。上述骑手一般由移动互联网平台企业或者其直接关联的企业进行管理。

序号	公司品牌简称	专送骑手数量/人	众包骑手数量/人	总计/人
4	必胜客	124	38	162
5	盒马鲜生	838	930	1768
	总计	17632	44817	62449

(二)杭州市网络餐饮外卖的市场监管实践

在研究网络餐饮外卖的主要法律渊源和基本情况的基础上,笔者拟针对上述拟明确的问题以法治思维作一探讨,旨在厘清网络餐饮外卖市场监管的几个重点。

1. 坚持综合治理之下的市场监管

2019 年 5 月,中共中央、国务院印发《关于深化改革加强食品安全工作的意见》。2021 年 7 月,经国务院同意,人力资源社会保障部、国家发展改革委、交通运输部、应急部、市场监管总局、国家医保局、最高人民法院、全国总工会联合印发《关于维护新就业形态劳动者劳动保障权益的指导意见》。此外,国务院办公厅还印发了《关于促进平台经济规范健康发展的指导意见》。中央和国务院的系列决策部署,均涉及多个部门,强调共管共治、线上线下一体化监管。因此,网络餐饮外卖作为新业态、新模式,涉及行政管理和监管的部门众多,它不是市场监管部门一家之职,也无法通过单个部门的有限职能实现有效监管。在部门综合治理下,依据上位法律法规规章的规定,商务主管部门负责网络餐饮行业管理和电子商务综合协调、发展促进工作;人力资源和社会保障部门主管网络餐饮外卖的劳动工作;公安机关负责网络餐饮外卖的治安和道路交通安全管理工作;市场监督管理部门负责网络餐饮外卖的电子商务市场监督管理和食品安全监督管理工作。此外,税务、城市管理、卫生健康、消防等行政管理部门按照各自职责,依法对网络餐饮外卖实施监督管理。

2.明晰网络餐饮外卖的法律主体

网络餐饮外卖的过程包括订餐和送餐,虽众所周知,但经历的主体比较繁杂。网络餐饮外卖的媒介是互联网,互联网一边连接的是用户(消费者),另一边连接的是餐饮制作者,而交易的物流显示是外卖骑手。按照电子商务(网络交易)的法律法规规章看,作为媒介的互联网经营者和餐饮制作者,可以纳入四类电子商务(网络交易)经营者的法律范畴。但是,网络餐饮外卖的物流不同于普通商品或者服务的网络交易物流,普通商品或者服务的网络交易物流全部由销售商品或者提供服务的商家直接选择物流公司,或者通过商品、服务的所在第三方平台之外的物流第三方平台(如"菜鸟裹裹")选择物流公司,与物流公司发生交易,实现物流接单和派送。网络餐饮外卖的物流交易主体不同,除交易一方是商家外,另一方除了物流公司,还有可能是物流个人,即以个人的名义从事外卖劳务的个人,大致相当于"众包骑手";物流选择的方式不同,除部分商家与物流公司(个人)签订合同(如"盒马鲜生""肯德基"),直接选择物流从事外卖配送,大部分商家向第三方平台提出配送需求,第三方平台上的物流公司(个人)接单、派送,且上述通过的物流第三方平台目前实践中与餐饮订餐第三方平台是合一的(如"美团""饿了么")。因此,在现有的法律法规规章中,网络订餐的法律法规规章和主体是明确的且已有成熟的监管方式;如出现纯粹的餐饮配送第三方网络平台,其可适用的电子商务(网络交易)的法律法规规章和主体亦是明确的;但是对于上述网络餐饮外卖配送的法律法规规章是鲜有的,主体是被隐藏的。按照目前的经营模式,依据法律术语的上位一致和稳定性原则,应当明确如下法律主体:网络餐饮服务平台经营者,是指在网络订餐和送餐活动中为交易双方或者多方提供网络经营场所、交易规则、交易撮合、信息发布等经营服务活动的法人或者非法人组织。入网餐饮服务提供者,是指提供网络餐饮服务的平台内经营者、通过自建网站或者其他网络服务的经营者。网络餐饮外卖配送服务经营者,是指通过网络餐饮服务平台或者受入网餐饮服务提供者委托,提供送餐服务的法人或者非法人组织。独立网约配送员,是指通过网络餐饮服务平台或者受入网餐饮服务提供者委托,以个人名义提供送餐服务的自然人。从业于网络餐饮外卖配送服务经营者的自然人和独立网约配送员均为网约配送员。

3.强化平台经营者关联配送的主体责任

网络餐饮服务平台经营者作为网络餐饮外卖的媒介主体,是所有数据、信息、资源的附着体。除去订餐功能的平台经营功能外,网络餐饮服务平台经营者应当强调其与配送关联的平台主体责任,定期或者不定期向市场监管部门报送相应数据,报告平台内违法行为,这是市场监管部门以网管网的应用。具体而言,当以加强平台的入网审核责任,强化提供网络餐饮外卖配送的经营主体和配送人、车、容器的管理。作为配送的第三方平台,应当要求申请进入平台提供配送服务的自然人、法人或者非法人组织提交并及时更新真实信息,进行审查登记,建立登记档案。前述所称真实信息,不仅包括外卖配送服务经营者和独立网约配送员的信息,鉴于餐饮外卖配送的食品安全和及时性,还应包括从业于外卖配送经营者的网约配送员的身份、联系方式、健康证明等信息。鼓励平台对配送用车的种类、车牌号等信息的入网申报要求,以及推行配送容器一箱一码的统一编码管理和入网申报制度。此外,作为订餐附着送餐的第三方配送平台,其允许独立网约配送员利用自己的技能从事依法无须取得许可的便民劳务活动符合电子商务(网络交易)的法律法规规章。但是按照食品安全相应的法律法规规章,配送人员应当需要接受食品安全培训和管理,培训记录保存期限不得少于 2 年。因此,在独立网约配送员的特殊模式下,仅有平台经营者具有履行上述培训和管理必要职能的可行性,故平台经营者在此模式下应当履行外卖配送服务经营者的义务,与独立网约配送员签订配送服务和食品安全、交通安全、消防安全等协议,明确进入和退出平台、提供配送服务等权利义务,以及食品安全、交通安全、消防安全等责任,对配送员开展基础能力、服务规范、食品安全、消防安全、交通安全、文明用语、职业道德等岗前培训和定期在岗培训,建立任职考核制度,提供保险保障方案。当然,平台经营者可以委托关联公司或者其他专业公司组织培训和管理,但并不否定其针对独立网约配送员的履行配送经营者义务的地位。

4.开展消费者权益保护相关的配送公示

网络餐饮外卖之于消费者的风险点在于网络的信息不对称性,从消费者权益保护而言,保障消费者的知情权是网络餐饮外卖监督管理应当也是可以解决的问题。网络餐饮服务平台目前订餐和送餐平台的合一性,使得订餐显性、送餐隐性。从监管而言,在近两年市场监管部门对平台经济整治和"点亮工程"等实施后,入网餐饮服务提供者的主体信息已基本实现100%公示。但是,对配送的主体等公示情况是监管的盲点。总体而言,入网餐饮服务提供者自行委托外卖配送服务经营者或者独立网约配送员送餐的,应当由入网餐饮服务提供者履行公示义务。入网餐饮服务提供者通过网络餐饮服务平台由外卖配送服务经营者送餐的,应当由外卖配送服务经营者履行公示义务,平台提供便利和技术保障;由独立网约配送员送餐的,应当由平台履行公示义务。具体而言,上述各应当履行公示义务的主体适宜在如下环节开展配送公示:一是配送主体公示。在网络餐饮订单配送首页显著位置,持续公示并及时更新外卖配送服务经营者或者独立网约配送员的主体信息,或者上述信息的链接标识。二是配送人员公示。鼓励实时公示外卖配送服务经营者所属网约配送员信息。鼓励在网络餐饮订单配送页面公示网约配送员健康证明信息,或者健康证明标记。三是配送状态公示。网络餐饮服务平台经营者应当采取技术措施,供消费者实时查询送餐服务的订单信息、配送状态。入网餐饮服务提供者自行配送且无法采取技术措施实时公示的,可以通过提供电话、在线客服等其他方式,供消费者及时查询送餐的订单信息、配送状态。四是配送标记公示。网络餐饮服务平台经营者为独立网约送餐员提供平台服务的,应当以显著方式标记区分独立网约送餐员和网络送餐服务经营者。入网餐饮服务提供者委托网络送餐服务经营者、独立网约送餐员提供送餐服务的,可以标记自营送餐,以保证其品牌效应。

参考文献

[1] 胡建淼. 依法治理是最可靠最稳定的治理[EB/OL]. (2020-01-15) [2020-01-15]. https://china. huanqiu. com/article/9CaKrnKoTy2.

[2] 何枭吟. 数字经济与信息经济、网络经济和知识经济的内涵比较[J]. 时代金融,2011(29):47.

[3] 亢世勇,刘海润. 现代汉语新词语词典[M]. 上海:上海辞书出版社, 2009.

[4] 李长江. 关于数字经济为涵的初步探讨[J]. 电子政务,2017(9):84-92.

[5] 李琮. 世界经济学大辞典[M]. 北京:经济科学出版社,2000.

[6] 王卉,刘嘉凌. 浅析网络经济反垄断中相关产品市场界定理论面临的困境[J]. 经济研究导刊,2014(9):283-284.

[7] 乌家培. 关于网络经济的几个问题[J]. 山东经济战略研究,2000(4): 8-9.

[8] 章迪平,罗栋. 网络经济发展水平测度及其影响实证分析——以浙江省为例[J]. 浙江科技学院学报,2019,31(4):267-273.

浙江数字社会建设的地方立法保障研究^①

谢小瑶　姜秋鸿

（宁波大学法学院）

一、问题缘起

数字时代，大数据技术及其产业的蓬勃发展，已经渗透到我们日常生活的方方面面。《国民经济和社会发展第十四个五年规划和 2035 年远景目标纲要》（以下简称《规划纲要》）提出，要加快数字社会建设步伐，适应数字技术全面融入社会交往和日常生活的新趋势，促进公共服务和社会运行方式创新，构筑全民畅享的数字生活。近年来，为贯彻落实国家大数据战略和数字化转型要求，提供普惠化的基础公共服务，浙江省持续完善数字社会系统架构，构建数字社会多方共建格局，不断健全数字社会相关理论与制度。但我国数字社会建设还在起步阶段，中央对数字社会的专门立法明显滞后，浙江省各地还未形成相关地方立法，由此引发诸多问题亟待立法予以解决，地方有必要及时将数字社会建设先行地区的经验上升为法律规范性文件，地方可以创新性地先行探索立法，制定数字社会建设的实施细则，细化补充上位法规定，完善相关制度和机制，推动数字社会建设。

---

① 本文为宁波立法研究院 2022 年重大项目成果（LRI2022ZD01）。

二、数字社会建设的现实困境

数字时代,大数据技术及其产业的蓬勃发展,已经悄然融入我们的日常生活。全国人大常委会通过的《个人信息保护法》《数据安全法》,以及《浙江省公共数据条例》《浙江省经济数据促进条例》等法律法规是数字社会法律体系的重要组成部分,但是由于缺乏关于设区市数字社会建设的地方性法律规范性文件,逐渐出现了越来越多亟待解决的问题。

(一)政府统筹数字社会的协同性缺失

各级政府机构间良性互动、协同参与、整体规划、功能整合是提升信息资源共享度、获得数字社会建设效益最大化的根本途径。但近年来,数字社会建设普遍由省、市、区(县、市)三级部门参与建设。从指导力方面来看,上级对下级的指导力比较薄弱,省对区一级的指导力度弱的问题尤为严重,进而导致区一级对数字社会建设的工作要点领悟不足,而且部分地区存在"单打独斗"现象。市、区在数字社会建设中积攒的好的经验做法未能得到有效的梳理与推广,数字社会建设的工作机制还需进一步完善。

(二)数据贯通缺乏统一标准体系

数据资源无法有效整合共享、资源整合不深,阻碍平台数据开放、融合、流通。大数据杀熟、大数据征信等关系消费者日常生活的大数据问题逐渐暴露,社会公众对于法律政策的规范和指引的需求也会逐渐增大。但数字社会建设还在起步阶段,诸如此类的问题的解决需要依托于整个数字化改革的推进,浙江省的相关地方立法明显滞后,没有制定数字社会建设的实施细则,没有及时将数字社会建设先行地区的经验上升为法律规范性文件。

(三)数字社会数字化关键人才配套保护政策缺乏

浙江数字经济核心产业快速增长,数字人才主要集中在数字经济领域,而面向数字社会领域的数字人才缺口较大。随着数字技术更新迭代加快,基层治理专业队伍既缺数量,更缺质量,一些基层和艰苦边远地区因政策保护较少、激励力度较小而存在"招人难"问题,所急需的高层人才流入少,流失情况也时有发生。同时基层现有的工作人员因其年龄结构、知识结构、能力结构与现代化数字社区建设不相适应,难以跟上数字建设的步伐。人才紧缺成为制约我省基层数字社会建设的重要因素。

(四)数据安全开放共享规范路径尚未形成

首先,数据开放缺少数据整合共享标准体系。数据整合共享的对象、路径、方式、目标等方面的政策标准、业务标准和技术标准不明确,导致数据资源无法有效整合共享、资源整合不深,阻碍了平台数据开放、融合、流通,也制约了数字社会建设对数据资源的开发利用。其次,数据开放缺少数据贯通指标的总体协调。在数据贯通方面,基础数据库和主题数据库有待进一步贯通,业务指标、系统指标的确定缺乏总体协调,数据治理与部门需求脱节。

(五)数字社会法治规范有待整合突破

当前数字社会专门立法缺乏,相关规范零散分布在不同规范之中,且存在着体系上的冲突,增加了法律适用的难度,体系化的规范构建迫在眉睫。浙江省虽然于 2020 年出台了《浙江省公共数据开放与安全管理暂行办法》,但在部门数据贯通、个人隐私保护、数据标准统一、数据风险评估等方面仍面临着巨大的挑战。尤其是对于重要领域数据资源、重要网络和信息系统以及个人信息的安全保障基础设施建设仍需推进和加强。此外,社会基层对于个人信息安全防护知识技能的宣传普及亟须同步推进,个人信息安全事件举报受理渠道亟须同步开辟,提升全社会网络安全和数据安全意识,切实维护广大网民合法权益。

三、数字社会建设立法的必要性

就数字社会建设而言,存在着一些突出的个性问题,有待通过促进型立法模式加以规范,采取地方立法保障的方式是一种必然选择,这是实现社会领域系统化改革的重要举措,具体而言,推进数字社会建设地方立法的必要性体现在内在与外在两个层面。

(一)数字社会地方立法满足数字社会建设的内在需求

1. 政策的深入性需求

加快数字社会建设,是落实数字中国战略决策的自觉行动,是落实浙江发展总纲领"八八战略"的重要内容。数字社会的核心目标任务就是聚焦共同富裕示范区建设,是深入推进浙江共同富裕示范区从宏观到微观落地的重要载体。但就当前的"数字社会"建设现状而言,数字社会建设仍处在"自下而上""自我摸索"的阶段,尚无一套全国性的"数字社会"建设的整体规划或纲要。民生福祉是数字社会建设的出发点和落脚点,数字社会建设从解决人民的高频需求和关键问题入手,推动社会领域的系统性、综合性改革,为建设数字中国、数字浙江、数字社会提供地方经验和做法,打造可复制推广的标志性成果,树立开创性、系统性、立体性共同富裕示范区标杆形象。

2. 体系的协调性需求

数字社会治理在意识类型、参与特点、治理形式、治理格局等方面表现出新的发展业态,具体表现为社会意识主体化、公民参与内生化、治理形式场景化、治理格局团体化。我国数字化治理正处在用数字技术治理到对数字技术治理,再到构建数字治理体系的深度变革中,是反映我国社会治理水平现代化的重要举措,也是指明浙江进行数字化改革的明确路标。在治理体系上,数字社会建设有利于构建多元一体社会治理体系,有利于吸收市场主体的力量,推动政府与市场资本有效结合,打造共建共治共享社会治理格局,实现政治、经济与社会效益的有效融合。在治理效果上,数字社会系统建设有利于强化数字社会项目政企长效合作运营机制,在数据共享、数据标准、风险评估等领域引入市场资本进行合作建设,有利于促进政府治理和社会自我治理、政府规制与市场调节的良性互动。

3. 机制的系统化需求

数字社会建设涉及多个部门的多跨事项、单个领域的重大事项、没人管的薄弱事项。各地方根据省的规划进一步谋划有地方特色的场景设计,旨在系统解决百姓服务、社会治理的突出问题。统筹协调数字社会系统建设,不仅能提升社会系统数字化认识和数字化思维能力,还能高效推进社会领域的重大改革,联动开展理论创新和制度供给,形成社会建设领域改革一体化、体系化、闭环化的磅礴之势。聚焦民生的数字社会建设为全面量化、科学评价社会领域各项工作目标提供分析工具,为着力构建系统化的数字治理机制提供了实现途径。

4. 权利的保障性需求

当下的数字社会所创造出来的利益基本上通过数据信息来掌控,主要是按照技术赋能来分配,形成一种技术赋权观。首先,数字技术革命颠覆性地对现行制度造成了不小的冲击,随着网络化、数字化、智能化的快速融合发展,传统的商业模式、经济业态以及生产要素、人们的行为与生活模式都在数字化进程中被不断打破与重构。在此背景下,传统的权力机制很难有效地应对顺应而生的数字化难题与困境。其次,当今的人们依托数字技术,在虚拟的数字世界与数字智慧服务中,获得了在言论自由、财产契约、民主参与、个人信息等方面的权利。但相应地平等、隐私等方面的权利也受到了一定的限制。因此,数字社会建设的治理问题也是如何保障自由和权利的问题。

(二)数字社会地方立法为数字社会建设提供外在保障

1.技术的便捷性需求

数字技术已成为提升数字社会治理效率的关键要素,数字社会建设必须通过数字技术、网络和平台连接来实现社会功能。当前,浙江省各地方的数字社会围绕市民民生方面的需求,打造高质量、一体化的"便民惠民"智慧生活服务体系,但仍存在诸如技术不平等、配套制度不完善的问题,还需进一步强化资源整合、多主体办同,做好一体化统筹设计和服务升级。数字社会在数字技术的不断迭代和广泛应用中,在数字化基础设施的建造和智能化应用设备的普及中应运而生。但就数字化基础设施的建设现状来看,数字基础设施建设仍缺乏规划指引,仍处在建设主导阶段,应用场景相对单一,盲目投入资金到安装摄像头、增加数字大屏幕等简单的物理安防上,还需正确把握数字化实际需求,以进一步推动对数字化基础设施的规划指引。

2.治理的有效性需求

大数据、互联网、区块链和人工智能等新兴技术的广泛应用,促使传统的治理方式正经受技术化、数字化的改造升级,便捷高效、场景互动且全要素整合的智慧治理模式日渐形成。其一,数字时代,智慧治理日渐取代传统"金字塔式"管理结构及其层级治理,这些层级治理赖以存在的物质空间基础和地域管辖载体,随着数字技术的发展,传统的社会关系和社会结构逐渐被消解,变得扁平化、碎片化、流动化,超出了传统社会治理的覆盖范围与能力。此外,人力资源与物力资源在数字进程中的跨时空全景融合,深刻改变了社会治理体系。其二,"共建共治共享"的治理模式逐渐成形。一方面,当前各种新业态、新模式都需要凭借对数据信息的收集、控制和使用才能得以运行,它既要对数据信息权利进行必要的保护,也要对数据信息进行必要的分享和利用,这必然会促使治理权力从集中走向分散。另一方面,智慧社会建设必然凸显算法决策和代码规制的重要地位,它在提高社会自动化、智慧化福利的同时,也带来了数据鸿沟、大数据杀熟、算法"黑箱"等数字问题,这需要平衡政府干预与个人权利、社会权力和公共权力,探索"共建共治共享"的治理机制,回应新时代的数字治理需求。

3.数据的安全性需求

数字社会数字鸿沟的加大,引发了诸如算法歧视、大数据杀熟、深度伪造等监管难题。一方面,基于数据全生命周期搭建数字治理体系是数字社会建设的先决条件,以顶层设计引导数据安全有序建设是必须推进的工作。《数据安全法》《个人信息保护法》结合 2017 年实施的《网络安全法》以及 2020 年实施的《密码法》,它们共同组成了我国数据网络安全领域的法律基石。与此同时,随着法律体系的建设完善,围绕数据开放共享的安全问题成为数字社会建设中的重点。另一方面,数字社会的基础是数据信息,数字社会的主要功能就是搜集分析运用大量数据,产生多样化和精准化的生产与服务,这些数据更多的是反映社会普通用户需求和特征的数据信息。因此,数据安全治理体系的搭建,既要保障数据有序合规自由流动,确定企业和组织的数据安全义务与边界,更需要明确政府对保障大数据安全的正向引导和监管职能,借此推动以数据为关键要素的数字社会的建设。

四、浙江数字社会建设立法的内生逻辑

数字社会依托数字技术,聚焦数据要素推动数字治理,其内部各关系之间存在着必然的内在联系。故而,在推动浙江数字社会建设进行地方立法的过程中,应从数字社会的基本要素、特征、范围等入手,以厘清"数字社会"科学内涵为逻辑起点,沿着处理数字社会中的各对重大关系的思路展开,理顺数字社会建设的内在逻辑,进一步推进数字社会建设基本内容发展。

(一)厘清数字社会的概念和范围

数字社会作为一种特定的社会文化形态,借由数字化、网络化、大数据、

人工智能等当代信息科技的快速发展和广泛应用得以孕育成形。数字社会是指为了满足群众高品质生活需求和实现社会治理现代化，以与社会治理相关的数据、模块及应用为手段，为群众提供全链条、全周期的多样、均等、便捷的社会服务，为社会治理者提供系统、及时、高效、开放的管理方式，形成城市和乡村更公平、更安全、更美好的一种社会形态。

1. 数字社会的基本要素

第一，数字社会的主要依托手段是互联网与大数据技术。互联网、大数据和人工智能等已上升为国家发展战略，加快数字社会建设是落实习近平总书记数字中国战略决策的自觉行动。国务院提出的诸如"互联网＋"行动计划、建设"数字中国"等国家顶层决策部署，已成为我国各级、各层面、各领域全力助推数字社会发展的基本行动指南。数字社会运用大数据促进保障和改善民生，尤其聚焦推进教育、医疗、文化等领域数字化建设，强化民生服务，弥补民生短板，不断提升公共服务均等化、普惠化、便捷化水平，打造民生重大应用，解决好人民最关心、最直接、最现实的利益问题。

第二，数字社会的主要功能在于共享数字红利。加快数字社会建设，是落实习近平总书记号召的浙江行动，通过主动引领数字变革，充分释放数字化改革的放大、倍增和叠加效应，为建设数字浙江、实现共同富裕提供经验和做法，让更多的老百姓共享数字红利。基于此，浙江省发展和改革委员会在《数字社会定义集（4.0版）》中提出，数字社会是指为了满足群众高品质生活需求和实现社会治理现代化，以与社会治理相关的数据、模块及应用为手段，为群众提供学习教育、生活劳动、医疗健康、文化生活等领域的社会服务。

第三，数字社会的主要领域在于实现社会治理现代化。数字社会是数字技术引发社会全方位的变革而形成的，以人的全生命周期需求和实现社会治理现代化为导向，以建设民生幸福标杆城市、共同富裕为目标。数字社会的建设，依托城市大脑和全省统一的一体化、智能化公共数据平台，充分利用现代化数字技术，加快我市社会领域资源整合、流程再造、制度重塑，将跨部门多业务协同应用落地到社区、乡村、海洋等社会空间,最终立足客观社会空间,构建平行的数字孪生社会,实现社会空间全息感知、社会网络高效协同、社会服务精准智能、社会关系和谐温馨,更好满足居民对美好生活的向往。

2.数字社会的基本特征

第一,数字社会是一个高度数字化的社会形态。这里的数字化宜理解为推动社会结构变化的重要媒介。当技术嵌入各种生产生活领域,将技术红利置换为商品、服务、组织等内容,并以高效率、低成本的方式扩大受众群体、拓宽社会基础,最终形成一个颠覆传统且不可或缺的社会分工闭环时,数字化就不宜作为纯粹的技术形态被描述,而应作为一个高度数字化的生产方式、组织形式乃至生活方式被认知。

第二,数字社会是现实存在且正在演进的新型社会形态。首先,数字社会并非理论研究中的臆想,而是现实存在的一种社会形态。数字化的生活经验发端于虚拟和现实交织的地带,具有真实且确定的后果。数字化的社会结构性变迁虽然不易从肉眼上察觉,但早已深深嵌入社会生活的基本秩序中。如今,扫码出行、移动支付、视频聊天等诸多看似习以为常的生活方式,恰恰反映出数字化对人的社会生活的真实影响。其次,数字社会作为一种社会形态,并未陷入停滞或者稳定状态,而是处于持续性的变化发展之中。因此,数字社会还应作为一种开放性的概念来理解,以容纳正在发生的社会变迁。

第三,数字社会与网络社会、信息社会应有所不同。从历史角度看,网络社会、信息社会等概念主要用于描述网络、信息等技术作为一项新兴技术出现在社会视野的过程。随着这些技术应用程度的不断加深,社会结构也出现迥异于传统社会的新形态,作为描述这一过程的数字社会就应运而生。在与数字社会的发展关系上,网络社会等社会形态是数字社会得以形成的前提,表征将各类信息以网络等技术化形式处理的阶段;而数字社会则是这些技术深度发展的结果,描述、预设着整个生产流程的变化以及组织结构、价值趋向的整体变迁。所以,数字社会的概念运用需要与网络社会等概念保持适当的距离。

3.数字社会在数字化改革中的定位

加快"数字中国"建设,要求推进数字化改革,推动数字经济、数字政府、数字社会、数字生态协同发展,以全面数字化引领社会转型升级。数字社会系统是数字化改革"152"工作体系的五个重要应用系统之一,数字社会建设是数字化改革探索落地的首要方向之一,也是人民群众最关心、最直接、最现实的改革领域。

数字社会是一种由技术引发、具有结构性变迁特征的社会形态,与数字经济、数字政府、数字生态均有交叉,也有其特有的侧重点。第一,数字社会侧重于推动社会治理数字化转型,与促进数字产业化创新发展和实现产业数字化转型共同构成了数字时代经济社会建设的主线任务。第二,数字社会侧重于培育公众的数字认同,营造行政部门与社会公众的协同关系,为行政部门精确识别公众服务需求,精准地为公众提供便捷化、高效化的公共服务起到桥梁、纽带的关键性作用。第三,数字社会侧重于更好满足群众对高层次、多样化、均等化公共服务的需求,营造开放、健康、安全的数字化社会生态,建设场景化、人本化、绿色化、智能化的美好家园。数字社会与数字经济、数字政府、数字生态相互关联、相互促进,共同构成了一个功能互补、统一衔接的系统性整体。

(二)厘清数字社会建设的重要关系

1.数字社会与数字经济、数字政府、数字生态的关系

数字社会与数字经济、数字政府、数字生态是一个有机的系统性整体。第一,数字经济、数字政府、数字生态是数字社会的有力支撑。数字经济通过海量数据和丰富应用场景优势,促进数字技术与实体经济深度融合,加强关键数字技术创新应用,为数字政府提供数字化手段以精确识别公众服务需求,精准地为公众提供便捷化、高效化的公共服务,数字生态培育数字社

会中公民的数字化共识、数字素养与数字文明。第二,数字社会为数字经济、数字政府、数字生态提供支撑。数字社会为数字经济创新发展提供稳定的实践支持,为行政部门数字化转型提供原则与导向。数字政府以社会公众需求为出发点,借助各种数字化技术,建立数据共享平台,在顶层设计、基础设施、社会服务等领域进行全要素的数字化转型,实现跨部门、跨层级的流程整合与再造。自国家提出"加快数字中国建设"的宏大战略规划之后,作为一种治理范式的转型,数字社会旨在培育公众的数字认同,为社会营造开放、健康、安全的数字生态,推进网络空间国际交流与合作,实现对数字社会运行过程的整体性治理,构建网络空间命运共同体。可见,数字社会能够通过对公共权力的重构以及对社会互动关系的影响,相应地与数字政府、数字社会与数字生态等具体形态形成协同联动关系。

2.数字社会建设中政府、社会和市场的关系

数字社会建设是一项集系统性、复杂性与协同性于一体的持久任务。它不仅表现为一种跨部门、跨场景的整体性建设,还应是兼容线上和线下的一体化建设。数字社会建设以数字网络或平台为支撑,实现由单一政府主体向公众、市场等多元主体的形式转变,实现纵横贯通的整体治理模式;治理主体间的互动关系也由政府单向权威掌控变为多主体相互协同合作的形态,其权力向度是多元的、交互的和可协商的。数字社会作为社会系统因信息化、数字化、智能化出现社会结构分化、离散与调和从而形成的一种新型组织形态,其本身也在转型过程中实现了对社会、政府与市场之间的价值整合与再塑。数字社会建设下政府不仅是关键引领者,更是与市场、社会密切互动的合作者,通过政社互动、政企互动、政民互动的联动机制,充分调动各方力量参与城市治理的积极性、主动性与创造性,激励企业、社会组织和公众多样化、多渠道、多层次参与社会治理,打通公众、市场参与社会治理的"最后一公里",从而构建政府、市场与社会之间的新型数字互动关系,进一步丰富数字治理时代民主的内涵。

3.数字社会建设中规范与促进的关系

数字社会建设依托一系列技术因素和非技术因素的支撑与保障,搭建起网络平台和场域,也建构起数字社会生活。数字社会化意味着社会是在数字基础设施建设之上的结构形态、内容属性、制度规则以及生活体验与技术应用的深度融合,处理的是技术与政府、技术与社会、技术与人之间的协同关系。同时,在数字社会过程中,政府、社会与公众的互动关系也相应发生改变,政府由资源和权力的主导型角色转变为利益协调与平衡的服务型角色;社会与公众由原来的碎片化、零散式参与转变为在数字驱动之下的整体式参与。由外观之,数字社会是一个技术赋能国家治理之下的政府与社会同步转向的过程;由内观之,数字社会是在公共价值导向下"政社"与"政民"的协同与合作过程:一个经由数字政府的生产、数字社会的整合以及数字公民的表达的过程,遵循的是技术驱动、制度重塑以及价值生成的系统发展路径。

4.数字社会建设中统筹、服务、监管的关系

数字社会建设中的数字统筹能力决定着数字社会的建设质量与价值定位。随着社会治理的转型,数字统筹能力不但能提升政府服务的效率与品质,还能促使政府依据数字信息作出前瞻性、系统性和科学性的决策,变解决问题为提前发现问题,变被动服务为主动服务,全面提升数字社会建设的预判能力和响应速度。例如,浙江省"最多跑一次"改革的创新性做法,体现了数字技术对社会运行和政府服务形式的重塑。同时,政府借助于一体化、智能化公共数据平台,促使职能部门由传统的"单打独斗"变为了跨部门、跨层级、跨区域的互联互通、协同共享的一体化治理网络,以流程的精简增进政府办事效能,以技术的赋权实现政府治理和监管的融合。

5.数字社会建设中数字应用与数字安全的关系

数字技术的应用已成为数字社会建设的不可或缺的基础条件。数字化、智能化给公众带来巨大的便捷和舒适,但同时也存在着因数字技术在社

会中的应用场景增多,敏感的身份和生物信息等数据信息泄露,使隐私权遭到侵犯;公众与数据掌控者之间的严重不对称,导致数字鸿沟,造成新的社会不公;自动化算法决策带来的算法黑箱与歧视、算法霸权等孕育的社会冲突;算法技术对公众偏好数据的收集形成的大数据杀熟,导致公众的经济利益受损;以及互联网时代信息传播方式的时效性与碎片化特征引起的网络舆情危机,影响社会安定甚至国家安全等数据安全问题。因此,数字社会的安全关键在于数字技术的合理利用。从治理角度看,结合人工智能、大数据、物联网等新技术发展趋势,需提高网络综合治理能力,形成党委领导、政府管理、企业履责、社会监督、网民自律等多主体参与,经济、法律、技术等多种手段相结合的综合治理格局;也即要发挥政府的主导作用和顶层设计功能,依靠企业和社会组织等主体进行贯彻落实,建立政府主导、社会协同、公众参与的数字社会治理体制,建设一个与国家安全战略相适应的数字社会。

6.国家立法保留与地方立法创新的关系

国家立法保留原则是地方立法的重要理论指导原则,地方立法创新对国家立法具有能动的补充与延伸作用。我国数字社会建设还在起步阶段,数字立法在国家层面与地方层面都明显滞后,地方在数字社会领域积累了许多基础实践经验,有待地方立法科学及时地进行归纳、概括和提炼并加以固化。在我国数字社会建设工作推进过程中遇到的亟须解决的诸多突出问题需要地方性法规的引领与保障。新修正的《立法法》进一步确认了有关中央与地方立法的界限,赋予了地方更大的先行先试的立法空间。在此种意义上,进行数字社会立法是对数字社会建设进行的创制性立法,由地方先行设立试点探索,及时反映了社会快速发展下法律滞后现状的立法诉求,是对数字中国建设"先行先试"策略的体现,也是浙江省各地方建设共同富裕示范区,完善地方竞争制度的重要探索。

五、构建浙江数字社会建设法治保障体制

浙江是全国率先启动数字化改革的省份,要致力于打造数字社会先行区域,首先要以数字社会建设基本原则为基准。坚持"以人为本与资源共享"的发展思想,把发展思想贯穿到数字社会系统建设的全过程与全周期;坚持"政府主导与社会参与"的发展途径,建立政府主导、社会参与、上下联动、联合推进的数字社会建设机制,共建共享数字社会建设;坚持"数字发展与安全保障"的发展目标,坚持促进数字社会发展与保障数字社会安全并重;坚持"统筹规划与协同"的发展思路,全市域一体化推进整体规划。以数字赋能为手段,通过高效整合数据流、科学改造决策流,推动各领域工作体系重构、业务流程再造、体制机制重塑,以推进省域治理体系和治理能力现代化。其次要以省、市、县纵向贯通,横向部门高效协同为目标,运用数字化思维、数字化技术、数字化资源、数字化规则,以数据资源为依托,以智能化手段为支撑,坚持"共性贯道+地方特色"的原则。最后要以人民实际需求为导向,回应社会要求,跨部门整合数据资源和服务项目,全面介入社会民生服务的需求表达、信息挖掘、协同治理、评价反馈等全流程,推动形成集成服务和综合应用。具体而言,我们可以沿着以下的逻辑脉络设计浙江数字社会建设法治保障体制机制。

(一)拓展多方协作场景,打造多元联动格局

1.优化政府管理体制

以政府为主导,科学定位市、县、乡、镇政府角色与职能,推动职能由行政管理型向引导服务型转变,发挥数字化主管部门的引领作用,联动有关部门有效协作,形成数字社会系统管理核心。深化政府数字化主管部门对数字社会建设的统一规划与科学指导,完善数字社会总体设计规划,加大政策引导,强化责任落实机制,科学高效推进数字社会系统建设。

2. 建立健全联席会议制度

加强数字社会系统建设的组织领导和统筹协调,厘清各管理主体间的权利和责任界限,通过科学合理谋划及统筹安排,完善对权力运行的管理与监督,逐步建立各监管部门高效协调配合的联合监督管理体系。建立健全联席会议决策议事机制,把政府领导集体决策与社会参与有机联合起来,协商处理重要事项,助力贯彻落实各项工作,保证各项决策的有效执行。

3. 构建多元主体共同参与体制

推进社会共同参与、齐抓共管、高效协同,联动解决社会问题。发挥基层社会组织"政策引领"和"示范带动"的功能和职责,自下而上地推动基层社会组织积极主动参与数字社会系统建设、推动相应政策落地见效,积累基层基础实践经验。发挥企业社会团体和中介机构在数字社会建设中的能动高效、灵活、专业的作用,明确企业社会团体和中介机构参与的合法性地位及其职责界限,发挥社会多元主体的社会监督职责,打通社会多元主体参与的制度性通道,激发社会多元主体参与的内源性动力。

(二)健全标准规范体系,推动数据整合共享

1. 统一数字供给标准

提升数字供给的精准性与有效性。推进门户设计、模块开发等数字社会标准规范体系建设,研究制定数字社会项目立项建设、多跨应用场景筛选谋划、公共数据资源共享交换、信息安全保障等配套管理制度。

2. 推动数字资源整合

推动基层数据资源整合共享,推动基层政府与各垂直部门的数据共享、融合,推动部门数据按需向基层共享、共用。把包括数据在内的各类资源进行统一、高效配置。

3.深化政府社会协作

要创新社会力量参与数字社会系统建设模式,激发社会活力,激发价值创造的"乘数效应",形成可持续的开发运营机制。建立健全数字社会项目政企长期合作运营伙伴机制,以未来社区为基本单元,探索多种开发建设运营模式。鼓励社会机构积极参与应用场景开发,最大化释放数字资源价值。

4.深度整合社区大脑

以未来社区为基本单元,推进"采、存、传、治、用"一体化技术融合、"政产学研"一体化业务融合,构建形成覆盖各部门各主体、资源统筹开发利用、数据深度整合共享的"社区大脑"。

(三)推动数字平台建设,提高数字服务质量

1.构建数字共建机制

数字社会治理必须建立"用数据说话、用数据决策、用数据管理和用数据创新"的理念,实现大数据与社会治理的深度融合。加强联动机制,统筹协调数字社会系统建设,坚持问题导向和应用导向,聚焦寻找具有突破性、一体化以及横向联动性、纵向贯通性的跨部门多业务协同应用大场景,以显著增强执行效率,撬动社会事业领域改革。围绕公共交通、快递物流、就诊就学、城市运行管理、生态环保、证照管理、市场监管、公共安全、应急管理等重点领域,推动一批智慧应用区域协同联动,促进区域信息化协调发展。

2.提升数字服务内容

主动排摸与预测民生服务需求热点以及痛点难点,剖析需求端与服务端差距,不断升级数字服务内容,形成"需求—反馈—改进服务—激发新需求"的闭环,推动多跨场景应用建设和业务流程再造,及时高效地回应居民多样次、个性化需求,创新有机统一的新人居空间。

3.强化平台数字赋能

建立健全一中心多主体负责制度,基于全省统一的一体化、智能化公共数据平台,以浙江全省城市大脑为核心,依托数字化技术融合,规范标准并构建底层数据,引入移动网络终端及附加的应用积累的海量数据,实现数据和业务在横向部门间、纵向省市县间、新老系统间、今天与未来间的有机贯通,促进与社会服务领域的深度融合。建立健全数据平台开发建设标准和技术规范,明确和落实数据采集共享的流程及各方权责。针对不同数据来源,明确数据所有权和数据使用范围,并结合数据生命周期建立预警、响应及处理机制,实现规范管理、主动防治。

4.促进平台数据共享

建立健全平台共享机制。在数字化场景下打造新型社会服务和社会管理载体,加快社会空间智能化、社会政策精准化、社会服务均等化、社会制度法治化、社会结构合理化、社会治理现代化,高效协同,联动解决社会问题。以数据价值为导向,探索建立数据有偿使用和交易机制,鼓励社会领域数字化技术应用创新,充分调动各方推进数据开发利用的积极性、主动性。打造智慧社区,充分整合民政、卫健、住建、应急、综治、执法等部门系统基层入口,构建网格化管理、精细化服务、信息化支撑、开放共享的基层治理平台。

(四)加快探索建设路径,健全数字保障机制

1.加快数字社会投资基金融资

引导金融资本支持数字社会建设,为新技术、新产品应用提供融资渠道。安排财政性资金支持数字产业化发展、产业数字化转型以及数字经济企业培育等,引导和支持社会资本参与数字社会建设。

2.统筹数字社会产业链协同创新

引导和支持科研机构、高等院校、企业加强协同攻关,共同开展数字社会基础前沿研究和关键共性技术研究,支持数字社会建设中的科技创新和

相关成果转化。

3.支持数字社会金融税收优惠

实行有利于数字社会发展的金融政策,对于符合数字社会建设的项目、企业、园区、平台和创新人才,在贷款、政策性融资担保以及其他金融服务等方面给予支持。

4.健全数字社会平台供需对接通道

以普遍需求牵引高质量供给,以高质量供给匹配普遍需求。要精准排摸数字社会建设中的人民实际需求,要面向未来,开发数字社会的重大应用。要做好对接通道的评估工作,对于效果不好的平台与应用进行迭代更新。

5.培育数字社会关键技术人才

强化具有国际视野的高素质数字化人才培育和引进,鼓励面向数字化的创新创业,特别是支持数字社会解决方案集成商快速发展。要"抓早抓小",将数字素养和数字技能纳入浙江省中小学基础教育体系,率先在思政课和课外读本中增加相应为容,并不断优化课程内容设计,探索情景式、体验式、互动式教学方法。

6.提升数字公民数字素养

强化自由平等公正法治的价值导向,培养有追求、有情操、高素质的数字公民,鼓励居民参与数字社会设计、建设,加强需求调查,畅通诉求反馈渠道,帮助老年人等弱势群体跨越"数字鸿沟"。

(五)强化数据安全监管,推进数字规则制定

1.强化跨区域、跨平台协同监管机制

打通政府、社会、市场之间数据壁垒、物联障碍,强化数字监管,利用互联网手段,实现相关部门逗法线索互联、监管标准互通、处理结果互认。

2.建立数字社会风险防范机制

定期开展数字社会风险评估和安全测评。建立实战化、常态化的攻防演练机制,以实战演练为抓手,促整改、堵漏洞、防风险,不断提升数字社会基层安全风险管控水平。针对不同数据来源,明确数据所有权和数据使用范围,并结合数据生命周期建立预警、响应及处理机制,实现规范管理、主动防治。

3.完善数字社会安全防护机制

一是严格落实《网络安全法》《数据安全法》相关要求,形成一套信息安全管控体系。二是落实信息安全等级保护、涉密信息系统分级保护制度。三是建立健全数据全生命周期的安全闭环管理,包括数据采集、传输、存储、使用、交换、销毁等各个环节。四是建立差异化的数据共享开放管理。根据基本公共服务、普惠性非基本公共服务、多样化生活服务等三大类数据,实现差异化管理措施。五是推动数据安全体系建设成效评价,推动数据安全管理工作可量化、可追溯、可评估。

4.强化个人数据信息保护机制

一是严格落实《民法典》《个人信息保护法》中个人信息相关规范,守好个人信息与隐私保护的红线;二是强化数据脱敏,实现对人员身份信息、证件信息、经济信息等敏感信息的隐藏和保护;三是培育基于区块链的可信共享交换技术,在保护个人信息权益基础上,实现数据信息的有序流通。

六、结语

数字社会建设是纵向一体化的过程,在推动数字社会建设规范化的发展进程中,离不开实现自上而下的顶层设计和自下而上的应用场景创新。但就数字社会建设而言,仍存在着如社会力量参与度不够、智能技术适老场景与新兴业态融合不畅等一些突出的个性问题,有待通过促进型立法模式加以规范。以满足群众高品质生活需求和实现社会治理现代化为导向解决数字社会顽固难题,随着相关制度体系的建立需求增加,各部分的研究也将朝着更系统化的方向发展。

参考文献

[1] 刘凤,杜宁宁.数字社会转型背景下城市基层治理逻辑变革研究[J].湖北民族大学学报(哲学社会科学版),2020(4):28-33.

[2] 李一."数字社会"的发展趋势、时代特征和业态成长[J].中共杭州市委党校学报,2019(5):83-90.

[3] 马长山.数字社会的治理逻辑及其法治化展开[J].法律科学(西北政法大学学报),2020(5):3-16.

[4] 马平川.数字经济的治理转型与秩序塑造[J].法制与社会发展,2023(1):81-95.

[5] 苏乃锋,刘洪雷.信息安全中的等级保护与分级保护初探[J].网络与信息,2011(12):58.

[6] 王毛路,华跃.数据脱敏在政府数据治理及开放服务中的应用[J].电子政务,2019(5):94-103.

[7] 王盈盈,刘维蓉,彭光灿,等.大数据驱动公共服务供给多主体整合模式研究[J].现代商贸工业,2021(1):21-22.

数字化驱动现代化建设：
缘起、挑战与路径

王海稳　李梦茜

（杭州电子科技大学马克思主义学院）

纵观而言，随着 AI 智能、机器算力等数字技术的高速发展与普及推广，人类社会的生产生活方式与劳动形态都产生了翻天覆地的变化，浮现出数字化的新样态。数字化汹涌浪潮使得全世界大部分国家实现了全面数字转型。尤其在浙江，已全面推动、持续发力，探索出了一条省域推进数字化改革的全新路径，牢牢占领着数字文明时代的高质量发展制高点，凸显出浙江的识别度与全国影响力。由此来看，推动数字化发展是显示先进生产力与位列产业前沿的必由之路，是跨步前列、制胜未来的现代化尝试。回溯历史，自新中国成立以来，中国共产党率领全国各族人民向着中国式现代化方向前进，成功开辟出一条区别于西式现代化的社会主义现代化道路。中国式现代化从自身国情出发，始终坚持以人民为中心，围绕增进社会公平与民生福祉为出发点与落脚点。但在推进现代化过程中，仍面临着诸多挑战，迫切需要各级部门以良好的数字化发展乘胜追击，加快推进中国式现代化。

党的二十大报告指出，教育、科技、人才是全面建设社会主义现代化国家的基础性、战略性支撑，中国到 2035 年要基本建成科技强国。这为推进社会主义现代化提供了基本方向。但从整体上来看，仍面临主体价值意识侵蚀、数字技术资本垄断以及数字政治外交冲击等突出困境。数字经济的健康发展为纾解上述困顿,驱动社会主义现代化建设提供了新契机。那么,数字化何以驱动现代化?两者之间的逻辑关系如何?在数字化背景下的现代化建设面临哪些现实挑战?如何破除梗阻,创新数字化驱动现代化建设之道?科学回答以上问题,对激发数字化历史潜能,推进中国式现代化建设有着重大的理论实践意义。梳理来看,当前学者们的研究大多集中于以下三个方面:一是有关现代化建设基本取向与物质基础;二是有关数字经济发展的系列制度性障碍;三是有关西方国家数字化相关问题的研究。但现阶段,进行数字化驱动现代化建设关系研究的学者仍占少数。故本文将以历史唯物主义视域下的数字化内涵为切点,从数字化驱动现代化的理论机制进行研究,对建设中国式现代化的困境检视和实践方案给予学术上的回应。

一、缘起:数字化何以驱动现代化?

党的二十大报告对中国式现代化的本质要求作出全新阐释,即中国式现代化是始终坚持党的全面领导,结合我国综合国情,以实现全体人民共同富裕为目标的,涵盖经济、政治、社会与生态的社会主义现代化。当前,数字化是现代化生产的直观表现形式,是数字信息革命不断走深走实的核心技术特征。我国作为少数配备完整工业制造体系的发展中大国,已在浙江等地开展数字化先行示范,从数字浙江到信息经济到数字经济"一号工程",再到数字经济创新提质"一号发展工程",浙江始终将数字信息化蓝图绘到底,并取得了显著成效。在此背景下,从历史唯物主义出发,深刻领会数字化发展的内涵,厘清数字化驱动现代化的理论机制内核,对助力现代化发展极具理论与现实意义。

(一)历史唯物主义视域下的数字化内涵

第一,从西方国家制度下数字科技发展的历史局限性来看。科学技术作为现代性生产工具,既有助于提升社会生产力,也是联结生产关系的重要中介,并作用于上层建筑。在不同的社会制度下,科学技术对社会与人类主体的影响也大相径庭。回溯西方国家的前三次工业技术革命,都将科学技术当作一种价值中立的生产工具或生产手段,而非目的。到了第四次信息技术革命,数字技术超越了传统意义上的生产工具界定;生产资料不仅局限于传统物质资料,还包括了各种数字资源。马克思曾将空间当作"一切生产和一切人类活动的要素"。尤其是在如今的数字化生存空间中,一切的人和社会似乎都与数字网络衔接在一起。数字控制成为资本主义社会权力运行的首要模式,人们能够明显地感知到数字技术的技术理性力量。数字化应用似乎营造了一种传统物理生产空间消失与生命主体自由解放的幻象,殊不知数字化物质生产程度愈高的西方社会,愈是加深了对数字劳动主体的盘削,甚至将人类传统的生活空间转嫁为生产空间。可见在西方国家的数字化运用与社会治理出现了某种相对悖论。

第二,从社会主义制度下数字化发展的历史意旨来看。任何一种科学技术能否充分发挥效用或促进社会解放进步,都取决于其运用的社会制度。资本主义制度下数字化应用的虚假性、颠覆性等各种历史现象越来越证明唯有社会主义才能正确合理运用数字化并顺利迈向未来文明新世界。尤其是经历疫情冲击以后,西方国家与社会主义制度数字化应用的最终服务目的愈加明晰,其根本逻辑的差异性也愈加明显。一些西方国家的数字巨头企业利润不减反增,以生产尽可能多的剩余价值来持续压榨数字劳动者。相反,中国的数字化产业始终遵循政府与市场的调配监管,坚持以人民的需求为导向,维护人民的利益。譬如浙江在数字建设过程中始终坚持以驱动引领社会主义现代化为目标,以全面赋能经济社会发展为根本,以推动高质量发展为核心,不断推动两个"先行",即共同富裕先行及省域现代化先行,忠实践行"八八战略",奋力牵引"八个高地"建设,使得数字经济、文化、政务、社会与生态文明统筹协同推进,充分体现了社会主义制度下数字化成果的利民性与合理性。"除了实行社会主义外,没有其他的出路,社会主义的目的不是积累,而是以发展全球生产力,来满足劳动人民的需要。"①

因此,从历史唯物主义出发,着眼于数字技术所带来的各种历史新特点、新挑战与新机遇,深挖数字化发展方向,可以看到数字化蕴藏着强大的历史后劲。不仅可以将数字化与实体经济相互融合提升社会生产力,促进生产关系变革,还可以通过完善数字化环境以助力以人为本的上层建筑发展,为推动建设合理公平的全球数字经济秩序贡献应有力量。数字化不仅是百年未有之大变局发展的方向,更印证了科学社会主义展望未来的原则性规定。以数字化撬动、助力现代化发展是实现中华民族伟大复兴的必然趋势。

(二)数字化驱动现代化的理论机制

新时代下,现代化建设的推动需要更高水平的生产力。数字化生产技术的创新发展推动了生产力的跃进,也为现代化建设指明了方向。在现代化建设过程中,人类主体应始终贯穿其中。党的二十大明确指出,"必须坚持科技是第一生产力","坚持创新在我国现代化建设全局中的核心地位",科学技术作为第一生产力,是促进中国式现代化发展的基础战略性支撑。伴随新一轮信息工业革命的兴起,如何抓牢技术革新的新良机、贯彻创新驱动发展战略,以数字化新兴技术引领发展,在极大程度上关乎现代化建设的发展成效。但现代化建设不仅需要主体参与、技术支撑,更需要国家治理体系的稳固奠基。治理体系现代化是实现现代化的基本任务与制度保障,数字政治环境日益复杂的当下,不仅要提升政府数字化治理能力,更要积极为全球治理体系改革建设贡献应有力量。因此,在数字化发展驱动下,中国式现代化的模式得以重塑,呈现出人的主体现代化、科技创新现代化以及国家治理现代化等新特征。而信息化、数字化发展也为主体、技术、国家治理现代化厚植了各项基础条件。

---

① 罗莎·卢森堡.卢森堡文选[M].李宗禹,译.北京:人民出版社,2012.

一方面,中国式现代化是数字化发展的价值旨归。党的二十大报告指出:"不断谱写马克思主义中国化时代化新篇章,是当代中国共产党人的庄严历史责任。"①在二十大精神的引领下,数字化发展仍应以推进社会主义现代化为价值旨归,积极借鉴西方以科技促进现代化的思想,以向往人类美好生活为根本立场,不断谱写中国式现代化的宏伟蓝图。具体分析而言,中国式现代化包含三方面内涵:首先是人的主体现代化。现代化最先起源于欧美国家,主要以工业化进程助推现代化,其遵循的是以资本为核心的资本逻辑。而中国式现代化则相反,始终以人民为中心,实现对西式现代化的超越。学者任保平将人的主体现代化当作国家人口素质的提升,这是实现现代化的最终目标。在数字化驱动下,科研场所由传统的物理空间扩展为如今的数字空间,有效地突破了传统时空边界,提高了整合科技资源利用率,共享了优质的文化教育资源。尤其是在人才培育方面,创新型人才更易被挖掘与利用,自然生产力与劳动生产力的匹配度也不断提升。其次是科技创新现代化。实现科技自立自强是中国始终坚持与奋斗的目标。数据要素的引入为传统科学研究增添了新机缘,创新了科技流程与范式,促进了信息流动,使得中国能够迅速迈入世界创新大网,有效提升了科学技术水平。最后是治理能力现代化。数字化的发展极大推动了治理能力与治理体系的现代化。治理主体趋于多元,治理模式纵横结合,治理范围也日益扩展。尤其是在数字平台纷纷兴起的当下,依托数字化技术管理能够更加精准地监测预警各项数据资源,提高资源管理效率。基于各项数字化大数据分析还能更好地实现科技成果转化,制定合理的科技决策,提高数字科技与产业发展目标的匹配度,更好地满足群众所需,从而推动治理现代化。

另一方面,数字化发展是推动实现中国式现代化的有力举措。数字化发展从本质上归属于社会主义发展阶段的根本任务,其战略高度早已胜过数字化驱动所谋求的经济效率提升等基本目标。"社会主义的根本任务是

---

① 习近平.高举中国特色社会主义伟大旗帜 为全面建设社会主义现代化国家而团结奋斗[N].人民日报,2022-10-26(1).

解放和发展生产力。"①在数字科技加速演进的当下,要想完成好发展生产力的根本任务就必须将数字化纳入生产生活的科学领域之中,将数字化发展落实于"五位一体"总体布局与"四个全面"战略布局的总方阵之中。

从理论层面上看,一是数字化为人的主体现代化提供新机遇。数字化驱动现代化的科技创新协同体制,以往的科技创新范式往往泾渭分明,以学科与国界为依据进行划分,难以真正实现国家与机构间、人与人之间的高效融合协作。而现今的数字智能化平台则可以轻松达到研发、生产与终端使用的联动创新。将数字技术深度镶嵌于各机构间的数字交互过程之中,使数字用户也能够被归入科技创新之中,充分满足用户所需。二是数字化为科技现代化提供新尝试。数字化能够驱动现代化技术供需衔接体制。通过打造多元的数字创新链,打破各创新主体隔阂,在数据采集、合作协同的过程中发挥数字技术效能,实现技术需求供给的高效衔接,形成以人民为中心导向的技术创新机制。三是数字化为国家治理现代化提供新保障。一方面,数字化政府是国家治理现代化提质增效的症结,数字化政府拥有管理网格化、办公自动化、信息政务透明化等特点。学者周文彰就数字政府的特点提出数字化发展能够促进国家政府监管全面化,治理决策民主化、高效化、科学化与精准化,有效地提升了国家治理能力现代化水平。放眼浙江,在数字政府方面就始终坚持将人民对美好生活的向往作为数字政府建设的立足点,将数字化改革顶层设计、增量开发、迭代升级理念思路与"V"模型方法路径贯穿其中,着力解决群众、机构的急难愁盼问题,从而将数字建设成果更多地普惠群众。

另一方面,数字化能够驱动现代化的数据开放共享体制。随着物联网在全世界范围内的普及推广,数据资源成为各国发展的重要创新元素与生产资料。数据的开放共享使各国之间的科研友好合作更加紧密与高效,频繁了各国间的外交往来,促进了各项科技人才的流动调配,使科技成果、知识实现更高效的动能转化。从实践层面上看,浙江省始终以习近平总书记

---

① 邓小平.邓小平文选:第3卷[M].北京:人民出版社,1993:63.

关于数字经济的重要论述为基本遵循,在率先引领数字浙江、深入贯彻数字经济"一号工程"大背景下,不断地把握数字化发展新时机,拓展数字经济发展新疆域。通过 5G 设备、数据中心等的加速架构,数字基础设施全面升级。数字产业比例显著增高,不断实现从应用驱动向技术、数据驱动转型。另外"产业大脑＋未来工厂"也为实体经济增添了强劲动力,推动着"服务＋制造"的加速繁衍。可见,浙江的系列数字建设举措不仅为推动实现中国式现代化奠定了坚实基础,更是树立了不凡典范。

二、挑战:数字化引领现代化的困境检视

如今,以数字技术为内生动力、以数据为生产要素的数字化转型升级日渐推进。数字化发展在引领社会主义现代化的进程中正发挥着越来越大的作用。但由于数字应用环境的复杂交替,在数字化引领现代化的加速发展实践中也遇到了系列困境。数字化创新应用对主体价值意识的正向发展产生了不利影响,数字化算法技术失控引发了资本垄断乱象。此外,数字化政治宣传还对国家政治安全造成了强烈冲击,严重阻碍了社会主义创新主体现代化、科技水平现代化以及治理能力现代化的进程。

(一)主体层面:数字意识形态的价值渗透

数字意识形态是数字时代意识形态发展的新形态。数字化空间现如今成为人类意识生成与精神传播的主要场域,是实现社会主义现代化进程中的意识形态工作主战场。主流意识形态是保持社会稳定的重要关节,但在数字意识形态斗争中,数字生命主体不再被主流意识形态占有,而逐渐地被西方国家意识形态渗透侵蚀。执掌数字技术超级权力的数字垄断寡头者,往往以意识形态为切入点,塑造起取代本民族国家的数字价值与秩序,将数字个体对本民族的情怀与记忆抽离出来,使其变为数字帝国的"附庸者"。数字化个体交往虽能冲破各种时间与空间的束缚,实现各种跨国界交往,但

在数字交往的过程中，主体生动的本真差异性逐渐被冰冷的数字差异性取代，主体对西方国家倡导的各种意识形态逐渐地产生了无意识认同。这种无意识认同是数字资本规训的后果，"非神非自然，人本身是操控人的异己力量"①。数字交往主体仿佛被附上了商品化、权力化的标签，数字交往主体除了与数字平台相互嵌合，似乎毫无其他选择。并且在数字化技术更迭加速下，数字主体对各类产品的认知时间也大大缩水，这就导致数字用户们还未真正了解数字产品，就要被迫接受并认同其传输的各类功能与思想。数字虚假需求掩盖了真实需求，人们陶醉于短时的数字消费，譬如刷短视频、浏览公众号等，从而失去了在数字生活世界中对数字自我愿景、数字良性互动的真实满足感。

人类主体价值作为社会关系的集中凝练与物品的客体价值大相径庭，主体价值自人类出生以来便开始不断地积累与凝练。随着数字化时代的崛起，主体价值开始被各种数字技术借鉴模仿，并通过各种人工智能、算法推荐等形式呈现在人类面前，机器承担着人类主体价值观，并试图引导现实世界中的人们。由此，数字用户们驻足于与其有着相近价值观的数字圈层，并借助网络传播媒介抒发自身的价值观点。在数字圈层内的人们因此获得了来自相似价值观的认同，享受着价值层面的安逸感。譬如与 ChatGPT 交流的人们会感受到似乎与"同类"交流的亲切感，这一切仍归功于数字化技术。值得注意的是，此种持续不断的"引导"将使主体对本国主流意识形态的情感认同产生消解，从而使得中华民族共同体中的民族精神发生解构，一定程度上对推进创新主体现代化产生了威胁。

（二）技术层面：数字算法技术的资本垄断

科学技术作为第一生产力，强劲地驱动着社会生产力的蓬勃发展，革新了人与自然、社会间的互动关系，为现代化建设贡献了强大力量。但正是科

---

① 马克思，恩格斯. 马克思恩格斯全集：第 42 卷[M]. 中共中央马克思恩格斯列宁斯大林著作编译局，译. 北京：人民出版社，1979：99.

学技术水平在生产发展与国际竞争中的重要性日益凸显,其所面临的挑战也不减反增。数字算法作为一种前沿科技,能够运用于各项数据要素加工之中,是数字化生产的重要工具。从技术向度上看,算法是"一种计算机软件技术规则,是为完成某项任务在设计软件时所嵌入的数字化流程或者规则,通过路径、机制的设定,运算出相应的结果"①。算法自身不具备任何价值属性,却会被设计者赋予其自身的评判标准,并且算法技术自带"黑箱"性质,其设计与运用往往具有隐秘性,欠缺对算法滥用的制约体系。因而极易被数字资本家们利用,通过算法技术实施资本垄断以牟取暴利,最终导致算法失控。其具体表现在以下两个方面。

一方面体现在由算法驱动的数字平台运转上。我国数字平台的使用未能很好地发挥数据效能,仍存在着使用范围过小等问题。西方国家的数字平台不仅变为用于生产、交换的数字化基础设施,还成为剩余价值竞争的"主战场"。数字平台用户范围极广,不分国界,其产生的数据会立马被数字资本家收集获取,用以分析处理成更有价值的数据商品,获取更多的剩余价值。相互分离的数字交往活动经智能化技术变为了一连串由算法拼接成的数据体系。数字用户们的注意力时间被数字平台夺去,并进一步商品私有化。在强大的算法分析下,数字用户们的各种行为习惯被悉数捕捉,以便于资本家们设置更为精准的关联产品推送,仿佛将数字个体圈固在他们预期的轨道中,徘徊在资本家给定商品的"怪圈"内。

另一方面体现在由算法推荐的传播权力转移上,随着算法技术的强势崛起,算法推荐逐渐成为信息传播扩散的主流渠道,它不仅能提高信息分拣与处理的效能,还能精准满足人的各种个性化需求。但当算法推荐的运行建构在西方国家剩余价值生产逻辑上时,主流意识形态与主流价值观的宣传引领被排挤,实际存留空间也被压缩。信息化社会的权力逐渐流向算法领域,"算法权力"改变着原有的社会权力结构。算法推荐通过持续不断的

---

① 凯伦·杨,马丁·洛奇.驯服算法:数字歧视与算法规制[M].林少伟,唐林垚,译.上海:上海人民出版社,2020.

迭代升级,提高数字信息处置能力,高效精确地掌握用户们的偏好信息,使各种推送、包装都更集中于用户的爱好,让人们更坚定地臣服于算法推荐之下。但是算法推荐的零碎性、娱乐性以及两极性都会稀释主权国家原有的领导力度,一些不良信息的泛滥若未得到有效遏制,会直接搅浑社会秩序的平稳运行,拖延主权国家实现科技水平现代化的进程。

(三)国家层面:数字政治外交的强劲冲击

良好的中国特色大国外交,为推进社会主义现代化提供了有力的服务保障,塑造了更加优越的外部条件。数字化发展的蔓延使全世界各国尤其是西方发达国家,越来越多地介入国际数字竞争之中,政治化趋向也日益明显,反映出了国际数字竞争日益激烈的事实。在数字政治生活中,人们之间的回应效能被数字技术提速,传播自我声音的规模被扩充,国家数字政治安全风险随之而来,治理能力现代化日益遭受打击。

第一,国际规范的缺失。数字化政治外交作为一个全新领域,尚未形成完备的国际规范治理机制。现有的国际法无法完全涵盖所有数字外交领域。虽然在2014年至2018年期间出台过譬如《人工智能合作宣言》等国际规范倡议,但此类倡议往往是区域性、非强制性的,始终无法取得国际社会的认可,更易引发外交误解与行为冲突。第二,虚假信息的扩散。尤其是近几年以美西方国家为首进行的计算政治宣传,对主权国家的政治外交形成了强烈冲击。一方面可以通过政治机器人、伪造学习等技术手段对他国施加新式宣传;另一方面在形式上,计算政治宣传还可以通过对对象国受众精准发放具有误导性的政治信息来诱导数字用户,潜移默化地扭转其原本的政治目的或意识形态。与传统政治宣传相比,计算政治宣传依托数字化,从原本显现的政治对抗转为如今隐秘的政治工具。经由社交机器人等算法手段进行的计算政治宣传行为会更加隐蔽与难以控制,威力远超于单纯的社交机器人运行。其可利用普通数字用户对算法技术的知识盲点,在各个政治舆论酿造之初就建树各种有指向性的政治议题,营造虚假社会共识与真实传播载体的图景,让用户们丧失理性并无意识地陷入社会性反应之中,认同并帮助宣传一些带有偏激与极端色彩的信息。在庞大的互联网用户转发、宣传下,其传播速度与影响力震撼人心。除此之外,由于数字平台的开放性与畅通性,政治性算法操纵手段更易成为扰乱他国政治的利器,一些西方国家在全世界范围内利用"社交机器人""傀儡账号"等猖狂地散布各种政治谣言与失实信息,来对敌对国的用户们进行情绪渗透,导致他国舆论环境纷乱,动摇他国民心。第三,数字鸿沟的加剧。发达国家与发展中国家技术差距的持续拉大,将加深发展中国家对发达国家的不对称型技术依赖,在政治外交过程中遭遇丧失国际话语权等重大风险。

三、路径:数字化引领现代化的实践方案

当前,数字中国、网络强国战略在实现中华民族伟大复兴进程中进入了新的发展阶段,亟须国家、政府与社会各机构、主体将数字化合理发展融入现代化进程中的各个方面。从展望数字化共产主义、加强数字核心技术赋能、建构人类文明新形态等方面进行有益探索。

(一)反市:实现现实的人的解放

"我们的出发点是从事实际生活的人,而且从他们的现实生活过程中还可以描绘出这一生活过程在意识形态上的反射和反响的发展。"①现实的人始终是唯物史观存在的理论出发点与归宿,且立足于社会实践之上。当主体价值意识遭西方资本主义价值意识观侵害时,人的主体性丧失;生存价值被消解;自由理性被奴役,成为数字资本逻辑下的工具人。人作为一种自然存在,在社会生活中形成了一定的社会交往关系,不是孤立的个体,而是社

---

① 马克思,恩格斯.马克思恩格斯全集:第 1 卷[M].中共中央马克思恩格斯列宁斯大林著作编译局,译.北京:人民出版社,1956.

会关系的总和。马克思在《1844 年经济学哲学手稿》中曾阐明了共产主义的本质:"共产主义是对私有财产即人的自我异化的积极的扬弃,因而是通过人并且为了人而对人的本质的真正占有;因此,它是人向自身,也就是向社会的即合乎人性的人的复归。"①该表述同过去任何一种共产主义学说都有所不同,重点强调了对私有制的废除,落脚于人的全面发展,关注于人类异化的扬弃,占有物不再是最终目的,人类本质的全面发展和自由才是共产主义的本质与最终目标。因此要回归人的主体性,恢复人的批判性、否定性与超越性,找回主体本质的自我确证,实现主体性价值与社会性价值的完整发展,就必须打破技术理性形而上学对人与社会的宰割困境,抵御技术理性对人类精神领域的腐蚀,积极扬弃技术理性的统摄。

基于上述马克思科学社会主义展望未来的原则规定,要真正使人的主体性复归并实现解放,首要前提是要使每一个人都能拥有对社会共同财富的所有权。即在开放共享的公共互联网平台之中,数据成为人人皆可使用的共享性资源。各平台也将通过努力打造创新氛围来鼓励主体参与数字创新。在现实生活中,一是可以运用数字化为更多低收入群体提供就业机会,如外卖平台等优质的数字平台能为困难收入人群拓宽就业道路,增加收入以提升生活质量;二是可以通过数字化技术推动精良教育资源的无差别共享,有助于降低教育成本,使优质的教育资源惠及各类人群,缩小城乡教育资源差距;三是利用数字化带动先进医疗资源异地共享,使远程治疗问诊普及运用,甚至医生还可以通过机器臂等智能设备协助操作完成一台远隔万里的手术,为偏远地区的人民带来福祉。总体来看,数字化发展唯有在公平自由的逻辑下塑造起来,才能真正地摆脱数字资本的奴役与压迫,跨越数字时空的距离与鸿沟,打破技术理性的形而上学,克服西方国家"占有式个人主义"的虚假自由,显示出社会普遍意义上的人的自由个性,最终实现人的解放。

①　马克思,恩格斯.马克思恩格斯文集:第 1 卷[M].中共中央马克思恩格斯列宁斯大林著作编译局,译.北京:人民出版社,2009.

(二)破维:加强数字核心技术赋能

技术往往站立于中立的角度,采取技术手段缔造出怎样的社会完全取决于人类的运维方式。正如凯尔纳(Kellner)所说:"技术均可以用来作为统治或是解放的工具,操纵社会或是启蒙社会的工具,这取决于……怎样定夺运用和开发新技术以及新技术将为谁的利益而服务。"在当今新时代条件下,必须扬弃西方资本主义的技术统摄,始终坚持"为满足人民的美好生活需要"为价值目标来加强核心科技的研发。

一方面,完善算法运行引力,强化技术革新力量。科技创新始终是我国的一大短板。要想打破数字资本下的技术垄断局面,就必先强其自身,加大核心技术研发,"把发展数字经济自主权牢牢掌握在自己手中"。科学技术是提升综合国力的重要支点,引领着社会生产方式和生活方式的巨大变革与进步,只有牵住自主创新的"牛鼻子",才能走红技术创新这步"先手棋",以占领高地,赢得主动权。从算法技术入手,其一,可试图引进反向算法推荐模型,在精准预测数字用户喜爱的数字内容之际投放一些"猜你不喜欢"的数据信息,以减缓和纠正算法推荐下信息茧房黑箱现象所导致的数字个体价值固化、群体极化等恶果,为数字用户建构更加多元丰富的信息世界。其二,每一项算法技术的推行都应补充一份更加完整的"用户告知书",以便用户充分了解其中的运行逻辑与规则,提高用户警觉性,避免沉浸式数据信息为用户们所带来的无意识认同等潜在危害。其三,要加强对有益信息与有害信息的分类识别,不断完善算法的自主学习技能。及时将危及主流意识形态的敏感不良关键词进行屏蔽,对于优质的数据内容则应赋予技术"坐骑"。延展传播范围,给予主流意识形态的传播力引领技术加持,使技术充分担当起主流意识形态"传声筒"效用。

另一方面,推动数字技术共享,夯实数字人才建设。习近平总书记始终倡导建设共建共治共享的社会治理制度,在如今的数字信息化社会中,推动数字技术共享是顺应习近平总书记号召的首要前提，因此要打破数字垄断企业对数据部门、行业的壁垒，不断加强社会各主体对数字信息技术的使用力。如尼克·斯尔尼塞克（Nick Srnicek）加速主义论中所倡导的，在技术加速变革的周期内，技术应由资本占有转为社会共享。技术的社会共享能进一步优化社会资源配置，并充分调动公民参与的积极性、公平性。同时，人才是第一资源，数字人才队伍的建设不可落下，更应努力挖掘在数字核心技术领域的人才，加大培育力度，为核心技术的研发创造更多的可能，为人类的美好生活积蓄更坚实的力量。以数字浙江建设为例，应不断健全人才政策与服务体系，积极引入海内外高层次人才，鼓励其在浙创新创业。支持"浙大系""阿里系""浙商系"等各大创新团队，加速完备创新生态。

（三）开新：建构人类文明新形态

在数字信息时代，全球化日益普及，数字仿佛成为接通世界各国互联互通的桥梁，散布于生产、贸易全球化的各个角落。随着数字中国发展战略的推行与数字社会新型矛盾的迸发，世界数字发展迫切地需要更加公正合理的数字世界新秩序和规则，中国数字建设也亟须建立自己的世界秩序话语权，重塑更适合人类共同发展的文明新形态。同时，人类命运共同体理念在数字网络空间领域也得到了延展，转而走向数字化的命运共同体。

一方面，要积极构建世界秩序话语权。随着全球一体化与网络协同化的发展，世界各国早已形成了"一荣俱荣，一损俱损"的有机整体，实际上，在不同文明形态下的群体必然会由于不同的现实条件、文化传统、发展机遇等因素，拥有不同的价值诉求。要完成数字经济下世界秩序的重构，就必须充分考虑各个国家的经济、政治、文化的差异，做到兼收并蓄、和而不同。科学地反制国际数字霸权，推动构建以世界各国的共同福祉为基本准则的世界新秩序。如今，中国的数字产业早已深深地融入全球数字经济之中，各个方面的风险都日益严峻。但"解决中国的问题，提出解决人类问题的中国方案,要坚持中国人的世界观、方法论"①。第一,要构筑新型世界秩序观。冷战过后,西方国家广泛流行着"文明冲突论""历史终结论"以及各种新自由主义普世价值观等论调。"冲突论"认为人类世界的文明是相互冲突的,无法相互尊重、磨合,甚至各文明之间可能引发战争;而"终结论"则全然否定了马克思对社会主义、共产主义以及未来美好社会的向往,笃定其没有未来并大肆宣扬"虚假"的普世、自由秩序。这些论断充分体现了西方世界"相互对立、零和博弈"的狭隘思维,顺应了美西方国家在经济、思想上的霸权主义计谋。因此,中国在参与构筑新型世界秩序观的同时,一是应跨越各种偏狭的单边主义,始终以全世界人民的共同利益为理念范式。二是摒弃"世界同质化"理念,坚持人类文明多样性,促进各国间文明交流互信。三是超越西方传统狭隘思维,始终以人类共同发展为最终目标,构建"美美与共"的美好大同世界。第二,要积极阐述、广泛传播中国方案。在面对"世界怎么了,我们怎么办"等世界之问时,始终坚持主张统一多样的世界观;坚持共商共建共享的全球治理观;坚持正确的义利观;强调各国拥有发展的自主选择权,各国之间应始终保持平等包容、互利共赢的新型政商关系,在世界舞台中积极亮明中国态度。

另一方面,要推动构建数字化的命运共同体。"推动构建人类命运共同体,创造人类文明新形态"是社会主义现代化的本质要求、必然结果与价值意义。我国在坚持习近平总书记所提出的人类命运共同体思想的基础之上,更应力图推动数字化命运共同体的建设,促进全球共享数字信息技术的发展成效。数字化命运共同体的基本特征与人类命运共同体理念高度契合,其以真实的共同体自由取代了虚伪的规训束缚生命体。以超越时空的平等数字交往来促进各数字生命体之间的信任与合作,栽培出合理的情感认同。始终坚持在共建共享、平等参与、合作共赢的理念基础上开展国际交流与合作,既不掺杂任何压迫形式,也不遏制任何国家的经济发展。唯有如

---

① 中共中央文献研究室. 习近平关于社会主义文化建设论述摘编[M]. 北京:中央文献出版社,2017:85.

此,数字文明才能够真正地在全球化背景下健康发展,数字信息技术才能够更好地服务全人类。

四、结语

如今,中国已然踏入实现社会主义现代化强国的第二个百年奋斗目标新征程。这不仅是实现中华民族伟大复兴的新征程,更印证了科学社会主义展望未来的原则性规定。未来数字化的生产力发展及技术变革,不但折射出中华民族的首创精神,转化为"着力解决发展不平衡不充分问题和人民群众急难愁盼问题"①的有力措施,更将在坚持人类命运共同体理念的基础上,牵动全球数字化发展的合理方向,不断推陈出新,在建构人类文明新形态的同时,"为各国人民过上更好日子开辟新可能"②。

参考文献

[1] 凯尔纳.媒体文化:介于现代与后现代之间的文化研究、认同性与政治[M].丁宁,译.北京:商务印书馆,2013.

[2] 马克思,恩格斯.马克思恩格斯文集:第7卷[M].中共中央马克思恩格斯列宁斯大林著作编译局,译.北京:人民出版社,2009.

[3] 温旭.数字意识形态兴起的价值省思[J].马克思主义研究,2023(2):138-148.

---

① 习近平.在庆祝中国共产党成立100周年大会上的讲话[N].人民日报,2021-07-02(1).

② 习近平.在亚太经合组织第二十七次领导人非正式会议上的讲话[M].北京:人民出版社,2020.

数字化法治新形态的生成逻辑与实践进路

——"八八战略"指引下的绍兴数字法治系统建设实践

赵海丽

（中共绍兴市委党校公共管理与法学教研室）

数字化法治是指将数字技术运用到法治领域，与法治方式相结合的治理新形态。浙江省较早提出数字改革和法治建设目标。特别是习近平同志在浙江工作期间提出的"八八战略"要求进一步发挥浙江的环境优势，积极推进基础设施建设，切实加强法治建设、信用建设和机关效能建设。通过法治浙江和数字浙江的改革创新实践，治理逐步走向法治化、数字化和现代化，法治化营商环境优势越来越明显。随着第四次工业革命纵深演进，大数据、云计算、人工智能等新兴科技推动了物理空间、人类社会之外的"数字空间"诞生，并通过数字化改革对政府形态与治理模式产生了颠覆性影响。数字化改革既是工具性改革更是引领性改革，塑造国家治理新形态，提升治理体系与治理能力现代化水平。以数字化转型整体驱动生产方式、生活方式和治理方式变革。2021 年 2 月浙江率先全面启动数字化改革，紧接着绍兴市于 2021 年 3 月全省率先启动数字化改革，数字法治系统建设是其中改革重点聚焦板块，将数字技术与法治方式加以结合，改革法治建设重要领域业务流程、组织架构和体制机制。数字法治系统建设就是法治数字化的过程，利用大数据技术改革呈现数字化法治的新形态。数字化法治必将为坚持和发展新时代"枫桥经验",争创市域社会治理现代化标杆城市和优化法治化营商环境发挥重要的引领、毳动和保障作用。

一、数字法治系统建设的生成逻辑:数字化改革与法治绍兴建设的显效融合

以 2015 年国家发布《大数据发展行动纲要》为起点,我国进入数字化改革新时代。数字化时代的国家治理必然是由数字科技支撑、数字科技赋能的先进治理。[①] 党的二十大报告要求,"完善网格化管理、精细化服务、信息化支撑的基层治理平台",为数字化赋能基层治理指明了方向、路径、重点。自浙江省 2021 年正式起点数字化改革以来,数字赋能越来越强劲,按照《关于支持浙江高质量发展建设共同富裕示范区的意见》提出"强化数字赋能,聚焦党政机关整体智治、数字经济、数字社会、数字政府、数字法治等领域,探索智慧治理新平台、新机制、新模式"的要求,浙江法治系统建设全面进入数字化时代,数字法治系统建设通过制度、数据、技术等要素的融合发力呈现了新型的法治形态,推动了传统法治形态的变革重构。绍兴率先贯彻落实浙江省数字化改革的精神与部署,忠实践行"八八战略",奋力打造"重要窗口",加快建设高水平网络大城市,以数字化改革撬动各领域各方面深化改革,在法治领域实现数字化改革与法治绍兴建设的有效融合。

(一)数字化改革为绍兴法治建设高效赋能

数字化改革是以建设数字绍兴为目标,统筹运用数字化的技术、认知、思维,把数字化运用到政治、经济、文化、社会、生态文明建设全过程各方面,对市域治理的方式流程、手段工具、组织架构、体制机制进行系统性重塑的过程,从整体上推动市域经济社会发展和治理能力的效率变革、动力变革、

---

① 张文显.中国式国家治理新形态[J].治理研究,2023(1):2,4-27,157。

质量变革,整体实现全市域整体智治和高效协同。数字化改革的意义不仅仅在于具体场景应用上的智能化,更在于推动生产方式、生活方式、治理方式发生基础性、全局性的改变,是一个质变的过程。绍兴作为市域治理现代化试点城市,推进市域治理体系和治理能力现代化是数字化改革的重要目的,也是绍兴法治建设的追求目标。数字化改革直接带动制度重建,优化法治化营商环境,推动绍兴法治建设高质量发展,把改革发展纳入法治轨道,促进绍兴市域高水平构建网络大城市。数字化改革为绍兴法治建设高效赋能,法治保障绍兴现代化建设的成效凸显。

(二)法治绍兴建设为数字化改革提供数字空间

自 2006 年市委作出工作部署以来,"法治绍兴"建设的成效明显,法治政府率先突破,严格规范公正文明执法成为常态,"大综合一体化"执法改革深入推进,依法行政、依法办事成为惯例,行政调解、行政复议、行政诉讼在实质性化解行政争议方面发挥着主渠道作用,行政败诉率降低至 2.5% 左右。出台了十余部法规,引领着绍兴经济社会的高质量发展。特别是 2022 年颁布施行的《绍兴市"枫桥经验"传承发展条例》,对法治社会建设而言具有里程碑意义,以预防化解基层矛盾为重点的社会治理体制机制越来越完善。随着"八五"普法工作的深入推进,公民的法治意识明显增强。

数字化改革背景下"法治绍兴"建设来到了新时代新征程,法治如何适应和利用好数字时代从而更好地发挥保障作用是必须面对和思考的问题。法治绍兴建设是绍兴现代化建设的重要保障,是数字化改革的重要实践场域。数字化改革与法治绍兴建设正在显效融合,数字法治已成为法治新形态,法治数字空间成为新领域,为数字化改革提供了新的空间,为治理模式转型提供了基础,实现在传统法治的基础上更现代更有效的治理方式。《法治绍兴建设规划(2021—2025 年)》《绍兴市市域社会治理现代化"十四五"规划》的法治建设框架下,以数字化改革撬动法治建设领域各方面改革,在政法一体化办案体系、综合行政执法体系、社会矛盾纠纷调处化解体系建设中率先突破。数字法治系统建设综合运用数字化认知、数字化思维、数字化技术和法治思维、法治方式,对平安建设、法治建设全领域各方面进行数字赋能、流程再造、制度重塑,构建一体化法治绍兴、平安绍兴工作体系,全面提升法治建设智慧化水平,法治数字空间逐渐形成。

二、数字法治系统建设的实践进路:应用场景开发利用与市域治理现代化的良性互动

(一)数字法治应用场景开发利用概况

绍兴数字法治系统建设既有全省层面一体推进的项目,也有市县层面分类创新推进的项目。通过省市的统一谋划和分头推进,绍兴数字法治系统建设取得了一系列硬核成果,依照省数字法治系统建设整体要求,升级改造了"优化提升风险闭环管控大平安体系""拓展完善政法一体化办案体系""完善综合行政执法体系"各场景应用的主要流程,推动法治建设重点业务整体性重塑和全方位协同。并按照"数字化转向实战化"的指示精神和"实现平台、功能、体制机制全面贯通"具体要求,遵循数字化改革规律,不断推动重大应用落地,不断推进核心指标改善,不断凸显数字法治改革成效,使数字法治重大应用贯通推广工作走在全省前列,更多成熟应用得到全省推广,提供了绍兴经验。

2022年度数字法治系统第一批重点贯通推广项目包括:浙里"民转刑"案件防控应用、浙里"执行一件事"应用、检察大数据法律监督应用、"苍穹"禁毒应用、浙里社区矫正应用、浙里预防青少年新型违法犯罪应用、矛盾纠纷调处化解应用、浙里"反电诈"涉网新型犯罪预防应用、大型交通枢纽协同智治应用、"减假暂"案件管理应用等十个省级项目,平安共富村居平安法治实战平台、"府院(越联)智破"应用、司法救助"束光"应用、亚运场馆监管服务一件事应用、"民情智访"应用、"律动·浙里"应用、浙里严重精神障碍患

者管理服务应用等七个市级项目。在工作机制体系上重点抓好工作机制健全、迭代场景应用、确定评价标准"三本账",2022 年全市数字法治共 9 个应用得到省部级以上表彰肯定,2 个应用得到国家部委试点推广,6 个应用得到省领导批示肯定,13 个应用得到省厅试点推广,1 个应用入选省数字化最佳应用,5 个应用入选省数字法治好应用,"安心码"警银协作和"阅卷精灵"应用分别获评全国公安基层技术革新奖一等奖、二等奖。

(二)重要领域数字法治应用场景与市域治理现代化建设的良性互动分析

1."全域数字法院"为深化司法体制改革而攻坚克难

2021 年以来,浙江省绍兴市两级法院紧紧围绕"全域数字法院"重大改革总体目标和重点任务,努力推动提质升效、制度优化、管理转型、行为变优,借助数字化改革助力审判质效和审判管理现代化转型,改革建设成果丰硕,七个重点项目分别被列为国家级、省级试点。

在 2020 年底,针对非诉解纷的诉源工作,法院专门研发了"非诉解纷掌上分析系统"微信小程序,把在线矛盾纠纷多元化解平台(在线 ODR 平台)作为线上总入口,当事人的诉求通过扫码录入后,便在后台迅速分类发送至相应调解组织或行政部门进行线上化解,最后形成诉前解纷质效分析的可视化报告。这一线上解纷闭环机制,促进了解纷质效的全面提升,诉前纠纷进入诉讼仅占约三分之一。全市实现 1000 余家"共享法庭"全市域覆盖,利用数字化设备技术主动融入"四治融合"的基层治理体系,打通司法"最后一公里",发挥基层治理中司法功能的作用。

绍兴法院以数字化改革为思路,找准"全域数字法院"改革的重点与突破点,针对问题,查找症结,让数字化法治改革更有效。例如,绍兴市中级人民法院建"诉讼服务一体化"平台,实现案件管辖权智能匹配,为群众提供诉讼服务。自平台运行以来,全市法院新收一审民商事案件 13667 件,处理退回申请 7396 件,诉前化解纠纷 8905 件,为当事人提供了智能精准的诉讼服务。又如,法院创新"企业破产一件事"护航共同富裕。该应用场景建成了风险预警、企业接管、协同救治、要素释放、履职监管 5 个子场景。通过数字化改革提高破产效率,挽救陷入困境的企业,最大限度地确保破产企业生产不停、职工不散,前端化处置矛盾和风险点。目前,虚假诉讼协同智治、诉讼服务一体化等共五个应用获评 2022 年"浙江全域数字法院"改革"好系列"成果。

法院的数字化改革,着力打破组织边界,融入社会治理的大格局。绍兴"全域数字法院"改革在早期数字赋能的基础上全面流程再造、架构重塑,围绕"改革"破题,发挥出了更大的司法效能。

2.数字检察开创检察监督新范式

绍兴检察院较早抓住数字化改革机遇,积极探索数字检察建设,创新"数字赋能监督、监督促进治理"的法律监督模式,以数字改革思维开发了一批应用,取得了明显的法律监督成效。自 2018 年以来,绍兴市人民检察院自主研发了智慧检察监督平台、民事裁判文书智慧监督系统、刑事财产刑执行一体化系统、社区矫正智慧监督软件等一系列数字检察应用,涵盖虚假诉讼、保险诈骗等领域 20 多种法律监督模式,走出了一条检察数字化转型的新路子,开创了一片法律监督促治理的新天地。

依托数字检察应用,绍兴检察机关法律监督数据呈翻倍式上升。例如,绍兴市人民检察院研发了民事裁判文书智慧监督系统和智慧检察监督系统等软件,不仅为绍兴市检察机关筛查出大量本地的监督线索,使业务部门监督案件数量爆发式增长,还为浙江省其他地市以及全国各地检察机关提供上万条案件线索。又如,绍兴人民检察院通过智慧检察监督平台检索涉交通事故的车损保险理赔诉讼民事裁判文书,运用数据对比分析发现,多件案件由同一个原告起诉,不符合常理。最终查实为通过虚假诉讼骗取保险赔偿,上百起案件移送公安机关立案侦查。数字检察应用场景在推广使用中彰显实践、制度、理论"三大成果",如多跨场景应用依法严打诈骗团伙非法套取医保基金等经验成果获时任省委书记袁家军批示。预防青少年新型违法犯罪应用,获评全省数字化改革"最佳应用",6 个子场景持续迭代升级,已实现全市贯通推广,同步陆续在杭州、台州、湖州等地落地使用。绍兴市人民检察院"刑罚交付执行监督系统"应用聚焦打通刑事执行工作"最后一公里",充分履行刑事执行检察监督职能,严防"纸面服刑",不断推进刑罚交付执行和监督机制规范化进行。该应用已入选《全省"一地创新、全省共享""一本账"S3》,获评浙江省第六批"数字法治好应用"。

3."公安大脑"撑起中国式现代警务新模式

一是坚持数字化驱动,构建整体现代智治体系。依托市级公安情报指挥中心,建立"情指行"一体化合成作战指挥中心("1"中心),内设侦查、反诈、维稳防控、反恐、网络舆情、督察(民意感知)等"6"中心,按需设立交管中心为"X",配套设立"6"个县级公安分中心,搭建"情指行""1+6+6+X"合成作战体系,集成打击、治理、服务等五大板块 41 个场景应用,功能模块不断优化,现日均活跃用户达 1500 余人、日均应用量超 5.5 万次。通过数据驱动打造数字化"最强大脑",建立健全"情报、指挥、行动"一体化和市县公安机关扁平化、实战化、合成化运行机制,形成"情指行"一体化牵引的现代警务体系。二是"公安大脑"建设向基层延伸。相继推出"枫桥指数"评估、"枫桥式"协同治理、"枫桥式"派出所工作平台等一大批实用管用的场景应用,赋能基层实战。深化"枫桥式"政务服务,构建市、县网办中心,派出所窗口,村级代办点四级服务体系,112 个公安服务窗口 100%覆盖"一窗通办",创新"云帮办"服务模式;聚焦 3 个"一号工程",创新"枫桥式"优商护企模式,956 个建设项目落实项目警官制,设立警企联络室 268 个、市外越商联络室 23 个。

得益于数字化赋能中国式现代枫桥警务模式创新,绍兴连续 14 年成功创建省级"平安市",被命名为"平安中国建设示范市",群众安全感、满意度始终保持在 98%以上。绍兴公安实现了警务工作由联动向联体、被动向主动、传统向智慧转变,走出了一条具有时代特征、绍兴特色的基层警务现代化先行之路,数字化改革助推枫桥警务模式成为全国公安机关基层社会治理的典范。

4."数字执法"赋能管理精准化

深入推进"大综合、一体化"执法体制改革,加快形成全覆盖的整体政府监管体系和全闭环的行政执法体系。推进省统一行政执法处罚办案与市自建"综管服"系统深度融合,与省征信平台充分对接,实现"管理＋执法＋信用"全链条闭环。以"一件事"集成改革为牵引,探索高频执法事项、自由裁量基准、执行情况评估"一键成"数字模块,打造集成式数字执法平台,实现信访投诉、信息共享、案件移送、配合协作等衔接机制互联互通。围绕"县乡一体,条抓块统",全面推进基层综合行政执法改革,统筹县乡资源,强化县乡协同,大力推进场景式应用,主动擦亮"枫桥式"执法中队金名片,破除信息壁垒,确保数据共享,努力实现综合行政执法与刑事司法、司法强制执行、检察公益诉讼线上有机衔接,全面提升执法效能。

5.探索"枫桥经验"数字化综合集成应用的智治路径

2022年,绍兴市政法系统紧紧抓住浙江省数字法治体系架构迭代契机,以"枫桥经验"数字化为主线,将基础社会治理领域作为数字化应用的赛场,结合治理现状和群众需求,创新打造了一批体现新时代"枫桥经验"内涵和数字化改革要求的基层社会整体智治的实战工具,培育43个全市"五个一批"重点应用。其中,"浙里人口全息管服"平台等三个应用入选《全省"一地创新、全省共享""一本账"SO》,数量居浙江省第一;另有两个应用得到国家部委试点推广,12个应用分别在全国以及浙江省推广;全民反诈平台获浙江省改革突破铜奖。

目前,主要在标志性成果上重抓"枫桥经验"数字化提升。以数智"枫桥经验"综合集成改革为总抓手,分层级提升数字法治领域场景应用的数据贯通度和业务融合度。一是市级探索综合集成。在"枫桥经验"60周年之际,谋划推动数智"枫桥经验"综合集成应用。二是县镇迭代平安法治平台。全面贯彻落实市委关于深化基层党建"三张金名片"统领网格智治的意见要求,迭代完善乡镇(街道)"基层治理四平台"平安法治平台。三是村社推动实战延伸。以"一舱一体系三模块 N 场景"为构架,在柯桥区试点建设"枫桥经验·平安共富"应用,打通与"浙里兴村治社"应用的数据流、业务流、事件流,作为平安法治平台在村社一级的综合集成和实体延伸,探索形成党建统领、上下贯通、条块一体、整体智治的基层治理新范式。

三、数字法治系统建设的风险、挑战及对策思考:数据共享、公共安全与制度重塑

在浙江省数字法治系统 2022 年度综合考评中,绍兴市凭借入选应用数量最多、多跨应用全省领先,勇夺五星最高荣誉,位列浙江省第一方阵。绍兴诸暨市、柯桥区、上虞区获评区、县(市)五星荣誉,其中诸暨市综合排名浙江省第一。绍兴的数字法治系统建设的经验是数字法治建设要注重系统性谋划,整体性推进,创新性突破。在"八八战略"指引下的绍兴数字法治系统建设取得了不少成效,法治化营商环境得到了较大优化,接下来要持续深化数字化法治改革,继续以问题为导向,以群众需求倒逼改革,用数字法治建设提升群众安全感、幸福感和满意度。这就需要我们去直面数字法治系统建设中存在的问题,分析其中的风险与挑战,迎难而上不断优化数字化改革理念思路和举措,促进数字法治新形态更加完善。

由于数字化改革启动时间不长,对标省里高要求,绍兴数字法治系统建设还存在一些短板和不足。除数字化最基础的数据共享、数据安全和利益保护等问题需要着力解决以外,还存在以下问题。

第一,数字法治制度重塑相对滞后的挑战。目前与数字法治系统建设总体方案设计和落实举措相关的制度都已经配套出台,也发挥着引领改革的规范性作用。例如《法治绍兴建设规划(2021—2025 年)》《全市数字法治系统重大应用贯通推广工作的意见》等。数字化法治改革深入后对各领域

各职能部门的工作机制产生重大影响,需要系统的深层次的制度重塑来适应和引领数字时代的法治工作。

第二,对数字化改革的认识还不够深化的风险。数字化法治的理念还不够牢固。有些部门有些公务人员没有对数字化改革的重要性和迫切性认识到位,导致改革的主动性不足,举措力度不够,数据共享意愿不强,保密技术不强,进而影响到数字化改革的成效。

第三,市县推进的协同性和平衡性还不够高的现状。数字化改革是自上而下的改革,容易产生热度层层减缩的情形,再加上各县(市、区)数字化的基础和条件都有差别,从而导致市县对数字化改革统筹和贯彻落实不统一、不协调、不均衡。

第四,应用推广速度和广度还不够强的突出问题。数字化改革的成果主要是场景的运用,但目前还多数处于试点开发运用的阶段,优化完善到推广至全域还需要过程,也存在一些主客观障碍。对上述共性问题提出以下几点思考。

(一)制度重塑:数字化法治新形态形成和发展的重要保障

随着数字化法治改革的全面推进,法治面临立足数字社会秩序的法律规制和数字化法治本身的规制等不足问题。技术的进步扩大了制度变迁的需求,刺激着制度不断变革和完善,使得治理行为因为效率准则而得到控制。[①]《2022联合国电子政务调查报告》显示,我国电子政务发展指数(EGDI)得分0.8119,全球排名第43位,属于"非常高水平",但仍与美国(0.9151)、英国(0.9138)、韩国(0.9529)等数字政府建设先行者有所差距。[②] 因此,一方面需要以全面深化数字化改革为契机,彻底破除数据壁

---

① 沈费伟.智慧治理:"互联网十"时代的政府治理变革新模式[J].中共福建省委党校学报,2019(4):101-108。

② 马忠法,吴璇.论数字政府建设中的法治问题[J].贵州省党校学报,2023(1):110-120.

垒,不断通过制度重塑引领数字法治系统建设;另一方面为了适应高水平数字化态势,需要加大法治理念的更新、法治方式的转变、法治运行机制的重构、法治流程及安全保障的优化和体制资源的整合。通过制度重塑,既引领数字化法治改革的深化,又让法治方式更加适应数字化时代,通过良性规制互动,保障数字化法治新形态的形成和发展。

目前绍兴深化数字化法治改革的制度重塑方向:一是在纵向上打通市、县、镇、村几级数据平台,强化数据治理闭环管理与数据共享,破除影响跨层级流程与业务协同的体制机制。二是在横向上每个职能部门立足自身业务,面向政务大局,完善流程、技术、组织架构等等,调整好相应的体制机制。三是立足数字社会秩序新变化,完善各职能部门的职责制度。

数字法治制度重塑应以保护数字权利、维护数字程序、弘扬数字正义为核心,抑制数字鸿沟、算法歧视和数字控制等问题和风险;不能忽视促进数字发展红利的普惠共享,通过数字法治系统建设将新型关系、机制和功能进行重新建构,推动传统法治向数字现代法治迭代升级,积极营造数字化法治的文明生态。

(二)理念先行:树立数字理念,统筹数字法治系统建设

数字化改革是一项系统性、标准化工程,涉及流程再造、软硬件建设、制度重塑等等。数字化所体现的不仅是一场技术革命,更是一场思维革命。在"数字空间"不断延展的时代,新的社会治理形态与治理模式需要政府从"物理空间"的思维定式中突破,在积极利用数据、信息及技术中形成价值取向层面的认识论、价值论和方法论。

首先,数字化法治改革离不开数据共享理念,由于数据流通具有跨地域、跨行业等特性,不同行政区域、不同政府部门之间的协作机制不完全畅通,使得整个政府数据体系仍存在"中梗阻",数据鸿沟也还存在。随着数字化改革的深入,数据共享的技术和体制需要突破,让数字化改革有真实全面数据的支撑。其次,数字化法治改革离不开数据安全意识。数据技术也是

一把双刃剑,也存在着泄密风险,也可能被不正当利用,危害个人、社会和国家的权益和安全。技术从来就是好坏参半,它既赋予我们创造性,也赋予我们毁灭性。数字化法治改革中,要按照党的二十大报告对安全体系现代化建设的要求,努力在改革中重视安全,通过安全理念的强化与安全体制的健全,尽可能消除数字安全隐患。最后,数字化法治改革需要有数字统筹理念,让数字理念贯穿到治理全过程,从顶层设计到基层实践,每个环节都需要有数字理念的凸显。

数字化改革理念是统筹推进数字法治系统建设的关键。正确的理念之下才能做好顶层设计,在建设业务、数据、技术、安全、研发、运维等各个维度形成一系列统一标准规范,打破各级、各类、各系统数据壁垒,促进互融互通,这是由数字化改革的内在逻辑决定的。正确的理念之下才能开展基层探索创新,从问题导向和效果导向出发,创新有需求的应用场景,带动基层法治工作主动融入改革创新的数字空间,实现"整体智治"的共建、共治、共享。

(三)应用迭代:聚焦数字法治改革应用场景优化

以实效检验应用,防止权力数字化和数字权力化,数字法治系统建设要以群众的需求为导向,不断优化升级更新换代,以更好的应用场景为人民服务。准确预测和研判决策的潜在风险与预期影响的应用要加强,从而提高对风险因素的感知、预测、防范能力。

要着力推动数字化改革"1612"体系与"141"体系衔接贯通,以数智"枫桥经验"综合集成改革为中间通道,实现省市重大应用集成后接入基层智治综合应用,同时支持县乡探索符合当地实际的创新应用,强化适配性、共享性,健全基层重大应用推广机制。要聚焦体系化、规范化,按照"全市一盘棋、市级抓统筹、县级负主责、基层强执行"的思路,进一步细化梳理重大业务需求,既加快推动成熟场景应用推广复用,又有效激发基层积极性、创造性,以数字化改革新成果一体推进法治绍兴、平安绍兴建设。要聚焦难点重点,坚持急用先行、成熟先行,加快推进多跨场景上线应用、功能测试、迭代升级,努力实现功能优化、结构优化、系统优化。要聚焦重大改革,不断提升专班攻坚的能力水平,进一步加强技术与业务的深度融合,总结提炼最佳应用,努力打造一批具有标识度的高质量场景应用、平台型成果。要聚焦实战实效,更加突出用户导向、需求导向、效果导向,创新完善成效评估机制,不断提升应用场景解决实际问题、推动制度重塑的能力,切实推进绍兴法治工作高质量发展。在加快重大应用的落地贯通、加快培育应用的开发建设、加快特色应用的整合集成上下功夫。从市域社会治理现代化试点要求来看,特别需要加快智治"枫桥经验"相关应用开发利用。

参考文献

[1] 陈东升,王春.奋力谱写"中国之治"浙江篇章 "八八战略"实施 20 年平安法治浙江建设成果丰硕[N].法治日报—法治网,2023-05-06(2).

[2] 陈永强.深刻理解数字法治的概念意涵[N].中国社会科学报,2022-10-18(8).

[3] 范如国.平台技术赋能、公共博弈与复杂适应性治理[J].中国社会科学,2021(12):131-152,202.

[4] 洪学军.关于加强数字法治建设的若干思考——以算法、数据、平台治理法治化为视角[J]法律适用,2022(5):140-148.

[5] 何显明.续写"八八战略"新篇章 彰显新思想实践伟力[N].光明日报,2021-05-16(8).

[6] 姜伟.加强数字法治 为数字中国建设保驾护航[N].人民法院报,2021-11-01(2).

[7] 马长山.数字法治的体系性建构——基于 2021 年以来我国数字法治建设的观察分析[J].浙江警察学院学报,2023(1):1-10.

[8] 米加宁,彭康珺,孙源.第四次工业革命与"数字空间"政府[J].治理研究,2023(1):53-67,158.

［9］钱弘道,康兰平,申辉.数字法治的基本原理和实践进路[J].浙江大学
　　学报(人文社会科学版),2022(9):5-24.

［10］王文,刘玉书.数字中国:区块链、智能革命与国家治理的未来[M].北
　　京:中信出版社,2020.

［11］余建华,杨为正.绍兴:数字化加持 改革再加速[N].人民法院报,2022-
　　01-17(6).

［12］张建锋.数字政府2.0:数据智能助力治理现代化[M].北京:中信出版
　　社,2019.

［13］周梦琪.绍兴数字法治建设列全省第一方阵[N].绍兴日报,2023-02-
　　03(1).

［14］张倩,王志浩.对数字化改革再认识再深化再提升 加快打造更多数字
　　法治"硬核"成果[N].浙江法制报,2021-08-31(1).